Cours particuliers

BAC Pro Commerce

Gérer
Vendre
Animer

Patrick Le Borgne

FOUCHER

ISBN 978-2-216-11485-6

Avant-propos

Ce **Cours particuliers** couvre l'ensemble du programme **Gérer Vendre Animer** du **Bac Pro Commerce**.

Vous y trouverez :

- **29 cours** pour réviser les thèmes étudiés en **Bac Pro Commerce**.
  Ces synthèses claires et structurées vous apportent les connaissances indispensables à votre réussite.
- à l'issu de chacun des thèmes abordés, de nombreux exercices corrigés, de difficulté progressive, vous permettront de vous entraîner et de valider les connaissances acquises en trois étapes :

● Vérifiez vos connaissances ;

●● Mettez en application ;

●●● Passez le Bac.

En fin d'ouvrage, **16 fiches Mémos détachables** vous aideront à compléter et approfondir vos révisions.

Bon travail et bonnes révisions.

Sommaire

Gérer

Thème 1 L'approvisionnement et les stocks **6**

Cours 1 L'approvisionnement (E3) 6
Cours 2 La commande et le suivi de commande (E1) 9
Cours 3 La gestion des stocks (E1) 14
Cours 4 L'inventaire (E1) 19
Exercices corrigés 23

Thème 2 La gestion des produits dans l'espace de vente **37**

Cours 5 L'organisation de l'espace de vente (E1) 37
Cours 6 L'implantation des produits (E1) 41
Cours 7 Les performances du linéaire (E1) 46
Exercices corrigés 50

Thème 3 La gestion financière de l'unité commerciale **59**

Cours 8 La fixation du prix (E1) 59
Cours 9 Le suivi et l'analyse des ventes (E1) 65
Exercices corrigés 68

Thème 4 La gestion de l'unité commerciale **84**

Cours 10 La mesure des performances commerciales d'une action ponctuelle (E1 et E2) 84
Cours 11 La zone de chalandise (E1) 87
Cours 12 L'hygiène et la sécurité (E1) 91
Exercices corrigés 96

Vendre

Thème 5 La mercatique du point de vente **109**

Cours 13 La clientèle (E3) 109
Cours 14 L'offre commerciale (E3) 112
Cours 15 Le positionnement de l'unité commerciale (E3) 115
Exercices corrigés 119

Thème 6 La mercatique produit ... 125
Cours 16 Le marché (E3) ... 125
Cours 17 Les éléments d'identification du produit (E3) ... 128
Cours 18 Les outils d'aide à la vente (E3) ... 132
Exercices corrigés ... 135

Thème 7 La communication vente ... 143
Cours 19 La communication (E3) ... 143
Cours 20 L'entretien de vente (E3) ... 147
Cours 21 Le traitement des réclamations (E3) ... 154
Exercices corrigés ... 156

Thème 8 La mercatique de fidélisation ... 164
Cours 22 La satisfaction de la clientèle (E1) ... 164
Cours 23 La fidélisation de la clientèle (E1) ... 167
Exercices corrigés ... 170

Animer

Thème 9 L'organisation de l'offre produits ... 180
Cours 24 L'attractivité du point de vente (E2) ... 180
Cours 25 Le marchandisage de séduction (E2) ... 184
Exercices corrigés ... 187

Thème 10 Les opérations de promotions ... 192
Cours 26 La promotion des ventes (E2) ... 192
Cours 27 L'information clientèle (E2) ... 196
Cours 28 La mise en œuvre et l'évaluation d'une action promotionnelle (E2) ... 200
Exercices corrigés ... 203

Thème 11 Les actions d'animation ... 211
Cours 29 La réalisation d'une animation ... 211
Exercices corrigés ... 217

E1, E2 et E3 : se reporter au Règlement d'examen page 1 des Mémos détachables.

Mémos détachables
- Règlement d'examen
- La présentation du dossier action de promotion-animation
- L'entretien autour du dossier action de promotion de l'animation
- Lexique des mots professionnels

1

L'approvisionnement

L'approvisionnement regroupe l'ensemble des opérations réalisées par une unité commerciale pour réaliser ses achats auprès de ses fournisseurs. L'objectif pour l'unité est d'assurer sa rentabilité en proposant aux clients le bon produit, au bon moment et au bon prix.

1 Les modes d'approvisionnement

Le choix d'un mode d'approvisionnement dépend de la forme de commerce de l'unité commerciale et du type de produit permanent ou saisonnier.

(A) L'approvisionnement sans intermédiaire

Contacts	Caractéristiques
Fabricants ↓ **Unité commerciale**	L'unité commerciale contacte un ou plusieurs fabricants en fonction de ses besoins ; elle devra sélectionner les fournisseurs, les produits et négocier elle-même ses conditions d'approvisionnement (prix, délais, conditions de coopération commerciale…) en fonction de ses objectifs commerciaux.
Fabricant ↑ **Unité commerciale**	L'unité commerciale est démarchée par des fabricants qui vont lui proposer des produits ou des services, elle pourra négocier en direct ou conserver la mémoire de ces contacts pour un approvisionnement ultérieur.

(B) L'approvisionnement avec intermédiaire

Intermédiaires	Rôles	Unité commerciale	
		Avantages	Inconvénients
Grossiste	- Acheter en grandes quantités auprès des fabricants. - Traiter les commandes des détaillants.	• contacts et négociations en direct. • choix du fournisseur et des produits. • totale liberté d'achat.	• faible puissance d'achat. • coûts importants qui se répercutent sur le prix de vente.

Intermédiaires	Rôles	Unité commerciale	
		Avantages	Inconvénients
Centrale d'achat	- Procéder à des études pour définir les besoins de la clientèle. - Sélectionner les fournisseurs. - Négocier les conditions d'achat. - Définir les assortiments des unités. - Déterminer les politiques de prix. - Centraliser les besoins d'approvisionnement des unités.	• puissance d'achat importante (quantité, prix, délai de paiement…). • un seul interlocuteur (la centrale d'achat). • produits adaptés à la clientèle grâce à l'aide d'acheteurs professionnels.	• peu de marge de négociation avec la centrale. • pas de liberté d'achat.
Entrepôt ou plate-forme d'approvisionnement ou d'éclatement	- Centraliser les marchandises. - Effectuer les contrôles produits. - Livraison des différentes unités.	• pas ou peu de stock, réserve délocalisée.	• peu de maîtrise sur les livraisons (rythme et quantité).

2 La sélection des fournisseurs

La sélection du fournisseur repose sur des critères qui vont permettre d'offrir les conditions les plus avantageuses pour le choix du produit. C'est une étape préalable à la préparation de la négociation d'achat.

A Les critères de choix

Données fournisseurs	Exigences unité commerciale
Stock disponible Commande Fréquence et délais de livraison	- rapidité de réassortiment, absence de rupture de stock. - réponse à la demande client.
Qualité produit	adaptation aux attentes clientèles et au positionnement.
Conditions de vente : - délais de paiement, - conditions de livraison (franco de port…), - stockage.	réduction des coûts et les charges liées à l'approvisionnement.
Prix : - tarif, remises, ristournes, rabais, escompte ; - coopération commerciale (marchandisage…).	points négociables pour obtenir les meilleurs prix et une assistance commerciale importante (installation des produits, PLV, étiquetage des produits…).

(B) La négociation avec les fournisseurs

Les conditions générales de vente peuvent faire l'objet d'une négociation entre le fournisseur et l'unité commerciale et peuvent donner lieu à des conditions particulières.

Les points de négociation sont :

- **Les délais de règlement** : 30, 60 ou 90 jours.
- **Les réductions commerciales** :
  - le rabais : réduction négociée pour réparer un défaut de quantité, un retard ou un défaut de livraison ;
  - la remise : réduction accordée en fonction de la quantité achetée ;
  - la ristourne : réduction différée calculée sur l'ensemble des achats d'une période, elle a pour but, pour le fournisseur, de fidéliser son client ;
  - l'escompte : réduction financière proposée dans le cas d'un paiement au comptant ou anticipé.
- **Les conditions de livraison** :
  - le franco de port : les coûts liés au transport des marchandises sont pris en charge par le fournisseur ;
  - le port dû : les coûts liés au transport des marchandises sont subis par l'unité commerciale.
- **La coopération commerciale** :
  - mise en avant, PLV, attribution de têtes de gondoles, emplacement privilégié, promotion publicitaire… ;
  - elle fait l'objet d'un contrat de service défini d'un commun accord entre un fournisseur et un distributeur.

MOTS PROFESSIONNELS

Approvisionnement. Conditions de vente. Mode d'approvisionnement. Négociation commerciale

Voir Lexique dans les pages Mémos.

CE QUE JE SAIS FAIRE

- Différencier les modes d'approvisionnement.
- Identifier les différents critères de choix d'un fournisseur.
- Distinguer les différents éléments qui composent les conditions générales de vente.
- Repérer les conditions d'utilisation des différentes réductions commerciales.

2

La commande et le suivi de commande

La commande peut faire l'objet d'une procédure manuelle ou informatisée en fonction de l'appartenance de l'unité à un réseau ou non. La quantité à commander doit être déterminée le plus précisément possible pour répondre aux besoins de la clientèle. Le suivi de la commande consiste à réceptionner les produits en contrôlant les flux entrants de marchandises. Il s'agit de vérifier la conformité quantitative et qualitative des livraisons par rapport aux commandes. L'objectif est de mettre à jour les stocks.

1 La commande

La procédure de commande est utilisée dans les trois situations suivantes :
- pour renouveler ou acquérir un nouvel équipement ;
- pour approvisionner le point de vente ;
- pour assurer un réassortiment.

Cette procédure est engagée lorsque l'unité commerciale a sélectionné le fournisseur offrant les conditions commerciales les plus avantageuses.

A La préparation de la commande

La prise de stock s'effectue à partir du cadencier de commande. Les informations transmises par le cadencier sont les suivantes :
- **les données commerciales** :
  - **identification de la famille** ou de la sous-famille de produits concernés ;
  - **unité de vente** : quantité de produit vendue au client (un pack de 4 yaourts).
- **unité de commande** : nombre d'unités de vente client livrées par le fournisseur pour chaque référence de produit (un carton de 12 packs) ;
- **délai de réapprovisionnement** : temps prévu entre la date de commande et la date de livraison ;
- **fréquence de réassortiment** : nombre de réapprovisionnements possibles sur une période donnée ;
- **désignation du produit** : référence code produit, code barres.

• *Indicateurs à prendre en compte pour déclencher la commande*

Stock maximum : niveau de produits en stock à ne pas dépasser. Un niveau de stock trop important représente des moyens financiers immobilisés, entraînant un risque de mévente ce qui engendre un coût important pour le magasin.
Stock minimum : niveau de produits qui doit permettre de faire face aux ventes pendant le délai de livraison.
Stock de sécurité ou stock tampon : niveau de produits en dessous duquel le stock ne doit pas descendre, il permet de faire face à un retard de livraison ou à une demande imprévue de la clientèle. Certaines unités n'ont pas de stock de sécurité, elles fonctionnent en flux tendus en pratiquent le stock « zéro », les livraisons ont lieu au fur et à mesure des besoins.
Stock d'alerte : niveau de stock à partir duquel, il faut déclencher une commande, il est égal à : stock minimum + le stock de sécurité.

• *Informations à saisir sur le cadencier*

Enregistrer les quantités réceptionnées pour chaque référence.
Reporter le résultat de la prise de stock (comptage des produits en rayon et en réserve) ou déterminer le stock théorique qui est égal à : stock précédent + entrée – ventes.
Déterminer :
- les **cadences de vente** = stock précédent + entrées – stock existant,
- la **cadence de vente moyenne** : moyenne des ventes réalisées sur une période donnée.

Calculer les quantités à commander = cadence de vente moyenne – stock existant.

Remarque : Ne pas oublier de tenir compte des offres promotionnelles qui risquent de modifier les cadences de vente moyenne.

(B) *La passation de la commande*

- **Sélectionner le mode de passation** de commande : Internet, télécopie, courrier, téléphone.
- **Conserver un double** de la commande.
- **Demander une confirmation** de la commande.
- **Suivre la commande** : contrôler la confirmation de commande, surveiller le délai de livraison et relancer le fournisseur en cas de retard.

2 *Le réassortiment*

Le réassortiment est une procédure utilisée pour le réapprovisionnement de l'unité ou d'un rayon.

(A) *Le réassortiment de l'unité*

Il peut se faire par le biais d'une commande, mais le plus souvent, il s'agit d'un réassortiment automatique, c'est le cas pour la plupart des unités qui dépendent de réseaux associés ou intégrés.

C'est l'EDI (Échange de Données Informatisées) qui permet à partir, des informations transmises par la caisse (vente donc sortie de produits), de déclencher automatiquement la procédure de réassortiment auprès de l'entrepôt *via* l'unité.

Ce système présente pour l'unité des avantages en termes de rapidité, de gain de temps, d'allégement du travail du personnel et une gestion sécurisée des stocks.

Remarque : Ce système peut aussi avoir ses limites, moins ou pas de visibilité de l'unité sur ces approvisionnements, pas de prise en compte par l'entrepôt de la spécificité de certains points de vente et des risques d'abus de la centrale par des approvisionnements trop importants et donc difficiles à écouler.

(B) *Le réassortiment du rayon*

La préparation du réassortiment :

- ranger le rayon : retirer les produits impropres à la vente (produits abîmés, DLC, DLUO, DLV, dépassées…) ;
- s'assurer de la propreté du rayon ;
- évaluer, manuellement ou à l'aide de terminaux portables (type telxon), les quantités de produits à remettre en rayon en fonction de sa capacité de rangement.

Le réassortiment :

- ranger les produits en rayons en respectant les règles d'implantation ;
- effectuer la rotation des produits en mettant en avant les produits les plus anciens ;
- contrôler, à l'aide de terminaux portables, l'exactitude du balisage prix pour chaque produit.

3 *Les opérations de réception*

L'opération de réception est un point délicat dans la chaîne d'approvisionnement d'une unité commerciale, toute défaillance à ce niveau peut-être une source démarque pour l'unité commerciale.

(A) *Le contrôle de la livraison*

Les contrôles s'effectuent en présence du livreur à l'aide du bordereau d'expédition (lorsqu'il s'agit d'un transporteur indépendant) ou du bon de livraison (lorsque le fournisseur assure lui-même le transport) et du bon de commande. Ces opérations peuvent être réalisées par un service de réception (réceptionnaire) ou par le rayon, ou le responsable du point de vente.

Points de contrôle	Anomalies/Réactions
Contrôle quantitatif	
① Vérifier l'adresse de livraison	L'adresse de livraison n'est pas conforme : refuser la livraison.
② Comparer le nombre de colis livrés au nombre de colis commandés	- le nombre de colis livrés est supérieur au nombre de colis attendus : refuser les colis supplémentaires ; - le nombre de colis livrés est inférieur au nombre de colis attendus : indiquer sur le document de livraison le nombre de colis réellement livrés.
③ Contrôler l'état des cartons	- cartons abîmés : émettre les réserves suivantes sur le document de livraison « sous réserve de déballage » ou refuser le carton détérioré.
Contrôle qualitatif	
① Comparer les références livrées et commandées	- noter les écarts constatés et demander une régularisation en établissant des bons de retour de reprise pour obtenir l'échange ou la non facturation des produits non conformes ; - les anomalies constatées ou les réserves formulées en présence du livreur doivent être confirmées dans les trois jours ouvrables suivant la livraison, par lettre recommandée adressée au fournisseur ou au transporteur.
② Comparer les quantités livrées et commandées	
③ Vérifier par sondage la qualité des produits livrés	

Ⓑ Le contrôle de la facturation

Les contrôles de la facture sont à effectuer à partir du bon de commande et du bon de livraison. Il faut réaliser un état de rapprochement, commande/livraison/facture sur les points suivants :

- le prix de vente conforme au prix prévu ;
- la quantité livrée et acceptée ;
- les réductions commerciales accordées ;
- les acomptes versés ;
- le montant du transport ;
- la coopération commerciale ;
- le mode et le délai de paiement.

Les écarts de valeur constatés doivent être signalés auprès du fournisseur pour établir une facture d'avoir qui viendra en déduction de la facture de doit.

Ⓒ Le stockage des produits

Les flux entrants de produits dans l'unité doivent être saisis pour mettre à jour les stocks et connaître ainsi le stock théorique.
Les réserves permettent de ranger les produits qui ne peuvent l'être sur la surface de vente.

Le rangement des produits en réserves doit être rigoureux et respecter le plan établi pour :

- faciliter le repérage des produits, qui doivent être classés par familles, marques et références ;
- assurer les meilleures conditions de conservation ;
- éviter la démarque en rangeant les produits sensibles dans une zone sécurisée de la réserve, les produits doivent être antivolés.

MOTS PROFESSIONNELS

Cadencier. Commande. Flux tendus. Prise de stock. Réassortiment. Réserves. Stock théorique

Voir Lexique dans les pages Mémos.

CE QUE JE SAIS FAIRE

- Utiliser un cadencier.
- Passer une commande.
- Maîtriser les procédures de réassortiment.
- Réceptionner une livraison.
- Contrôler la facturation.
- Respecter les procédures de stockage des produits.

3

La gestion des stocks

Les stocks représentent l'ensemble des produits en magasin et en réserve. Ils sont destinés à être revendus le plus rapidement possible par l'unité commerciale. La composition et le niveau des stocks varient de façon permanente en fonction de l'évolution de la composition de l'assortiment, du comportement de la clientèle et de la saisonnalité. Une gestion efficace des stocks doit permettre de proposer un assortiment qualitatif et quantitatif adapté aux attentes de la clientèle et de réduire les coûts liés au stockage.

1 Le suivi des stocks

Un suivi efficace des stocks doit permettre une surveillance constante du niveau des stocks, pour éviter les ruptures tout en limitant les quantités en stock.

(A) Les documents de suivi des stocks

Documents	Fonctions	Informations
Fiche de stock	Suivre les mouvements des stocks pour une référence.	- quantités entrées, sorties et en stock, - niveaux de stock fixés **Voir Cours 2**
État des stocks	Permettre de prendre des décisions : réapprovisionner, déstocker, déréférencer.	- niveau de stock à une date donnée pour une référence, une famille, un rayon, une unité.

(B) Les indicateurs de suivi des stocks

Une gestion performante des stocks consiste à surveiller les quantités stockées pour éviter une immobilisation financière trop importante, des frais de stockage élevés et un stock trop ancien.

➩ **Le stock moyen** correspond au niveau de stock possédé en moyenne sur une période déterminée.

Méthode de calcul : **stock moyen** = $\frac{\text{stock initial + stock final}}{\text{Nombre d'envois}}$

Remarque : Le stock moyen peut être calculé en quantité ou en valeur.

➩ **Le coefficient de rotation des stocks :** il permet de déterminer le nombre de fois où le stock est renouvelé en moyenne au cours d'une période.

Méthode de calcul : **coefficient de rotation** = $\dfrac{\text{ventes de la période}}{\text{Stock moyen}}$

Remarque : Le coefficient de rotation peut être calculé à partir des ventes en quantité ou évalué au coût d'achat ou au prix de vente.

➩ **La durée moyenne de stockage :** elle permet de connaître le nombre de jours ou de mois pendant lequel le produit reste en stock. Cet indicateur est encore appelé couverture de stock, il indique le nombre de jours de ventes que couvre le stock avant d'être en rupture. Il existe deux méthodes de calcul :

Méthode de calcul : **durée moyenne de stockage** = $\dfrac{\text{stock moyen}}{\text{Ventes de la période}} \times \text{durée de la période}$

Ou

Méthode de calcul : **durée moyenne de stockage** = $\dfrac{\text{durée de la période}}{\text{Coefficient de rotation des stocks}}$

Remarque : La durée moyenne de stockage est liée à la rotation des stocks : une rotation de stock élevée correspond à une moyenne de stockage faible.

Ⓒ *Les indicateurs de suivi sélectif des stocks*

Deux méthodes d'analyse existent pour permettre un suivi plus individualisé des stocks.

- **La méthode des 20 X 80 ou loi de Pareto** : cette méthode part d'une constatation que 20 % environ des produits constitue l'essentiel de la valeur des stocks. Ces produits à forte valeur demandent un suivi rigoureux puisqu'ils constituent une immobilisation financière importante, alors que les autres produits (80 % des produits qui représentent 20 % de la valeur du stock) peuvent faire l'objet d'une gestion moins attentive.
- **La méthode ABC** : cette méthode d'analyse plus précise que la méthode des 20 X 80 identifie trois catégories de stocks :
  - la catégorie **A** : les stocks de forte valeur environ 10 % du nombre de produits représentent environ 60 % de la valeur des stocks ;
  - la catégorie **B** : les stocks de valeur intermédiaire environ 30 % du nombre de produits représentent 30 % de la valeur des stocks ;
  - la catégorie **C** : les stocks de valeur plus faible environ 60 % du nombre de produits représentent 10 % de la valeur des stocks.

Le classement en trois catégories permet de préciser trois niveaux de surveillance des stocks. Le niveau de surveillance des stocks sera d'autant plus important que leur valeur est élevée.

2 L'analyse des stocks

L'analyse des stocks requiert un état de vigilance permanent pour :
- éviter les ruptures de stocks qui sont une source de mécontentement de la clientèle et de perte de chiffre d'affaires ;
- les surstocks qui entraînent un risque de dépréciation (produits démodés, périmés…), une immobilisation nuisible à la bonne santé financière de l'unité ;
- limiter les coûts de stockage liés aux frais de personnel et aux frais de fonctionnements des réserves.

Ces éléments exigent de maîtriser en permanence les niveaux de stocks, pour pouvoir commander au moment le plus opportun, les quantités les plus justes afin de disposer du niveau de stock nécessaire.

3 La valorisation des stocks

La valorisation des stocks est une opération qui consiste à évaluer régulièrement la valeur des stocks. La connaissance de la valeur des stocks est un outil de gestion de trésorerie, c'est également une obligation comptable. Il existe deux méthodes de valorisation des stocks.

A La méthode PEPS (Premier Entré, Premier Sorti)

Cette méthode consiste à :
- sortir en premier les lots de produits les plus anciens en stock ;
- valoriser les sorties et les stocks au coût d'achat auquel chaque produit est entré en stock.

Exemple :

Date	Mouvement	Entrées			Sorties			Stock		
		Q*	PU*	V*	Q*	PU*	V*	Q*	PU*	V*
1/3	Stock							2	4	8
2/3	Vente				1	4	4	1	4	4
4/3	Réception	3	5	15				**1**	**4**	**4**
								3	**5**	**15**
6/3	Vente				**1**	**4**	**4**			
					1	**5**	**5**	2	5	10

Les sorties et le stock sont valorisés au coût d'achat auxquels les produits ont été réceptionnés.

Q : quantité ; PU : prix unitaire ; V : valeur.

B La méthode CMUP (Coût Moyen Unitaire Pondéré)

Cette méthode consiste à valoriser les sorties et le stock en calculant une moyenne des coûts d'achat et du coût du stock initial. Deux possibilités de calcul du CMUP existent :
- **Le CMUP calculé après chaque entrée** ; cette méthode consiste à :
  - calculer un coût d'achat moyen unitaire pondéré après chaque nouvelle entrée de produits ;

- valoriser toutes les sorties et les stocks à l'aide du CMUP, jusqu'à la nouvelle entrée.

Méthode de calcul : **CMUP après chaque entrée** = $\dfrac{\text{dernier stock en valeur + entrée en valeur}}{\text{dernier stock en quantité + entrée en quantité}}$

Exemple :

Date	Mouvement	Entrées			Sorties			Stock		
		Q*	**PU***	**V***	**Q***	**PU***	**V***	**Q***	**PU***	**V***
1/3	Stock							2	4	8
2/3	Vente				**1**	4	4	**1**	4	**4**
4/3	Réception	3	5	**15**				4	**4,75**	19
6/3	Vente				2	**4,75**	9,5	2	**4,75**	9,5

Un nouveau CMUP est calculé après chaque entrée pour valoriser le stock et les sorties.
$\dfrac{(4 + 15)}{(1 + 3)} = 4{,}75$ €

Q : quantité ; PU : prix unitaire ; V : valeur.

- **Le CMUP calculé en fin de période**, cette méthode consiste à :
  - calculer un coût d'achat moyen unitaire pondéré à la fin d'une période ;
  - valoriser toutes les sorties et le stock final à l'aide du CMUP.

Méthode de calcul : **CMUP en fin de période** = $\dfrac{\text{stock de début de période en valeur + entrée de la période en valeur}}{\text{stock de début de période en quantité + entrée de la période en quantité}}$

Exemple :

Date	Mouvement	Entrées			Sorties			Stock		
		Q*	**PU***	**V***	**Q***	**PU***	**V***	**Q***	**PU***	**V***
1/3	Stock							**2**	**4**	**8**
2/3	Vente				1	4,6	4,6	1		
4/3	Réception	3	5	15				4		
					2	**4,6**	9,2			
6/3	Vente	**3**	5	**15**				2	**4,6**	9,2

Les sorties et le stock sont valorisés au CMUP calculé en fin de période :
$\dfrac{(8 + 15)}{(2 + 3)} = 4{,}60$ €

Q : quantité ; PU : prix unitaire ; V : valeur.

Remarque : Cette méthode est utilisée lorsque l'unité n'a pas besoin de connaître l'évaluation du stock au jour le jour, ce qui est le plus souvent le cas des unités commerciales. Elle est moins contraignante et permet d'avoir une valorisation sur une période, mois, trimestre…

MOTS PROFESSIONNELS

État de stock • Fiche de stock • Stock • Stock initial • Stock final • Rupture de stock • Surstock • Taux de rotation des stocks • Valorisation des stocks

Voir Lexique dans les pages Mémos.

CE QUE JE SAIS FAIRE

- Identifier les documents de suivi des stocks.
- Calculer les indicateurs de suivi des stocks (stock moyen, coefficient de rotation des stocks, durée moyenne de stockage).
- Différencier les méthodes d'analyse de suivi individualisé des stocks (20 X80, ABC).
- Repérer les objectifs du suivi des stocks.
- Valoriser les stocks

4

L'inventaire

L'inventaire physique, qui consiste à compter tous les produits réellement présents sur la surface de vente et en réserve, doit avoir lieu au moins une fois par an, c'est une obligation légale. L'inventaire est une opération qui a un coût pour l'unité puisqu'elle implique la fermeture du magasin, et doit donc être préparé de façon rigoureuse.

1 Les différents inventaires

Il existe trois niveaux d'inventaire pour obtenir différentes situations de l'état physique et financier du stock d'une unité commerciale.

A L'inventaire physique général ou comptable

La législation impose de faire au moins une fois par an un inventaire physique, à la fin de l'exercice comptable, c'est-à-dire à la fin de l'année civile, afin d'évaluer le stock réel en quantité et en valeur.

Il est réalisé le plus souvent en tout début d'année civile (janvier) et il nécessite le plus souvent la fermeture de l'unité totale ou partielle pendant une journée ou une demi-journée, en fonction de la dimension de l'unité. Il consiste à un comptage des produits présents sur la surface de vente et dans la zone de stockage.

- **D'un point de vue comptable**, il permet de valoriser les stocks et de renseigner les comptes de l'unité pour connaître le résultat de l'unité (bénéfice ou perte) et d'établir le bilan comptable.
- **D'un point de vue commercial,** il permet de préparer les opérations de soldes périodiques et d'adapter les commandes de l'année en se basant sur un stock réel.

Remarque : L'inventaire permet de dégager les niveaux de démarques.

B L'inventaire tournant

Il n'est pas obligatoire, mais il permet d'avoir une connaissance plus fréquente dans le temps de l'état des stocks. Il ne nécessite pas la fermeture de l'unité, il est réalisé sur différents rayons en fonction d'une fréquence préétablie. Il permet de préparer les opérations de soldes flottants, de réajuster les éléments de la politique d'approvisionnement et de réagir par rapport à la démarque.

Ⓒ *L'inventaire permanent*

Il permet de connaître la valeur des stocks à tout moment, en réalisant un suivi permanent des entrées et de sorties (les terminaux de point de vente permettent d'enregistrer de façon informatisée ces informations) en quantité et en valeur, à partir des fiches de stock. Il permet, d'ajuster de façon très réactive l'approvisionnement, de contrôler les coûts et la démarque.

Remarque : **Voir Cours 3** La gestion des stocks.

2 La mise en œuvre de l'inventaire

Dans le cas d'un inventaire général, il s'agit de compter tous les produits, ce qui nécessite la fermeture du magasin. C'est une procédure lourde à mettre en place pour l'unité qui nécessite une organisation rigoureuse.

Ⓐ La préparation

Acteurs	Organisation
L'unité 	- prévoir le temps de fermeture à la clientèle ; - l'annoncer quelques jours avant à la clientèle par voie d'affichage en magasin ; - planifier les horaires ; - préparer les procédures ; - ranger les produits. - découper et baliser la surface de vente et des réserves en zone de comptage.
Le personnel 	- faire appel au personnel de l'unité ; - recruter des intérimaires ; - faire appel à une société externe spécialisée ; - prévoir des coordinateurs (responsable de zone) ; - assurer une formation auprès du personnel.
Le matériel 	S'assurer de la disponibilité : - des fiches d'inventaire pour le comptage manuel ; - des terminaux de saisie portables.

Ⓑ Le déroulement

- **Organiser une réunion générale** en début d'inventaire pour lancer l'opération.
- **Chaque zone** est placée sous la responsabilité d'un responsable de zone, qui :
  - dirige une équipe d'inventoristes ;
  - remet à chaque inventoriste les instructions, documents et matériels ;
  - centralise les informations ;
  - contrôle le bon déroulement du comptage qui a lieu dans sa zone et procède à des vérifications aléatoires.

- **Chaque inventoriste** doit :
  - se rendre sur sa zone d'affectation muni de son badge et de son matériel de comptage ;
  - compter de haut en bas et de gauche à droite tous les produits dont il a la charge ;
  - contrôler le dessous et le dessus des meubles pour s'assurer que tous les produits ont bien été comptés ;
  - signaliser les zones comptées ;
  - transmettre le résultat du comptage automatiquement à l'aide du terminal portable ou manuellement au responsable de zone.

Remarque : L'objectif de cette phase est d'éviter toute erreur de comptage ou de saisie qui pourrait avoir une incidence sur le résultat.

3 Les différences d'inventaire

Ce sont les différences, connues ou non, constatées entre le stock réel et le stock théorique. Lorsque la différence est négative, il s'agit de démarque, lorsqu'elle est positive, il s'agit de surmarque.

A La démarque connue

C'est la perte de marge subie par un magasin, due essentiellement à des produits qui ont été achetés qui n'ont pas été vendus et qui ne sont plus en stock. La démarque connue est identifiée par l'unité parce qu'elle a été repérée et a fait l'objet d'un enregistrement.

Origine de la démarque	Causes	Actions
Prévue	- démarque promotionnelle à l'occasion d'opérations commerciales : promotions, dégustation de produits, déstockage ; - alignement sur les prix des concurrents ; - démarque pour les produits d'exposition, abîmés.	- l'anticiper et l'intégrer dans les budgets commerciaux et mesurer son impact sur la rentabilité ; - négocier avec les fournisseurs pour la prise en charge totale ou partielle des frais promotionnels.
Imprévue	- produits impropres à la vente (périmés, abîmés, cassés, détériorés…) ; - consommation sur place des clients ; - maladresses dans la mise en rayon entraînant de la casse ; - mévente de certains produits.	- contrôler au plus près les commandes, la présentation marchande ; - surveiller la surface de vente ; - sensibiliser le personnel aux répercussions de la démarque.

B La démarque inconnue

Elle représente la démarque qui n'est pas identifiée, son évaluation ne peut être faite qu'à la fin de l'inventaire. Elle constitue une menace pour l'unité car elle peut risquer de mettre en péril sa rentabilité. Elle représente en moyenne de 1 à 2 % du chiffre d'affaires d'une unité.

<table>
<tr><th>Origine de la démarque</th><th>Causes</th><th>Actions</th></tr>
<tr><td>Interne</td><td>- vol du personnel ;
- consommation ou utilisation de produits ;
- erreurs de saisie en caisse, de réception ;
- affichage incorrect des prix ;
- casse non enregistrée.</td><td rowspan="2">- contrôler et sensibiliser le personnel ;
- faire surveiller la surface de vente par le personnel ;
- contrôler régulièrement l'affichage des prix ;
- recruter des agents de surveillance ;
- installer de portiques de détection, de systèmes de surveillance par vidéo ;
- mettre en sécurité des produits (antivol) ;
- implanter des produits à forte valeur dans des emplacements sécurisés.</td></tr>
<tr><td>Externe</td><td>- vol des clients ;
- consommation de produits ;
- transfert de conditionnements ;
- substitutions d'étiquettes ;
- erreurs de livraisons et de facturations.</td></tr>
</table>

Remarque : Évaluer la démarque :

Démarque en quantité = Stock théorique – Stock réel

Démarque en valeur = Chiffre d'affaires théorique – Chiffre d'affaires réel

$$\text{Taux de démarque : } \frac{\text{montant de la démarque} \times 100}{\text{Chiffre d'affaires}}$$

Démarque inconnue = Démarque totale – Démarque connue

Ⓒ *La surmarque*

C'est une différence positive d'inventaire, elle correspond à un stock réel supérieur au stock théorique, un chiffre d'affaires ou à une marge supérieure à ce qui était escompté.

Elle provient le plus souvent d'erreurs de saisie ou de calcul. Il peut s'agir aussi de produits non facturés par les fournisseurs et revendus au prix habituel, de conditions commerciales accordées par les fournisseurs non répercutées sur les prix.

MOTS PROFESSIONNELS

Démarque. Inventaire. Stock réel. Stock théorique. Surmarque

Voir Lexique dans les pages Mémos.

CE QUE JE SAIS FAIRE

- Distinguer les différents types d'inventaire.
- Mesurer l'intérêt de l'inventaire.
- Organiser un inventaire.
- Différencier les différentes démarques et la surmarque.
- Déterminer la démarque

1.1 *Vérifiez vos connaissances*

Exercice 1 Démêlez le vrai du faux

Entourez ou surlignez le symbole qui correspond à votre réponse et apportez, en cas de réponse négative, le correctif utile.

1) Le prix est le critère prioritaire à prendre en compte pour sélectionner un fournisseur.	☺	☹
2) L'escompte est une réduction commerciale accordée au client par un fournisseur en fonction de la quantité achetée.	☺	☹
3) Le stock d'alerte correspond au niveau de produits en dessous duquel le stock ne doit pas descendre.	☺	☹
4) Le contrôle quantitatif s'effectue en présence du livreur. Lors de ce contrôle, il faut vérifier : • le nombre de colis livrés ; • l'état extérieur des colis ; • la qualité des produits.	☺	☹
5) La fiche de stock permet de déterminer les quantités en stock pour un produit.	☺	☹
6) Le stock final est égal aux entrées – les sorties.	☺	☹
7) Les unités commerciales qui fonctionnent en flux tendu ont un stock de sécurité.	☺	☹
8) Le coefficient de rotation de stocks permet de connaître la durée pendant laquelle un produit reste en stock.	☺	☹
9) Le stock réel peut être déterminé sans opération d'inventaire physique.	☺	☹
10) Les réductions de prix, dans le cadre d'une opération commerciale, font partie de la démarque connue.	☺	☹

1.2 *Mettez en application*

Exercice 1 Le choix du fournisseur

Travail à faire

A) Comparez, à l'aide du document, les différentes offres des fournisseurs en complétant l'annexe.

B) Relevez les points forts et les points faibles de chaque fournisseur.

C) Repérez le fournisseur qui correspond le plus aux contraintes du commerçant. Justifiez votre réponse.

D) Déterminez les points à négocier en tenant compte des priorités du responsable et des offres concurrentes.

Document : Les contraintes liées à l'achat

Structure de l'unité commerciale : 4 points de vente spécialisés dans les vêtements pour enfants de 0 à 14 ans gérés par deux frères.

Préparation : « L'opération les premiers jours d'été »

Durée : 15 mars au 15 juin.

Budget d'achat prévu : 4 500 euros

Trésorerie : le plus de souplesse possible

à :	Baby-blue@aol.fr;Les petits@orange.fr;Les bambins@laposte.fr;
cc :	
objet :	appel d'offres
pièce(s) jointe(s) :	0 fichier(s)

vérifier l'orthographe signature : aucune thème : aucun priorité : normale

police taille

Bonjour,

Je représente les magasins "Les petits monstres", implantés en région parisienne : départements 94, 77, 78.
Veuillez me préciser vos tarifs, conditions de vente et de paiement pour les articles suivants :

Collection été :
- 100 ensembles fillettes tendance ;
- 50 pantalons garçons version Jean déclinée ;
- 200 tee-shirt variès manches courtes, manches longues tendance ;
- 120 sous-vêtements couleurs mode.

La livraison devra être étalée sur la saison.
Le délai de livraison maximum 48 heures.
Ma clientèle est habituée à des produits finis et de qualité.

J'attend votre offre détaillée le plus rapidement possible.

Monsieur Landais

Annexe : Les offres des fournisseurs

Critères de sélection	BABY-BLUE	LES PETITS	LES BAMBINS
Implantation	Calvados (19)	Paris (75)	Aubervilliers (93)
Fabrication	Dans la région, les modèles sont dessinés par des créateurs locaux.	Les produits sont fabriqués en Turquie.	Non communiqué.
Délai de livraison	Dans la journée.	Dans la journée	Dans la journée
Conditions de paiement	3 % comptant, 90 jours.	2 % comptant, 60 jours pour un montant > 10 000 €.	3 % comptant, 60 jours.
Réassortiment	Possible en semaine.	Possible par mois.	Possible en semaine.
Remise	5 % dès 2 500 €	3 % dès 3 500 €	3 % dès 3 500 €

Critères de sélection	BABY-BLUE	LES PETITS	LES BAMBINS
Coopération commerciale	Étiquetage (300 €)	Aide à l'implantation (400 €)	Aide à l'implantation (400 €)
Prix d'achat HT unitaire	Ens. Fillette : 12,50 € Pantalons : 12,90 € Tee-shirt : 7,50 € Sous-vêtement : 5,10 €	12,30 € 12,10 € 6,70 € 5,20 €	12,10 € 11,95 € 6,80 € 4,90 €
Prix d'achat total HT à payer			
Montant de la remise			
Participation commerciale			
Total HT net à payer			
Frais de port			
Total HT à payer			

Exercice 2 La préparation de la commande

Annexe : Le cadencier

CADENCIER ÉPICERIE (en unité de vente) — année 2010.
Sous-famille : confiserie — Stock maximum : 24
Unité de vente : le sachet — Délai de réapprovisionnement 72 h
Unité de commande : le lot de 6 unités — Fréquence de réassort. : hebdo.

	SEMAINE 1				SEMAINE 2				SEMAINE 3				SEMAINE 4				SEMAINE 5			
	S*	C*	R*	V*	S	C	R	V	S	C	R	V	S	C	R	V	S	C	R	V
Menthe 250 g 41002	2	24	24		12	12	12		0	24	24		6	24	24		10			
Menthe 500 g 41012	6	18	18		10	12	12		2	24	24		4	18	18		8			
Fruits rouges 41013	4	42	42		12	24	12		0	24	24		8	38	38		12			

*S : Stock initial. *C : Quantités commandées. *R : Quantités réceptionnées. *V : Quantités vendues par semaine.

Travail à faire

Calculez sur l'annexe

A) Les cadences de vente pour chaque référence.

B) La cadence de vente moyenne.

C) La quantité à commander.

Exercice 3 Le suivi des stocks

Travail à faire

À partir du document ci-après :

A) Calculez le stock moyen de cette référence.

B) Calculez le taux de rotation du stock de ce produit.

C) Situez le magasin en termes de rotation par rapport au résultat du groupe.

D) Proposez trois solutions pour développer la rotation de ce produit.

Document : Les indicateurs de gestion

Supermarché situé à Caen.

Produit : soupe Liebig 500 g référence B7896J

Stock au 1/05/2010 : 40

Stock au 3/06/2010 : 25

Ventes de la période : 85

Taux de rotation du groupe : 3,4.

1.3 Passez le bac

Exercice 1 L'organisation d'un inventaire

Titulaire d'un baccalauréat professionnel Commerce, vous avez été recruté(e) au sein de l'équipe commerciale du magasin Truffaut de La Rochelle, agglomération qui compte 147 000 habitants.

Votre magasin a ouvert le 1er mars 1990. Il est situé sur la zone commerciale dynamique « Beaulieu 2000 », accessible depuis un axe routier majeur et à proximité d'un hypermarché Carrefour (concurrent indirect). C'est un commerce indépendant exploité en franchise Truffaut.

La surface de vente est de 2 700 m^2 dont 1 500 m^2 couverts.

Le magasin Truffaut est composé de cinq univers répartis en différents rayons :

Univers	Rayons
Produits de jardin	Graines, bulbes, gazon, produits phytosanitaires, engrais
Produits manufacturés	Arrosage, protection homme et végétaux, taillanderie, décoration, mobilier de jardin,librairie

Univers	Rayons	
Pépinière	Plantes extérieures, arbres, arbrisseaux, fleurs pour terrasse et balcon contenants extérieurs, amendement	
Serres	Chaudes Plantes tropicales	Froide Plantes annuelles, fleuries, contenant intérieur
Animalerie	Alimentation chiens et chats, sellerie, aquariophilie, rongeurs et alimentation, oiseaux et alimentation, soins aux animaux, librairie, animaux vivants	

L'inventaire d'un magasin est un événement important. Il mobilise un personnel nombreux et des moyens financiers importants. C'est le moment pour l'entreprise de faire le point sur ses stocks, ses ventes et de déterminer ainsi la démarque de chaque rayon.
M. HEMON, le responsable de l'unité, vous demande de l'assister dans la mise en place et la réalisation de l'inventaire.

Travail à faire

À partir du document suivant :

A) Dégagez, sur votre copie, les zones à inventorier dans le magasin.

B) Planifiez dans un tableau, sur votre copie, les opérations à réaliser et le personnel nécessaire afin de mener à bien l'opération d'inventaire.

Conseil
Pour traiter la question B, réalisez un tableau à trois colonnes faisant apparaître, l'ordre chronologique des étapes à respecter, les opérations à réaliser et le personnel concerné.

Document : Entretien avec un responsable de magasin TRUFFAUT

Combien d'inventaire(s) effectuez-vous par an ?

L'inventaire est obligatoire une fois par an. Nous en effectuons trois par an, cela nous permet d'évaluer notre stock et le montant de notre démarque.

Comment organisez-vous votre inventaire ?

C'est une opération qui mobilise tout le personnel et qui se prépare plusieurs semaines à l'avance.
Chaque personne joue un rôle important. Les responsables interviennent principalement au moment de la préparation, le personnel au moment de la réalisation, le jour J.
Un inventaire dans notre enseigne se prépare un mois à l'avance. À cette date, le directeur informe le personnel et les fournisseurs.

Quel est le rôle des différents responsables ?

Vingt jours avant l'inventaire, le directeur, assisté du directeur adjoint, découpe le magasin en zones d'inventaires, chaque zone correspond à un univers de consommation.

Les chefs de rayons, quinze jours avant, fixent leurs besoins en personnel et répartissent les tâches que les inventoristes, les contrôleurs et les chefs de zones devront réaliser le jour J.

Trois jours avant, le directeur prépare la réserve (répartition en zones identiques à celles de la surface de vente), la secrétaire crée les fiches d'inventaire et les fichiers informatiques.

Le rangement de la réserve et les retours aux fournisseurs sont réalisés par les employés deux jours avant.

La veille de l'inventaire, le directeur adjoint, assisté de ses chefs de rayon balise le magasin pour préparer les zones par un marquage au sol. Les employés rangent les produits en magasin et en réserve et comptabilisent les produits de présentation.

Le jour J, l'inventaire a lieu après une réunion générale de lancement (rappels + dernières instructions). Tout le monde est alors concerné.

Exercice 2 La démarque

M. Hémon vous demande de vous intéresser plus particulièrement à votre rayon chiens et chats dont il vous transmet les résultats d'inventaire.

Travail à faire

À partir des documents 1 et 2 et de vos connaissances :

A) Calculez, sur l'annexe, le montant total de votre démarque.

B) Citez trois conséquences engendrées par la démarque sur votre rayon.

C) Proposez trois solutions qui vous permettront de lutter contre la démarque inconnue de ce rayon.

Document 1 : Fiches d'inventaire rayon chiens et chats

Rayon : Chiens et chats Produits : ciseaux coupe griffes Marque : ZOLUX Référence : 108.210	
Stock	
Réserve	Magasin
0	4

Rayon : Chiens et chats Produits : Brosse chat Marque : ZOLUX Référence : 201.114	
Stock	
Réserve	Magasin
4	10

Rayon : Chiens et chats Produits : Insecticide Marque : FRONTLINE Référence : 436.891	
Stock	
Réserve	Magasin
0	6

Rayon : Chiens et chats Produits : Shampoing Marque : ZOLUX Référence : 318.578	
Stock	
Réserve	Magasin
1	0

Rayon : Chiens et chats Produits : Peigne à puces Marque : ZOLUX Référence : 202.489	
Stock	
Réserve	Magasin
5	2

Rayon : Chiens et chats Produits : Étrille chien Marque : ZOLUX Référence : 201.253	
Stock	
Réserve	Magasin
2	1

Document 2 : Extrait du tarif

Référence	Désignation	Marque	Prix de vente HT €
108.210	Ciseaux coupe griffe	ZOLUX	8,50
201.114	Brosse chat	ZOLUX	5,30
436.891	Insecticide	FRONTLINE	16,50
318.578	Shampoing	ZOLUX	4,50
202.489	Peigne à puces	ZOLUX	5,20
201.253	Étrille chien	ZOLUX	6,75

Annexe : Stock théorique et État de rapprochement

Stock théorique de la période

Référence	Désignation	Stock initial	Achats de la période	Ventes de la période	Stock théorique
108.210	Ciseaux coupe griffe	13	24	30	
201.114	Brosse chat	10	18	14	
436.891	Insecticide	11	30	33	
318.578	Shampoing chien	6	20	22	
202.489	Peigne à puces	8	14	13	
201.253	Étrille chien	15	8	14	

État de rapprochement

Référence	Désignation	Stock théorique	Stock inventaire	Écart	Montant HT démarque
108.210	Ciseaux coupe griffe				
201.114	Brosse chat				
436.891	Insecticide				
318.578	Shampoing chien				
202.489	Peigne à puces				
201.253	Étrille chien				

Exercice 3 La surmarque

Nous sommes le 11 juin 2006, M. Hémon, à la suite d'un alignement du prix de vente, vous demande d'étudier les résultats du produit « collier 200 J rouge » Vous aviez commandé 32 colliers le 12 mars 2006.

Votre changement de prix est intervenu le 20 mai 2006. À cette date, 25 produits ont été vendus.

Le 10 juin 2006, il ne reste aucun produit en stock.

Travail à faire

Calculez à partir de l'annexe le montant de la surmarque.

Conseil

Pour traiter cette question, utilisez le document 2 de l'exercice précédent.

Annexe : Montant de la surmarque

Désignation : Collier 200 J rouge Référence : 400.218					TVA : 19,60 %
Prix achat HT	Prix de vente TTC avant le 20/05/06	Prix de vente TTC depuis le 20/05/06	Marge brute* totale HT avant le 20/05/06	Marge brute* totale HT depuis le 20/05/06	Montant* surmarque
2,19 €	5,14 €	5,95 €			

* Arrondir vos résultats (deux chiffres après la virgule)

corrigés

1.1 Vérifiez vos connaissances

Exercice 1 Démêlez le vrai du faux

1) ☹ Le prix n'est pas le seul critère à prendre en compte, il faut tenir compte également de la qualité attendue du produit et des différentes conditions commerciales accordée par le fournisseur.

2) ☹ L'escompte est une réduction financière négociée avec le fournisseur, dans le cas d'un paiement au comptant ou anticipé.

3) ☹ Le stock d'alerte correspond au niveau de stock à partir duquel, il faut déclencher une commande, il est égal à : stock minimum + le stock de sécurité.

4) ☺

☺

☺ C'est une opération à réaliser lors du contrôle qualitatif.

5) ☺

6) ☺ Le stock final est égal au stock précédent – sortie + entrée.

7) ☹ La pratique du stock zéro consiste à avoir le moins de stock possible donc pas de stock de sécurité.

8) ☹ Le coefficient de rotation des stocks permet de déterminer le nombre de fois où le stock est renouvelé en moyenne au cours d'une période ; il se calcule de la façon suivante : ventes de la période/stock moyen.

9) ☹ Le stock réel est le résultat d'un comptage physique des produits existants.

10) ☺

1.2 Mettez en application

Exercice 1 Le choix du fournisseur

A) Comparaison des fournisseurs

Critères de sélection	BABY-BLUE	LES PETITS	LES BAMBINS
Implantation	Calvados (19)	Paris (75)	Aubervilliers (93)
Fabrication	Dans la région, les modèles sont dessinés par des créateurs locaux.	Les produits sont fabriqués en Turquie.	Non communiqué.
Délai de livraison	Dans la journée.	Dans la journée.	Dans la journée.
Conditions de paiement	3 % comptant, 90 jours.	2 % comptant, 60 jours pour un montant > 10 000 €.	3 % comptant, 60 jours.
Réassortiment	Possible en semaine.	Possible par mois.	Possible en semaine.
Remise	5 % dès 2 500 €	3 % dès 3 500 €	3 % dès 3 500 €

Critères de sélection	BABY-BLUE	LES PETITS	LES BAMBINS
Coopération commerciale	Étiquetage (300 €)	Aide à l'implantation (400 €)	Aide à l'implantation (400 €)
Prix d'achat HT unitaire	Ens. Fillette : 12,50 Pantalons : 12,90 Tee-shirt : 7,50 Sous-vêtement : 5,10	12,30 12,10 6,70 5,20	12,10 11,95 6,80 4,90
Prix d'achat total HT à payer	12,30 x 100 = 1 230 1 230 + 645 + 1 420 + 612 = **3 907**	1 230 + 605 + 1 340 + 624 = **3 799**	1 210 + 597,5 +1 360 + 588 = **3 755,5**
Montant de la remise	3 907 x 0, 05 = **195,35**	3 799 x 0,03 = **113,97**	3 755,5 x 0,03 = **112,65**
Participation commerciale	300	400	400
Total HT net à payer	3 907 – 195,35 – 300 = **3 411,65**	3 799 – 113,97 – 400 = **3 286**	3 755,5 – 112,65 – 400 = **3 242,85**
Frais de port	50	franco	franco
Total HT à payer	3 461,65	3 286	3 242,85

B) Les points forts et les points faibles

Fournisseurs	Points forts	Points faibles
Baby-blue	Paiement 90 jours Qualité des produits créés par des créateurs. Réassort.	Hors département. Prix. Participation commerciale.
Les petits	Proximité Prix Coopération commerciale intéressante. Réassort	Qualité produit Paiement (seuil important)
Les bambins	Proximité Prix Coopération commerciale importante. Paiement 60 jours Réassort	Qualité produit

C) Le fournisseur le plus adapté.

Baby-blue se rapproche le plus des contraintes de positionnement du commerçant notamment en matière de qualité des produits (présence de créateurs locaux, fabrication plus contrôlable) à proposer à une clientèle exigeante, le délai de paiement 90 jours est également plus adapté et permet au commerçant de gérer mieux sa trésorerie.

D) Les points à négocier

Il faut négocier auprès du fournisseur Baby-blue **le prix** notamment celui des tee-shirts compte tenu de la quantité ou obtenir une **coopération commerciale** plus importante et au moins égale à celle proposée par les concurrents.

Exercice 2 La préparation de la commande

CADENCIER ÉPICERIE (en unité de vente) année 2010 Sous-famille : confiserie stock maximum : 24 Unité de vente : le sachet Délai de réapprovisionnement : 72 h Unité de commande : le lot de 6 unités Fréquence de réassort. : hebdo.																				
	SEMAINE 1				SEMAINE 2				SEMAINE 3				SEMAINE 4				SEMAINE 5			
	S *	C *	R *	V *	S	C	R	V	S	C	R	V	S	C	R	V	S	C	R	V
Menthe 250 g 41002	2	24	24	*14*	12	12	12	*24*	0	24	24	*18*	6	24	24	*20*	10	*12*		
Menthe 500 g 41012	6	18	18	*14*	10	12	12	*20*	2	24	24	*22*	4	18	18	*16*	8	*12*		
Fruits rouges 41013	4	42	42	*34*	12	24	12	*24*	0	24	24	*16*	8	38	38	*34*	12	*18*		

S : Stock initial. C : Quantités commandées.
R : Quantités réceptionnées. V : Quantités vendues par semaine.

A) Les cadences de vente :

Semaine 1 : Stock précédent + entrées – stock existant = 2 + 24 – 12 = **14**

B) Cadence de vente moyenne :

14 + 24 + 18 + 20 = 76/4 = **19**

C) Quantités à commander :

Cadence de vente moyenne – stock existant = 19 – 10 = 9 = **12** (2 unités de commande).

Exercice 3 La gestion des stocks

A) Calculez le stock moyen de cette référence.

Stock initial + stock final/2 = 40 + 25/2 = 32,50

B) Calculez le taux de rotation du stock de ce produit.

Ventes de la période/stock moyen = 85/32,50 = 2,62

C) Situez le magasin en termes de rotation par rapport au résultat du groupe.

Le magasin présente un taux de rotation de 2,62 alors que le coefficient de rotation du groupe est de 3,4 ; la rotation des stocks de ce produit est faible.

D) Proposez deux solutions pour développer la rotation de ce produit

Diminuer le stock moyen :

- revoir les fréquences de commande à la baisse ;
- réduire les quantités de commande.

corrigés

1.3 Passez le bac

Exercice 1 L'organisation de l'inventaire

A) Zones à inventorier

Les zones à inventorier doivent correspondre aux univers de consommation du magasin énoncés dans la présentation du sujet :

- zone 1 : produits de jardin
- zone 2 : produits manufacturés
- zone 3 : pépinière
- zone 4 : serre
- zone 5 : animalerie
- Réserve

B) Planification de l'inventaire

Jours	Opérations à réaliser	Personnel concerné
J – 30	Début des opérations	
J – 20	Découpage du magasin en zones à inventorier	Directeur + directeur adjoint
J – 15	Évaluation des besoins en personnel Répartition des tâches	Chef de rayon
J – 3	Préparation de la réserve (univers identiques à ceux des univers de consommation)	Directeur adjoint
	Création des fiches d'inventaire et des fichiers informatiques	Secrétaire
J – 2	Rangement de la réserve Retours aux fournisseurs	Employés
J – 1	Balisage du magasin par marquage au sol des zones à inventorier	Directeur adjoint + chefs de rayon
	Rangement des produits en rayon et en réserve Comptabilité des produits en présentation	Employés
J	Réunion générale de lancement Inventaire	Tout le personnel

corrigés

Exercice 2 La démarque

A) Montant de la démarque

Annexe : Stock théorique et État de rapprochement

Stock théorique de la période

Référence	Désignation	Stock initial	Achats de la période	Ventes de la période	Stock théorique
108.210	Ciseaux coupe griffe	13	24	30	7
201.114	Brosse chat	10	18	14	14
436.891	Insecticide	11	30	33	8
318.578	Shampoing chien	6	20	22	4
202.489	Peigne à puces	8	14	13	7
201.253	Étrille chien	15	8	14	9

État de rapprochement

Référence	Désignation	Stock théorique	Stock inventaire	Écart	Montant HT démarque
108.210	Ciseaux coupe griffe	7	4	– 3	25,50 €
201.114	Brosse chat	14	14	0	0
436.891	Insecticide	8	8	0	0
318.578	Shampoing chien	4	1	– 3	13,50 €
202.489	Peigne à puces	7	7	0	0
201.253	Étrille chien	9	3	– 6	40,50 €
Total					**79,50 €**

B) Conséquences de la démarque

- Baisse de la rentabilité du rayon (marge)
- Baisse du chiffre d'affaires
- Produits manquants en rayon (perte de vente)
- Niveau des stocks imprécis
- Mécontentement de la clientèle (rupture sur certains produits)
- Légère augmentation des prix de vente pour compenser les pertes du magasin
- …

corrigés

C) Solutions à la démarque
- Surveillance du rayon
- Pose d'antivols
- Meilleure gestion des stocks et des réceptions
- Meilleur rangement et réassort du rayon
- Positionner le rayon plus près des caisses

Exercice 3 La surmarque

A) Montant de la surmarque

Annexe : Montant de la surmarque

Désignation : Collier 200 J rouge Référence : 400.218					
Prix achat HT	Prix de vente TTC avant le 20/05/10	Prix de vente TTC depuis le 20/05/10	Marge brute totale HT avant le 20/05/10	Marge brute totale HT depuis le 20/05/10	Montant surmarque
2,19 €	5,14 €	5,95 €	52,75 €	19,46 € ou 19,49 €	4,69 € ou 4,73 €

Détail des calculs

Éléments à traiter	Étapes	Calculs et résultats
PV TTC avant le 20/05/10 5,14 €	1) Calcul le PV HT	5,14 €/1.196 = 4,30 €
PV TTC depuis le 20/05/10/ 5,95 €		5,95 €/1.196 = 4,97 €
Marge brute totale HT avant le 20/05/10	2) Calcul la marge unitaire 3) Prise en compte des ventes 4) Calcul de la marge brute totale	4,30 € – 2,19 € = 2,11 € 25 2,11 € × 25 = 52,75 €
Marge brute totale HT depuis le 20/05/10	5) Calcul la marge unitaire 6) Calcul des ventes 7) Calcul de la marge brute totale	4,97 € - 2,19 € = 2,78 € 32 – 25 = 7 2,78 € × 7 = 19,46 €
Marge brute totale HT théorique depuis le 20/05/10 Sans changement de prix	8) Calcul de la marge brute totale théorique	2,11 € × 7 = 14,77 €
Montant de la surmarque	9) Calcul de la surmarque	19,46 € – 14,77 € = 4,69 €

5

L'organisation de l'espace de vente

L'organisation de l'espace de vente correspond à l'ensemble des techniques mises en œuvre pour présenter le produit au client dans les meilleures conditions de visibilité, d'attractivité et de confort, tout en optimisant la rentabilité de l'unité.

1 L'agencement de l'espace de vente

L'agencement a pour but d'influencer le client et d'orienter ses achats de produits à l'intérieur de la surface de vente.

A L'agencement extérieur

L'extérieur de l'unité contribue à son image, il doit être suffisamment facilitateur et attractif pour inciter la clientèle à entrer.

Architecture extérieure	Objectifs	Règles à respecter
Enseigne : • forme, couleur, • graphisme, • dimension.	Permettre la **localisation** de l'unité.	Veiller à ce que l'enseigne soit : • visible de jour comme de nuit, de près, comme de loin, • attractive.
Façade : • vision totale, • ouverte avec un : - hall d'entrée, - soubassement.	Affirmer **l'identité visuelle** de l'unité.	Indiquer et faciliter l'accès à l'unité pour la clientèle et les fournisseurs.
Vitrine : • dimension, • agencement, • éclairage.	Présenter **l'offre** de l'unité.	Réaliser une vitrine attractive pour provoquer la curiosité pour : • inciter les clients à entrer dans l unité ; • renouveler fréquemment la présentation e l'offre en vitrine ; • susciter l'intérêt permanent de la clientèle.

B L'agencement intérieur

L'agencement intérieur doit permettre de faire circuler le client sur toute la surface de vente tout en préservant son confort d'achat.

Les différentes zones	Justifications
① **Zone d'entrée** : à droite.	La circulation des clients se fait naturellement de la droite vers la gauche.
② **Zones de présentation :** ➪ **Zone chaude** : zone de circulation naturelle. ➪ **Zone froide** : zone de circulation incitée.	**Zone avant** du magasin située après l'entrée, vers laquelle les clients se dirigent spontanément. **Zone arrière** située au fond du magasin, qui est naturellement moins fréquentée par les clients.
③ **Zones de circulation :** ➪ **Allée principale ou pénétrante** : guide le client de l'avant vers le fonds de la surface de vente. ➪ **Allée centrale** : allée perpendiculaire qui permet d'accéder à tous les rayons. ➪ **Allée périphérique** : longe le pourtour de la surface de vente. ➪ **Allées secondaires** : permettent d'irriguer les rayons.	La place accordée aux espaces de circulation doit permettre : • **aux clients :** - de circuler facilement avec les chariots, - d'avoir suffisamment de recul pour voir les produits. • **au personnel de vente :** - de réapprovisionner les rayons sans gêner les clients.

Astuce : pour délimiter la zone chaude et la zone froide d'une grande surface, il faut tracer une diagonale qui part de l'angle gauche avant à l'angle droit opposé.

Exemple

Les zones d'attraction de la surface de vente dans une boutique

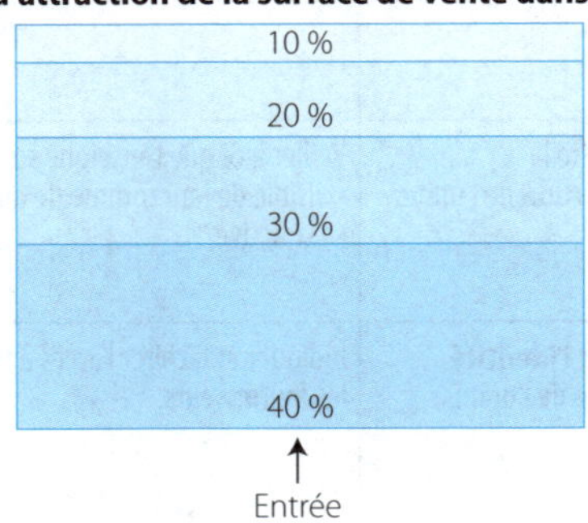

2 L'organisation de la surface de vente

La surface de vente ou surface utile se divise en deux types de surface, une surface dédiée à l'exposition des produits et une surface destinée à la circulation de la clientèle.

Pour déterminer la surface utile, il faut déduire de la superficie totale de l'unité les zones suivantes :

- zone de réserve ;
- zone de services : accueil, caisse, billetterie spectacles/voyages, photos, SAV, espaces détentes et repos.

(A) *La surface de présentation*

Elle correspond à la répartition des rayons sur la surface de vente en tenant compte des différentes zones du point de vente, du comportement du client, des contraintes liées au réassortiment et à la conservation des produits.

Rayons	Groupes de produits	Zones	Justifications
Non alimentaires	- Équipement de la maison - Bien-être de la personne - Loisirs - Habillement de la personne - DPH et fruits et légumes [1]	➩ **Zone chaude**	Inciter à l'achat de produits de consommation non courante Favoriser les achats d'impulsion
Alimentaires PCC	- Épicerie - Produits frais - DPH	➩ **Zone froide**	Rentabiliser cette zone par l'implantation de produits de première nécessité recherchés en priorité par la clientèle.
	- Liquides		À proximité des réserves pour faciliter et sécuriser le réassortiment (produits pondéreux, c'est-à-dire lourds).
À services *	- Produits ultra-frais	➩ **Zone froide en périphérie**	Proximité des laboratoires de préparation, pour : - faciliter le réassortiment ; - permettre au client de visualiser la préparation des produits.

* rayons assistés
1. en supermarché

(B) *La surface de circulation*

Le confort de circulation du client nécessite de prévoir une largeur minimum différente suivant le type d'allée en Grande Surface Alimentaire ou en Grande Surface Spécialisée :

- allée principale : 4 unités de passage (chariot) soit une largeur d'environ 2,40 m ;
- allées centrale et périphériques : 3 unités de passage (chariot) soit une largeur d'environ 1,80 m ;
- allées secondaires : 2 unités de passage (chariot) soit une largeur d'environ 1,40 m.

➩ **Le COS** (Coefficient d'occupation des sols) mesure la densité de l'offre, il permet d'apprécier la surface disponible réservée à la circulation de la clientèle.
Méthode de calcul **COS** = linéaire au sol/surface de vente
Plus le COS est faible, plus l'espace de circulation entre les rayons est important, par contre, plus le COS s'approche de 1 plus l'espace de circulation est réduit. Cette méthode n'est applicable que lorsqu'il s'agit de gondoles ou de meubles muraux.

MOTS PROFESSIONNELS

COS • Surface utile • Zone de circulation • Zone chaude • Zone froide

Voir Lexique dans les pages Mémos.

CE QUE JE SAIS FAIRE

- Identifier les règles d'agencement d'un espace de vente.
- Implanter un rayon en fonction des contraintes de l'unité.
- Repérer les différentes zones de la surface de vente.
- Déterminer le COS.

6

L'implantation des produits

L'implantation des produits consiste à attribuer une place pour chaque référence sur un meuble d'exposition. Cette place est attribuée en fonction de l'espace disponible et de la demande de la clientèle et de la rentabilité dégagée par chaque produit.

1 Le marchandisage

Le marchandisage correspond aux techniques mises en œuvre par les fabricants et les distributeurs pour augmenter la rentabilité de l'espace de vente et favoriser l'écoulement des produits par une présentation adaptée.

A Les objectifs du marchandisage

Trois intervenants sont directement impliqués par le marchandisage :

- **l'unité commerciale** qui cherche à rentabiliser chaque mètre carré de sa surface de vente en optimisant au maximum son assortiment
- **le fabricant** qui souhaite que l'unité lui réserve les emplacements les plus attractifs pour l'implantation de ses produits et lui permette de maximiser ses ventes par rapport à ses concurrents ;
- **le client** qui désire trouver le plus facilement et le plus rapidement possible le produit qu'il recherche.

B Les différents types de marchandisage

Le marchandisage	Fonctions
D'organisation	**Organiser** l'ensemble de l'espace de vente et les surfaces de présentation pour que le client trouve facilement le produit qu'il recherche mais également pour le retenir le plus longtemps sur la surface de vente.
De gestion	**Optimiser** la rentabilité de la surface de vente et des rayons en proposant l'offre la plus complète pour satisfaire l'ensemble des segments de clientèle de l'unité.
De séduction	**Rendre attractive** l'unité commerciale et la présentation marchande par la mise en œuvre des différents facteurs d'ambiance.

2 L'organisation du linéaire

Dans un point de vente en libre service, le linéaire doit être organisé pour déclencher l'achat du client qui se sert seul. Les produits sont organisés selon les règles du marchandisage d'organisation et de gestion qui prennent en compte le pouvoir vendeur des différents niveaux de présentation et la rentabilité dégagée par chaque produit.

A Les niveaux de présentation

Tous les niveaux de présentation du linéaire n'ont pas le même pouvoir vendeur.

Niveaux	Caractéristiques	Implantation des produits
④ **Niveau du chapeau** ➩ **Stockage** Supérieur à 1,80 m	**Pour stocker** les produits Niveau difficile d'accès pour le client	Produits : stockés (réserve de ceux présentés en dessous).
③ **Niveau des yeux** ➩ **Perception** Entre 1,20 m et 1,80 m	**Pour montrer** le produit Niveau le plus vendeur donc le plus rentable	Produits : nouveaux, saisonniers, à forte marge, MDD.
② **Niveau des mains** ➩ **Préhension** Entre 0,80 m et 1,40 m	**Pour prendre** le produit Rentabilité moyenne	Produits : connus du client, à marge élevée.
① **Niveau du sol** ➩ **Visibilité réduite** De 0 m à 0,80 m	Niveau le moins vendeur donc le moins rentable	Produits : courants, premiers prix, à marge faible, volumineux.

Le pouvoir vendeur des différents niveaux de présentation

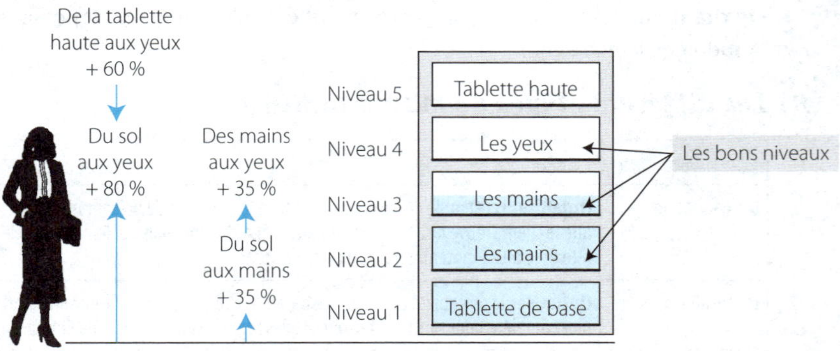

Remarque : Si l'on déplace un produit du niveau du sol au niveau des yeux, on constate une augmentation des ventes de 80 %.

(B) *Les zones du linéaire*

Le pouvoir vendeur des différentes zones du linéaire dépend du sens de circulation de la clientèle. Le client circule plutôt sur la droite des allées et privilégie dans sa vision le centre du linéaire qui est la zone chaude la plus vendeuse, les extrémités du rayon vont donc être les zones froides.

ZONE FROIDE (gauche)	ZONE CHAUDE	ZONE FROIDE (droite)
	Implantation des produits	
Produits leader Produits chef de file, de marque connue, qui sont chargés d'entraîner les autres. Ce sont des produits d'appel : faible marge, CA important.	**Produits correctifs** Produits haut de gamme, qui assurent une meilleure rentabilité en compensant les faibles marges réalisées avec les autres produits. Ce sont des produits achetés par impulsion : forte marge, CA moyen.	**Produits standards** Produits de consommation courante chargés d'inciter le client à parcourir le linéaire. Ce sont des produits demandés par le client : marge moyenne, CA moyen.

L'implantation des produits en fonction du sens de circulation de la clientèle

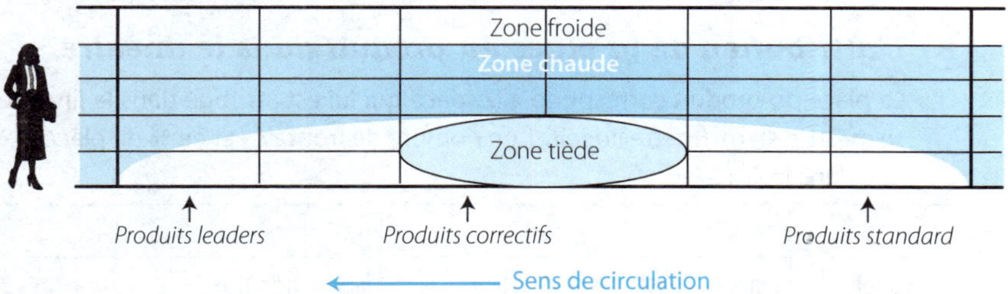

3 *L'implantation des produits dans le linéaire*

L'implantation des produits dans un linéaire permet d'attribuer une place au produit dans le linéaire, cette attribution doit être réalisée en fonction du résultat recherché et des capacités du linéaire.

(A) *Les techniques d'implantation*

Il existe deux techniques d'implantation :

① Implantation horizontale	Caractéristiques	Résultats
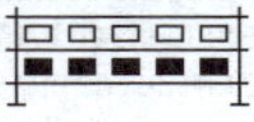	Les produits d'une même famille ou sous famille sont présentés en longueur, par produit ou par marque, sur un même niveau d'exposition.	- Incite le client à parcourir tout le linéaire et à découvrir tous les produits. - Met en valeur la ou les marques implantées au niveau des yeux.
② Implantation verticale	**Caractéristiques**	**Résultats**
	Les produits d'une même famille ou sous famille sont présentés en hauteur, par produit ou par marque sur plusieurs niveaux de présentation.	- Donne au linéaire un effet de masse et un aspect ordonné. - Met en valeur la marque présente sur plusieurs niveaux.

Les différents types d'implantation

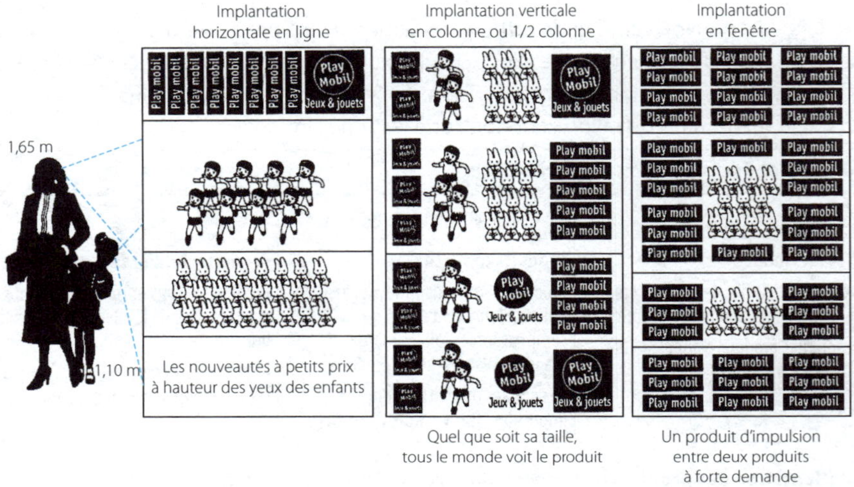

(B) *L'attribution de la place du produit dans le linéaire*

La place du produit correspond à l'espace qui lui est attribué dans le linéaire, il se mesure en ml (mètre linéaire), en nombre de frontales et en % de place occupée dans le linéaire.

Mesure du linéaire	Définitions	Méthodes de calcul
➩ **Linéaire au sol**	Longueur de base des meubles de présentation pour un rayon, une famille de produits, une référence.	Mesure du linéaire : - longueur de présentation au sol ; - exprimée en mètre linéaire.
➩ **Linéaire développé**	Longueur totale de présentation accordée à un rayon, une famille de produits, une référence.	Mesure du linéaire : - linéaire au sol × nombre de niveaux ; - exprimée en ml.
➩ **Frontale (facing)**	Nombre de conditionnements d'une même référence vus de face sur chaque niveau.	Comptage du nombre de frontales : - une seule rangée de produits par niveau ; - exprimé en nombre d'unités de vente.
➩ **Capacité du linéaire**	Le nombre d'unités total contenu d'une référence contenu dans le linéaire pour faire face à la demande entre deux réassortiments.	Stock rayon maximum d'une référence : **Nombre de frontales** × nombre de produits en profondeur × nombre de produits en hauteur × nombre de niveaux de présentation
➩ **% de place accordée**	Place occupée par une référence par rapport au linéaire développé total d'une famille de produits ou d'un rayon.	Linéaire développé d'une référence/ Linéaire développé total × 100

MOTS PROFESSIONNELS

Linéaire • Niveau de présentation • Implantation • Frontale • Mètre linéaire

Voir Lexique dans les pages Mémos.

CE QUE JE SAIS FAIRE

- Identifier les objectifs des différents types de marchandisage.
- Implanter les produits dans le linéaire en fonction des niveaux de présentation et des zones du linéaire.
- Sélectionner une technique d'implantation en fonction du résultat recherché.
- Mesurer la place accordée à un produit dans le linéaire.

7

Les performances du linéaire

Pour assurer sa rentabilité, l'unité commerciale doit mesurer régulièrement les performances de ses linéaires. Cette performance s'analyse en termes d'attractivité, de chiffre d'affaires et de marge dégagés par rayon et par référence. L'objectif de cette analyse est de réajuster la surface d'occupation de chaque rayon sur la surface de vente et de chaque référence sur le linéaire.

1 La mesure de l'attractivité

Il s'agit de proposer aux clients des produits dans les meilleures conditions d'état marchand et de réaliser un diagnostic sur l'attractivité du linéaire en analysant des indicateurs d'attractivité. Cette analyse qualitative doit aboutir à une amélioration de la présentation de l'offre.

(A) La garantie de l'état marchand du rayon

Il s'agit d'établir un diagnostic qui permet de mettre en évidence les forces et les faiblesses de l'implantation.

Éléments à diagnostiquer	Conséquences	Améliorations
① **La propreté**	Un rayon sale ne favorise pas les ventes.	L'espace doit être rangé, les sols dégagés et les produits propres.
② **L'offre produits**	Un linéaire mal rempli, avec des trous, n'incite pas à l'achat. Une implantation qui ne respecte pas les règles préconisées modifie la clarté et la lisibilité de l'offre. Le client qui ne repère pas facilement le produit dont il a besoin, n'achète pas.	Il faut éviter les ruptures et s'assurer de la clarté et la lisibilité de l'offre.
③ **Le balisage**	Un rayon mal balisé ne favorise pas les achats complémentaires.	Le balisage doit respecter les recommandations de la centrale, pour que le client se repère plus facilement et gagne du temps.

Éléments à diagnostiquer	Conséquences	Améliorations
④ **L'information client**	Les défauts d'étiquetage sur les produits, l'absence d'informations réglementaires, le conditionnement présenté sous une face peu vendeuse risquent de décourager le client.	La réglementation en matière d'étiquetage doit être respectée, les mentions obligatoires permettent au client d'acheter en connaissance de cause sans être trompé. Il faut vérifier que chaque produit est présenté sous sa face la plus attractive (nom du produit, marque, visuel, label…).
⑤ **L'hygiène et la sécurité**	La présentation de produits : - chimiques à risques (produits d'entretien) ; - ultra-frais, lorsque la date de péremption est dépassée risque d'entraîner un danger pour le client lors de l'utilisation du produit. La circulation des clients dans le rayon est gênée par un encombrement lié au réassortiment ou à une réimplantation risque d'entraîner une baisse de fréquentation de ce rayon.	L'état des conditionnements est surveillé. Les produits dont la DLC (Date Limite de Consommation) ou DLUO (Date Limite d'Utilisation Optimale) est atteinte doivent être retirés de la vente (au plus tard à minuit la veille de cette date). Il faut dégager les produits ou les déchets au sol et signaler les espaces en cours de réimplantation

(B) *Les indicateurs d'attractivité du rayon*

L'unité doit inciter les clients à circuler sur toute la surface de vente et fréquenter le plus de rayons possibles. Pour vérifier la qualité de l'attractivité d'un rayon, le point de vente dispose de différents indicateurs.

➩ **Indice de passage**, il mesure le niveau de fréquentation d'un rayon.

Méthode de calcul **indice de passage** = nombre de visiteurs du rayon/nombre de clients entrés dans l'unité

➩ **Indice d'attractivité**, il mesure l'organisation et le pouvoir vendeur du rayon.

Méthode de calcul **indice d'attractivité** = nombre d'achats dans le rayon/nombre de visites dans le rayon

➩ **Indice d'achat**, il mesure le taux de transformation d'un rayon

Méthode de calcul **indice d'achat** = nombre d'achats dans le rayon/nombre d'entrées dans l'unité

Remarque : L'indice de passage varie en fonction de l'implantation du rayon sur la surface de vente. Un rayon situé à proximité de l'entrée ou des principales voies d'irrigation du magasin aura un indice de passage plus élevé. Dans le cas contraire, il faudra améliorer le balisage du rayon ou modifier son implantation. Si l'indice d'achat est faible il sera utile de revoir son attractivité, l'adaptation de l'offre à la clientèle ou le niveau de prix.

2 La mesure de la rentabilité

Pour atteindre un niveau de rentabilité optimale, l'unité commerciale doit mesurer les performances de ses linéaire à l'aide d'indicateurs.

(A) Les indicateurs de performance du linéaire

Ces indicateurs permettent de mesurer sur une période donnée la performance d'un rayon, d'une famille, d'une marque ou d'une référence.

Indicateurs	Méthode de calcul	Objectifs
• **Rendement du linéaire**	Chiffre d'affaires/linéaire développé	Mesurer le chiffre d'affaires par mètre linéaire développé.
• **Rentabilité du linéaire**	Marge brute (MB)/linéaire développé	Mesurer la marge brute par mètre linéaire développé.
• **Indice de sensibilité au chiffre d'affaires**	$\dfrac{\text{\% de CA par rapport au CA total du rayon}}{\text{\% linéaire par rapport au linéaire total du rayon}}$	Évaluer la part du linéaire développé dans le chiffre d'affaires
• **Indice de sensibilité à la marge brute**	$\dfrac{\text{\% de MB par rapport à la MB totale du rayon}}{\text{\% linéaire par rapport au linéaire total du rayon}}$	Évaluer la participation du linéaire développé dans la marge brute réalisée par l'unité.

(B) L'analyse des indices de sensibilité

Le calcul des indices permet d'évaluer l'adéquation entre la place occupée en rayon et le chiffre d'affaires et la marge dégagée.

Les résultats d'indice sur le chiffre d'affaires permettent d'optimiser l'espace en termes de rendement du linéaire.

Les résultats d'indice sur la marge brute permettent d'optimiser l'espace en termes de rentabilité.

C'est l'analyse croisée de ces deux indicateurs qui facilitent la prise de décision en termes d'occupation du linéaire.

Indice de sensibilité ⇨ ⇩	⇨ À la Marge Brute > 1	⇨ À la Marge Brute < 1
⇩ Au Chiffre d'affaires > 1	- les ventes du produit et la marge dégagée sont satisfaisantes ; - le produit est sous représenté. **Il faut augmenter le linéaire accordé.**	- les ventes du produit sont satisfaisantes ; - la marge dégagée est insuffisante. **Il faut renégocier les prix d'achat ou revoir le prix de vente.**
⇩ Au Chiffre d'affaires < 1	- les ventes du produit sont insuffisantes ; - la marge dégagée est satisfaisante. **Il faut augmenter le linéaire accordé ou réaliser une mise en avant, le produit n'est peut-être pas suffisamment visible.**	- les ventes du produit et la marge dégagée sont insuffisantes ; - le produit est sur représenté. **Il faut diminuer le linéaire accordé.**

Remarque : Lorsque l'indice de sensibilité est égal à 1 cela signifie que le linéaire accordé au produit est convenable.

Ⓒ *L'optimisation du linéaire*

Les indices permettent d'analyser les performances du linéaire et de procéder à des réajustements en matière de réallocation de linéaire.
Méthode de détermination du **nouveau linéaire** : linéaire actuel x indice de sensibilité au Chiffre d'affaires ou à la marge brute.

Remarque : En fonction de la politique commerciale de l'unité, il est possible de privilégier l'un ou l'autre des indices (Chiffre d'affaires ou marge).

MOTS PROFESSIONNELS

Indice d'attractivité • Indice de sensibilité

Voir Lexique dans les pages Mémos.

CE QUE JE SAIS FAIRE

- Identifier les éléments du diagnostic de l'attractivité du rayon.
- Calculer les indicateurs de performances du linéaire.
- Interpréter les résultats et prendre les décisions qui en découlent.
- Déterminer le nouveau linéaire à accorder aux produits.

exercices

2.1 *Vérifiez vos connaissances*

Exercice 1 Démêlez le vrai du faux

Entourez ou surlignez le symbole qui correspond à votre réponse et apportez, en cas de réponse négative, le correctif utile.

1) La surface de vente est divisée en deux zones de présentation : la zone chaude et la zone froide. ☺ ☹

2) L'allée principale relie la zone chaude à la zone froide. ☺ ☹

3) Les rayons non alimentaires sont implantés en zone froide. ☺ ☹

4) Le marchandisage de gestion permet de rentabiliser la surface de présentation. ☺ ☹

5) Les produits courants sont à implanter au niveau des mains. ☺ ☹

6) L'implantation verticale permet de présenter une référence sur plusieurs niveaux. ☺ ☹

7) Le linéaire au sol permet de déterminer le linéaire développé d'une famille de produits. ☺ ☹

8) La capacité de stockage se calcule à partir du nombre de frontales, de la profondeur et de la hauteur de l'étagère. ☺ ☹

9) Les produits correctifs se placent à l'extrémité droite du linéaire. ☺ ☹

10) L'indice d'attractivité mesure le taux de transformation d'un rayon. ☺ ☹

11) L'indice de sensibilité doit se rapprocher le plus possible de 1. ☺ ☹

12) Lorsque l'indice de sensibilité au CA est < 1 et l'indice de sensibilité à la MD est < 1, il faut augmenter le linéaire accordé à la référence. ☺ ☹

2.2 *Mettez en application*

Exercice 1 L'organisation de l'espace de vente

Travail à faire

À partir du document 1 :

A) Délimitez sur le plan la zone chaude et la zone froide.

B) Repérez à l'aide d'un numéro, l'allée pénétrante, l'allée centrale et les allées secondaires.

C) Citez les catégories de produits qui sont implantés en zone chaude et en zone froide. Justifiez le choix de cette implantation.

D) Calculez, à partir du document 2 :

- la part de surface accordée à la surface utile ;
- le coefficient d'occupation des sols et interpréter le résultat obtenu.

Document 1 : Plan d'un hypermarché

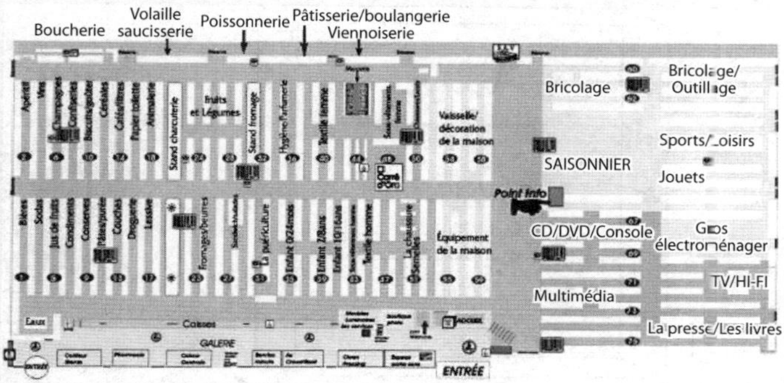

Document 2 : La surface de l'hypermarché

Superficie de l'hypermarché : 2 500 m^2

% d'occupation espaces :

- Accueil : 2 % ;
- Caisses : 7 % ;
- Billetterie, photos : 6 % ;
- Essayage : 2 %.
- Réserves : 32 %.

COS moyen d'un hypermarché : 0,30 m

Exercice 2 L'organisation du linéaire

Travail à faire

A) À partir du document ci-après, calculez :
- le linéaire développé du meuble réfrigéré « les givrés » ;
- la capacité de stockage totale en nombre de produits.

B) Proposez sur l'annexe la répartition du linéaire développé pour chaque référence en tenant compte des ventes prévisionnelles en volume.

Document : Les dimensions du meuble réfrigéré et de la bouteille « les givrés »

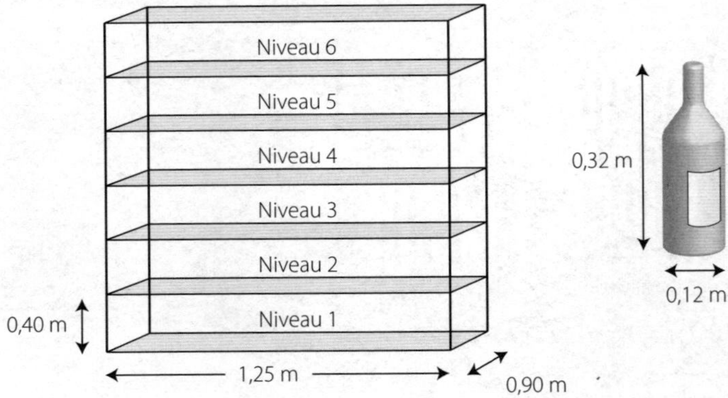

Annexe : tableau de répartition du linéaire développé « les givrés »

Références/parfums	Ventes annuelles prévisionnelles en volume	Part en % des ventes annuelles prévisionnelles totales en volume[1]	Linéaire développé accordé au produit en mètre linéaire[2]
Les givrés à l'orange	7 146 bouteilles		
Les givrés au citron	2 475 bouteilles		
Les givrés à l'ananas	4 123 bouteilles		
Total « Les givrés »	13 745 bouteilles		
Détail des calculs pour la référence les givrés à l'orange :			

1. Arrondir les résultats en nombre entier.
2. Conserver un chiffre après la virgule.

2.3 Passez le bac

exercices

Exercice 1 Les performances du linéaire

A) À partir du document, relevez trois points forts et trois points faibles de l'implantation du rayon « Chiens et chats ». Présentez votre réponse sous forme d'un tableau.

B) Calculez sur l'annexe l'indice de sensibilité par rapport au chiffre d'affaires des conditionnements de 400 g.

C) Proposez trois modifications à apporter pour améliorer le linéaire « Aliments chats » de la marque « Royal Canin ».

Document : Schéma d'implantation gamme Chat Royal Canin

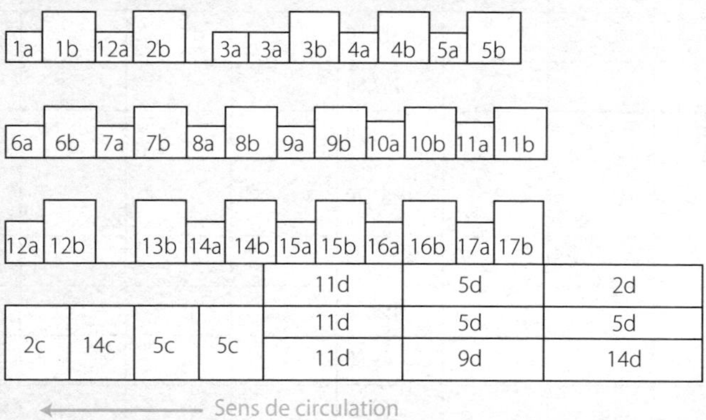

N°	Dénomination	N°	Dénomination
1	Kitten Persian	10	Mature
2	Persian	11	Sensible
3	Baby Cat	12	Beauty and Care
4	Skin Care	13	Outdoor
5	Light	14	Fit
6	Beauty fit	15	Active mature
7	Intense Hairballe	16	Oral Sensitive
8	Silhouette	17	Exigent
9	Indoor		

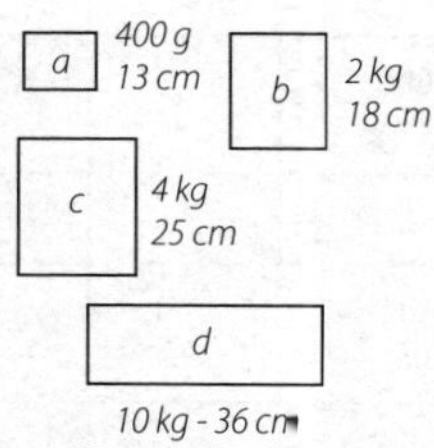

Légende du schéma

Annexe : indice de sensibilité du rayon alimentation chat gamme Royal Canin – conditionnement 400 g

Références	Linéaire en cm	% Linéaire[1]	CA HT	% CA HT[1]	IS/CA HT[2]	Constat ↗ ↘ –[3]	Linéaire optimum en cm[4]
Kitten Persian			5,60				
Persian			117,60				
Baby Cat			144,00				
Skin Care			24,50				
Light			57,60				
Beauty Fit			63,70				
Intense Hairballe			63,70				
Silhouette			4,90				
Indoor			192,00				
Mature			19,60				
Sensible			163,20				
Beauty and Care			4,90				
Fit			72,00				
Active Mature			40,00				
Oral Sensitive			80,00				
Exigent			408,00				
TOTAL		≈ 100	1 461,30	≈ 100			

1. Arrondir les calculs deux chiffres après la virgule.
2. Sans arrondir, trois chiffres après la virgule.
3. ↗ Augmenter le linéaire ; ↘ Diminuer le linéaire ; – Conserver le linéaire.
4. Arrondir au cm le plus proche.

Détail des calculs pour la référence Persian :

corrigés

2.1 *Vérifiez vos connaissances*

Exercice 1 Démêlez le vrai du faux

1) ☺

2) ☺

3) ☹ Les produits non alimentaires sont placés majoritairement en zone chaude.

4) ☺

5) ☹ Les produits courants à faible marge sont à implanter au niveau du sol.

6) ☺

7) ☺

8) ☺

9) ☹ Les produits correctifs (haut de gamme) se placent au centre du linéaire.

10) ☹ C'est l'indice d'achat qui mesure le taux de transformation d'un rayon. L'indice d'attractivité lui mesure l'organisation et le pouvoir vendeur du rayon.

11) ☺ Un indice qui se rapproche de 1 montre que l'allocation en linéaire est correcte.

12) ☹ Lorsque l'indice de sensibilité au CA est < 1 et l'indice de sensibilité à la MD est < 1, il faut au contraire diminuer le linéaire accordé à la référence, puisque ses ventes et la marge dégagée sont insuffisantes.

2.2 *Mettez en application*

Exercice 1 L'organisation de l'espace de vente

A), B) Délimitation sur le plan de la zone chaude et la zone froide, repérage des différentes allées et des univers de consommation.

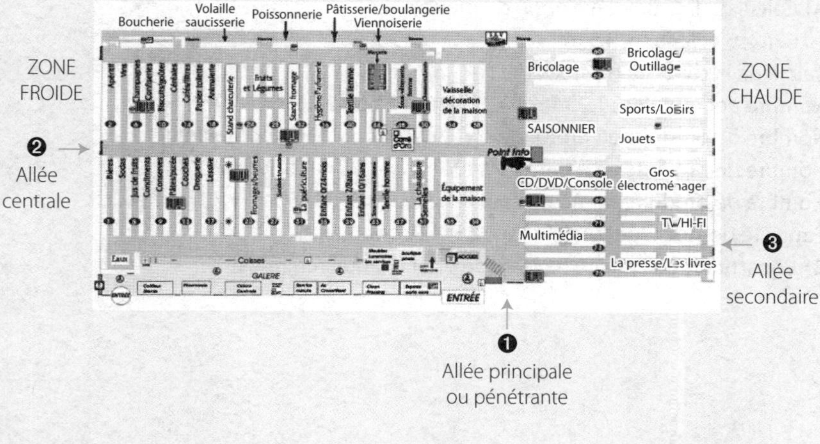

corrigés

A) Produits implantés

En zone chaude :

Les produits non alimentaires (électroménager, hi-fi, bricolage, sports et loisirs, jouets, textile).

Ces produits sont des produits à forte marge et achetés occasionnellement pour lesquels il faut provoquer l'achat d'impulsion.

En zone froide :

Les produits alimentaires que les clients vont acheter régulièrement et qui sont pour la plupart des produits d'appel.

B) Surface utile

Espaces	Calculs	Détermination des surfaces
Accueil	2 500 $m^2 \times$ 0,02 %	50 m^2
Caisses	2 500 $m^2 \times$ 0,07 %	175 m^2
Billetterie, photos	2 500 $m^2 \times$ 0,06 %	150 m^2
Essayage	2 500 $m^2 \times$ 0,02 %	50 m^2
Réserves	2 500 $m^2 \times$ 0,32 %	800 m^2
Surface totale des espaces		1 225 m^2
Surface totale		2 500 m^2
Surface utile	2 500 m^2 – 1 225 m^2	**1 225 m^2**

Coefficient d'occupation des sols :

1/2 500 = **0,49 m^2**

Le COS est plus important que la moyenne en hypermarché, cela signifie que le client a moins d'espace pour circuler confortablement.

Cet hypermarché devra revoir l'équilibre entre surface d'exposition et surface de circulation et réduire la surface au sol de présentation.

Exercice 2 L'organisation du linéaire

A) Calcul du linéaire développé du meuble

1,26 m $\times$ 6 niveaux = 7,5 m

Calcul de la capacité de stockage :

Nombre de frontales : 1,25/0,12 = 10,41 = 10 bouteilles

Nombre de produits en profondeur : 0,90/0,12 = 7,5 = 7 bouteilles

Nombre de produits en hauteur : 0,40/0,32 = 1,25 = 1 bouteille

Nombre de produits sur un niveau d'exposition : 10 $\times$ 7 $\times$ 1 = 70 bouteilles

Capacité de stockage totale = 70 $\times$ 6 = 420 bouteilles.

B) Répartition du linéaire développé pour chaque référence

Annexe : tableau de répartition du linéaire développé « les givrés »

Références/parfums	Ventes annuelles prévisionnelles en volume	Part en % des ventes annuelles prévisionnelles totales en volume [1]	Linéaire développé accordé au produit en mètre linéaire [2]
Les givrés à l'orange	7 146 bouteilles	52 %	3,90 ml
Les givrés au citron	2 475 bouteilles	18 %	1,35 ml
Les givrés à l'ananas	4 123 bouteilles	30 %	2,25 ml
Total « Les givrés »	13 745 bouteilles	100 %	7,50 ml

Détail des calculs pour la référence les givrés à l'orange :
$7\,146/13\,745 \times 100 = 51{,}99$ 52 %
$7{,}50 \times 0{,}52 = 3{,}90$ ml

1. Arrondir les résultats en nombre entier.
2. Conserver un chiffre après la virgule.

2.3 *Passez le bac*

Exercice 1 Les performances du linéaire

A) Trois points forts et trois points faibles de l'implantation du rayon « Chiens et chats ».

Trois points forts de l'implantation	Trois points faibles de l'implantation
- Nombreuses références présentes dans le linéaire. - Deux conditionnements différents pour une même référence sont placés côte à côte sur le linéaire ce qui peut provoquer des achats d'impulsion. - Les plus gros conditionnements (10 kg) sont placés au niveau du sol.	- La présentation horizontale ne favorise pas les achats d'impulsion. - Les conditionnements 2 kg sont présents sur tous les niveaux du linéaire. - Les conditionnements 400 g ne sont pas gerbés et n'offrent donc pas un effet de masse. - Il existe des vides, des ruptures dans le linéaire. - Produits Light, Persian et Fit présentés sous 2 conditionnements et placés dans trois endroits différents du linéaire. - Par rapport au sens de circulation, on trouve en premier des conditionnements au sol de 10 kg sans rappel de la marque sur les niveaux supérieurs.

B) Calcul de l'indice de sensibilité par rapport au chiffre d'affaires des conditionnements de 400 g (voir tableau page suivante).

C) Proposition de modifications à apporter pour améliorer le linéaire « Aliments chats » de la marque « Royal Canin »

- Attribuer les niveaux 2 et 3 aux conditionnements 2 kg.
- Conserver le niveau 4 pour les référence 400 g.
- Revoir les linéaires de certaines références
- Supprimer les références qui génèrent très peu de CA (le produit « Silhouette »).
- Supprimer les vides dans le linéaire, les attribuer aux références rentables.
- Gerber les conditionnements 400 g pour un effet de masse.

Annexe : indice de sensibilité du rayon alimentation chat gamme Royal Canin – conditionnement 400 g

Références	Linéaire en cm	% Linéaire[1]	CA HT	% CA HT[1]	IS/CA HT[2]	Constat ↗ ↘ –[3]	Linéaire optimum en cm[4]
Kitten Persian	13	5,88	5,60	0,38			
Persian	13	5,88	117,60	8,05	1,369	↗	18
Baby Cat	26	11,76	144,00	8,90	0,756	↘	20
Skin Care	13	5,88	24,50	1,54			
Light	13	5,88	57,60	3,94	0,670	↘	9
Beauty Fit	13	5,88	63,70	4,36	0,741	↘	10
Intense Hairballe	13	5,88	63,70	4,56			
Silhouette	13	5,88	4,90	0,34	0,057	↘	1
Indoor	13	5,88	192,00	11,98	2,037	↗	26
Mature	13	5,88	19,60	1,34			
Sensible	13	5,88	163,20	11,17	1,899	↗	25
Beauty and Care	13	5,88	4,90	0,54			
Fit	13	5,88	72,00	4,93			
Active Mature	13	5,88	40,00	2,87			
Oral Sensitive	13	5,88	80,00	5,68			
Exigent	13	5,88	408,00	29,43	5,005	↗	65
TOTAL	221	≈ 100	1 461,30	≈ 100			

1. Arrondir les calculs deux chiffres après la virgule.
2. Sans arrondir, trois chiffres après la virgule.
3. ↗ Augmenter le linéaire ; ↘ Diminuer le linéaire ; – Conserver le linéaire.
4. Arrondir au cm le plus proche.

Détail des calculs pour la référence Persian :
% de linéaire : (13/221 × 100 = 5,88 %
% de CA : (117,60/1 461,30) × 100 = 8,05 %
IS/CA HT : 8,05/5,88 = 1,369
Linéaire optimum = 13 cm × 1, 369 = 17,8 soit 18 cm

8

La fixation du prix

Le niveau de prix de vente pratiqué par une unité commerciale est un élément de son positionnement par rapport à son marché local, c'est aussi un élément de différenciation par rapport à la concurrence. C'est une variable clé de sa rentabilité. La fixation du prix de vente intègre plusieurs contraintes.

1 La détermination du prix de vente

Dans une unité commerciale, le prix de vente d'un produit est déterminé à l'aide d'un coefficient multiplicateur qui est appliqué sur le coût d'achat. Le prix de vente peut être ajusté en fonction des prix pratiqués par les concurrents.

A Les éléments constitutifs du prix de vente

L'unité commerciale doit tenir compte de ses coûts et de la marge escomptée.

Éléments	Détermination
① **Prix d'achat**	➪ Prix d'achat HT facturé par le fournisseur – remises déduites sur facture.
② **Coût d'achat**	➪ Prix d'achat HT + frais sur achat (transport et emballage).
③ **Marge**	➪ Prix de vente – coût d'achat HT.
④ **Prix de vente HT**	➪ Coût d'achat HT + marge.
⑤ **TVA (Taxe sur la Valeur Ajoutée)**	➪ Prix de vente HT x Taux de TVA. Deux taux de TVA : - **taux réduit 5,5 %** : épicerie, boissons non alcoolisées, produits frais, livres… ; - **taux normal 19,6 %** : boissons alcoolisées, DPH, équipement de la maison, bien-être, habillement.
⑥ **Prix de vente TTC**	➪ Prix de vente HT + montant de TVA.

B Les outils de calcul du prix de vente

Le taux de marque et le coefficient multiplicateur sont les deux outils qui permettent de calculer un prix de vente TTC.

➪ **Le taux de marque**, c'est la marge exprimée en pourcentage du prix de vente, il permet de calculer le coefficient multiplicateur.

Méthode de calcul **du taux de marque** = $\frac{\text{Prix de vente HT} - \text{Prix d'achat HT}}{\text{Prix de vente HT}} \times 100$

Méthode de calcul **de la marge réalisée** = Prix de vente HT × taux de marque

➩ **Le taux de marge**, c'est la marge exprimée en pourcentage du prix de d'achat, il permet de calculer le coefficient multiplicateur.

Méthode de calcul **du taux de marge** = $\frac{\text{Prix de vente HT} - \text{Prix d'achat HT}}{\text{Prix d'achat HT}} \times 100$

Méthode de calcul **de la marge réalisée** = Prix d'achat HT x taux de marge

➩ **Le coefficient multiplicateur**, c'est le coefficient par lequel il faut multiplier le prix unitaire d'achat HT d'un produit pour obtenir son prix de vente, compte tenu de la marge prévue et du taux de TVA.

Méthode de calcul **du coefficient multiplicateur** = $\frac{100 + \text{taux de TVA}}{100 - \text{taux de marque}}$ ou $\frac{\text{PV TTC}}{\text{PA HT}}$

➩ **Le prix de vente TTC**, c'est le prix affiché en rayon, ce prix comprend toujours la TVA.

Méthode de calcul **du prix de vente TTC** = coût d'achat HT × coefficient multiplicateur

Conseil

Pour :

- calculer plus vite le PV TTC à partir d'un PV HT : PV HT × 1,055 ou PV HT × 1,196 ;
- passer plus vite d'un PV TTC à un PV HT : PV TTC/1,055 ou PV TTC/1,196 ;
- retrouver un PV HT à partir du prix d'achat et du taux de marque : PA HT/1 – (taux/100) ;
- rechercher un PA HT à partir du PV HT et du taux de marque : PV HT × 1 – (taux/100).

Exemple : l'utilisation des outils de détermination du prix de vente

Produit	→	jean		
Prix d'achat HT (PA HT)	→	15 €	→	Prix facturé par le fournisseur
Taux de TVA	→	19,6 %	→	Taux normal applicable sur les produits d'habillement de la personne
Taux de marque	→	35 %	→	$\frac{23,07\text{ €} - 15\text{ €}}{23,07\text{ €}} \times 100 = 34,98\ \%\ (\approx 35\ \%)$
Coefficient multiplicateur	→	1,84	→	$\frac{100 + 19,6}{100 - 35} = \frac{119,6}{65}$
Prix de vente TTC (PV TTC)	→	27,60 €	→	15 € × 1,84

Prix de vente HT (PV HT)	→ 23,07 €	→ $\frac{27{,}60\ €}{1{,}196}$ $\left(1{,}196 = \frac{100 + 19{,}6}{100}\right)$
Marge dégagée	→ 8,07 €	→ 23,07 € – 15 € ou 23,07 € × 35 %
Montant TVA	→ 4,52 €	→ 23,07 € × 0,196 *(0,196 = 19,6/100)*

2 *Le prix d'acceptabilité*

Le prix d'acceptabilité ou prix psychologique est une méthode statistique de détermination du prix. Il consiste à calculer le prix ou la tranche de prix considérée comme acceptable par le client.

C'est le prix que le plus grand nombre de clients estime normal pour se procurer le produit et qui maximise donc le nombre de clients potentiels à ce niveau de prix.

Cette méthode repose sur deux hypothèses :

- **hypothèse 1** : lorsque le prix proposé est trop élevé, le client ne l'achète pas car il estime que le rapport qualité/prix n'est pas satisfaisant ;
- **hypothèse 2** : lorsque le prix proposé est jugé trop bas, le client ne l'achète pas car il estime que le niveau de qualité attendue n'est pas suffisamment présent.

(A) *L'enquête*

La première étape de détermination du prix d'acceptabilité consiste à réaliser une enquête au cours de laquelle les questions suivantes sont posées aux futurs clients :

Questions	Objectifs
Question 1 : Au-dessus de quel prix n'achèteriez-vous pas ce produit car vous le trouveriez trop cher ?	Connaître le **prix maximal** que le client est prêt à payer pour acquérir le produit.
Question 2 : En dessous de quel prix n'achèteriez-vous pas ce produit estimant qu'il est de mauvaise qualité ?	Connaître le **prix minimal** que le client est prêt à payer pour acquérir le produit.

(B) *L'analyse de l'enquête*

Il s'agit, pour chaque niveau de prix proposé, d'identifier le nombre de clients susceptibles d'être intéressé.

Ensuite, il faut calculer le pourcentage de clients intéressés pour chaque niveau de prix et le pourcentage cumulé :

- croissant pour les réponses « niveau de prix trop élevé » ;
- décroissant pour les réponses « niveau de prix trop bas ».

Méthode de calcul **du taux d'acceptabilité** = 100 – (% cumulés croissants + % cumulés décroissants)

Le taux d'acceptabilité permet de déterminer le pourcentage de clients qui achèteraient le produit à chaque niveau de prix proposé.

Le prix d'acceptabilité est le prix pour lequel le pourcentage de clients potentiels est le plus élevé.

Remarque : Il est possible de déterminer le prix d'acceptabilité à l'aide d'un graphique ; il s'agit de tracer deux courbes, l'une concerne les % cumulés croissants l'autre les % cumulés décroissants, le prix d'acceptabilité correspond à l'intersection des deux courbes.

Exemple

Enquête sur le prix d'acceptabilité d'un vidéoprojecteur (échantillon 1 000 personnes)

Les intervalles du prix de vente TTC proposés	Non acheteurs : prix trop élevé			Non acheteurs : « qualité insuffisante »			Marché potentiel du produit
	Nombre de réponses	% simple	% cumulés croissant	Nombre de réponses	% simple	% cumulés décroissant	Taux d'acceptabilité
Moins de 1 600 €	0	0	0	280	29	100	0
De 1 801 à 2 000 €	25	2,5	2,5	250	25	72	25,5
De 2 001 à 2 200 €	75	7,5	10	200	20	47	43
De 2 201 à 2 400 €	100	10	20	160	16	27	53
De 2 401 à 2 600 €	100	10	50	80	0	11	56
De 2 601 à 2 800 €	110	11	41	15	1,5	3	56
De 2 801 à 3 000 €	150	13	54	15	1,5	1,5	44,5
De 3 001 à 3 200 €	160	16	70	0	0	0	30
Plus de 3 201 €	300	50	100	0	0	0	0
TOTAL	1 000	100		1 000	100		

Le niveau de prix d'acceptabilité est compris entre 2 401 et 2 600 €. C'est le niveau de prix qui rassemble le plus de clients potentiels : 59 %.

Méthode pour le niveau de prix 1 801 à 2 000 € :

- calcul du pourcentage simple : 25/1 000 × 100 = 2,5 %
- calcul du pourcentage cumulé : 2,5 +7,5 = 10
- taux d'acceptabilité : 100 – (2,5 + 72) = 25,5 %

3 Les contraintes

L'unité commerciale pour fixer ses prix de vente doit intégrer un certain nombre de contraintes internes c'est-à-dire propres à l'unité commerciale et de contraintes externes liées à l'environnement économique et réglementaire.

(A) *Les contraintes internes*

L'unité commerciale doit prendre en compte les contraintes suivantes :

- **son appartenance à un réseau**, implique le respect de prix fixés par le franchiseur ou la centrale d'achat, l'unité a dans ce cas très peu d'autonomie en matière de fixation de prix de vente ;
- **sa politique d'assortiment**, le niveau de prix est conditionné par les niveaux de gamme commercialisés (entrée de gamme, moyenne gamme, haut de gamme) ;
- **ses coûts**, ce sont les charges (achats, personnel, frais de fonctionnement…), supportées par l'unité pour commercialiser ses produits ; elle doit dans un souci de rentabilité les intégrer dans le calcul de ses prix de vente.

(B) *les contraintes externes*

- Les contraintes liées à l'environnement économique
  - **La demande** va influencer le prix de vente, plus un produit sera recherché par la clientèle, plus le taux d'acceptabilité sera important pour un prix élevé. Une augmentation de prix peut être considérée comme acceptable si elle ne dépasse pas un certain seuil psychologique, *a contrario* ces baisses de prix importantes peuvent troubler les clients habituels.

Remarque : Il faut être attentif aux dépassements des seuils psychologiques comme le prix magique qui est un prix fixé immédiatement au-dessous d'une unité monétaire pour créer un effet psychologique favorable chez le client. On utilise parfois l'expression « prix en trompe-l'œil ». Exemple : 9,99 euros au lieu de 10 euros.

  - **Les fournisseurs** : les conditions d'achat négociées (**voir Cours 1**) ont une influence sur le prix d'achat qu'il est possible de répercuter sur le prix de vente. Les fournisseurs conseillent à leurs clients des prix de vente que ceux-ci peuvent respecter, dans un souci d'alignement avec les concurrents.
  - **Les concurrents** : l'unité doit suivre les prix pratiqués par les autres unités physiques ou virtuelles, par le biais de relevés de prix, pour adapter son choix de stratégie liée aux prix :
    - **stratégie de pénétration** : pratiquer une politique de prix bas pour conquérir rapidement des clients ;
    - **stratégie d'alignement** : ajuster ses prix sur ceux de la concurrence ;
    - **stratégie d'écrémage** : adopter une politique de prix élevés.
- Les contraintes liées à l'environnement réglementaire :
  - **la revente à perte**, est interdite par la loi Galland de 1996. La vente est considérée à perte lorsque le prix de vente du produit est inférieur au prix d'achat TTC augmenté des frais de transport. Cette revente à perte est possible dans les cas suivants : produits périssables, saisonniers, liquidations ou pour les unités de moins de 300 m² pour l'alimentaire et 1 000 m² pour le non alimentaire pour pouvoir s'aligner sur la concurrence ;

- **les prix imposés**, sont interdits, à l'exception de certains produits dont les prix sont encadrés par l'état (exemple : le prix du livre). Seuls les prix conseillés sont autorisés ;
- **l'affichage des prix**, il est obligatoire sur le produit lui-même, en rayon, ou en vitrine.

MOTS PROFESSIONNELS

Coefficient multiplicateur • Marge • Prix d'acceptabilité • Prix magique • Prix de vente • Revente à perte • Taux de marge • Taux de marque • TVA

CE QUE JE SAIS FAIRE

- Identifier les éléments constitutifs du prix de vente.
- Utiliser les outils de détermination du prix de vente (taux de marque, coefficient multiplicateur).
- Calculer un prix de vente TTC.
- Déterminer un prix d'acceptabilité.
- Différencier les contraintes internes et externes liées à la fixation du prix de vente.

9

Le suivi et l'analyse des ventes

Le suivi des ventes est un outil indispensable pour évaluer les performances de l'unité commerciale. L'évaluation de ces performances s'effectue à partir d'indicateurs regroupés dans le tableau de bord de l'unité. L'analyse des ventes permet d'aider à la prise décision en matière d'orientations commerciales et de mettre en place des actions correctrices nécessaires pour établir des prévisions et des objectifs réalistes.

1 Le suivi des ventes

Le point de vente réalise le suivi de ses ventes, à partir des informations quantitatives obtenues par l'unité. Il faut sélectionner en nombre suffisant les différents indicateurs commerciaux, afin d'avoir une visibilité la plus complète sur les résultats de l'unité.

(A) Les indicateurs commerciaux

• Les informations relatives à la clientèle

Le chiffre d'affaires toutes taxes comprises (CA TTC) représente le montant des ventes journalières, mensuelles ou annuelles. Il permet de se situer par rapport aux objectifs et de vérifier la qualité de l'attractivité du rayon ou de l'unité.
Le panier moyen correspond au montant moyen ou à la quantité moyenne achetée par un client sur une période donnée.

• Les informations relatives à la gestion du point de vente

Le chiffre d'affaires hors taxe (CA HT), c'est l'outil de gestion qui sert de base à la détermination des indicateurs suivants :
• **la marge** est utilisée pour payer les charges et pour dégager du profit :
➪ **la marge brute** mesure la rentabilité du point de vente ;
➪ **la marge nette** assure la pérennité de l'unité.
• **les démarques** : connues ou inconnues.

• Les charges salariales

Elles représentent un coût lié à l'activité de l'unité ou du rayon.

• Le stock

Il mesure la vitesse d'écoulement sur une période donnée.

(B) Le tableau de bord

Le tableau de bord est un document de gestion qui regroupe les indicateurs qui vont permettre d'analyser les résultats d'une famille, d'un rayon ou d'une unité et les comparer aux objectifs fixés.

Janvier	Prévu		Réalisé	
	Valeur	%	valeur	%
CAHT	520 000	100	510 000	
Coût d'achat des marchandises vendues	410 000	78,8	410 000	
Marge brute	110 000 ①	21,1 ②	100 000	19,6
Démarque connue	11 500	2,2	9 000	1,7
Démarque inconnue	12 000	2,3	8 000	1,5
Frais de personnel	60 000	11,5	60 000	11,7
Marge nette	26 500 ③	5	23 000	4,5

Méthodes de calcul :
① **Marge Brute** = CAHT – Coût d'achat des marchandises vendues :
520 000 – 410 000 = 110 000
② **Taux de Marge Brute** = Marge brute/CAHT × 100 :
110 000/520 000 × 100 = 21,1 %
③ **Marge Nette** = Marge brute – démarque – frais de personnel :
110 000 – (11 500 + 12 000) – 60 000 = 26 500

2 L'analyse des ventes

Le tableau de bord va être utilisé pour l'analyse des ventes qui va consister à :
➪ Étape ① : Comparer les résultats réalisés avec les objectifs fixés sur une période : **(R/O)**, ou sur une période antérieure (historique) **: (R/H)**, ou avec les performances d'une unité pilote ou du groupe.
➪ Étape ② : Mettre en évidence les écarts positifs ou négatifs **: ↗ ou ↘**
➪ Étape ③ : Identifier les causes de ces écarts**.**
➪ Étape ④ : Mettre en place des solutions pour améliorer les écarts négatifs.

(A) Les indicateurs d'analyse

Indicateurs	Ratios
Répartition du CA	CA produit/CA rayon CA rayon/CA point de vente
Panier moyen	CA/Nombre de clients (passages en caisse)
Indice d'évolution	CA Réalisé/CA Historique × 100

Indicateurs	Ratios
Indice de réalisation	CA réalisé/CA Objectif × 100
Rendement linéaire	CA HT/Linéaire développé
Rendement m^2	CA HT/Surface de vente m^2
Rentabilité linéaire	Marge brute/Linéaire développé
Rentabilité m^2	Marge brute/Surface de vente m^2

(B) *L'analyse des écarts*

Les causes des écarts constatés peuvent être internes ou externes :

• *Les causes internes*

La politique commerciale de l'unité : les modifications de la politique de prix et d'assortiment peuvent influencer le comportement du client (promotions, nouvelles gammes…).

La gestion des produits : les ruptures de stocks, les défaillances techniques.

La distribution : l'efficacité et la compétence de l'équipe développent ou non les ventes et le panier moyen.

La communication : les actions de communication et de fidélisation poussent le client à se rendre dans le point de vente, si elles sont insuffisantes l'effet inverse se produit.

• *Les causes externes*

Le comportement du consommateur va être influencé par l'aspect saisonnier (météo) qui agit sur la présence de la clientèle.

Les actions des concurrents : opérations de promotion et de fidélisation, implantation d'un nouveau concurrent.

L'environnement économique : Les crises économiques qui vont provoquer chez le client une baisse de la consommation et favoriser l'épargne.

MOTS PROFESSIONNELS

Performances commerciales • Tableau de bord • Indicateur • Indice • Écart • Objectif • Prévision

CE QUE JE SAIS FAIRE

- Identifiez les indicateurs commerciaux relatifs au suivi des ventes.
- Renseignez un tableau de bord.
- Déterminez une marge nette dans le cadre d'un tableau de bord.
- Mettre en évidence les écarts entre une situation prévisionnelle et réelle.
- Différenciez les causes des écarts constatés.

exercices

3.1 Vérifiez vos connaissances

Exercice Démêlez le vrai du faux

Entourez ou surlignez le symbole qui correspond à votre réponse et apportez, en cas de réponse négative, le correctif utile.

1) La marge est la différence entre le prix de vente TTC et le coût d'achat HT.	☺	☹
2) Le prix de vente TTC est égal à (coût d'achat HT + marge) + montant TVA.	☺	☹
3) Le coefficient multiplicateur permet de passer directement du prix d'achat HT au prix de vente TTC.	☺	☹
4) Le prix d'acceptabilité permet de déterminer le pourcentage de clients qui achèteraient le produit à chaque niveau de prix proposé.	☺	☹
5) Le prix psychologique est un prix fixé immédiatement au-dessous d'une unité monétaire pour créer un effet psychologique favorable chez le client.	☺	☹
6) La stratégie de pénétration consiste à ajuster ses prix sur ceux de la concurrence.	☺	☹
7) Les prix conseillés sont interdits seuls les prix imposés sont autorisés.	☺	☹
8) La marge brute assure la pérennité de l'unité.	☺	☹
9) Un indice d'évolution se calcule de la façon suivante : CA réalisé/CA historique × 100.	☺	☹
10) Les causes internes des écarts constatés peuvent être liées à la politique commerciale de l'unité, la distribution et la communication.	☺	☹

3.2 Mettez en application

Exercice 1 Calcul du prix de vente

Travail à faire

Complétez le tableau ci-dessous :

Vous connaissez	Vous recherchez	Vous calculez	Vous obtenez votre résultat
- PV HT : 15 € - Taux de TVA : 5,5 %	PV TTC ?		
- PV TTC : 26 € - Taux de TVA : 19.6 %	PV HT ?		
- PV HT : 58 € - PA HT : 23,20 €	Taux de marque ?		

Vous connaissez	Vous recherchez	Vous calculez	Vous obtenez votre résultat
- PV HT : 119 € - PA HT : 40 €	Taux de marge ?		
- Taux de marque : 48 % - Taux de TVA : 5,5 %	Coefficient multiplicateur ?		
- PV TTC : 346 € - PA HT : 148 €	Coefficient multiplicateur ?		
- PV HT : 65 € - Taux de marque : 30 %	Marge ?		
- PA HT : 85 € - taux de marge : 115 %	Marge ?		
- PA HT : 96 € - CM : 2,84	PV TTC ?		
- PA HT : 75 € - Taux de marque : 35 %	PV HT ?		
- PV HT : 225 € - Taux de marque : 42 %	PA HT ?		

Exercice 2 Analyse des ventes

Votre responsable de rayon vient de recevoir de la centrale d'achat différentes statistiques concernant le rayon « Chocolat » en hypermarchés.

Travail à faire

A) Situez, sur l'annexe, à l'aide des documents 1, 2 et 3, les performances du sous-rayon « Chocolat » en comparaison avec les moyennes nationales.
Vous commenterez vos résultats.

B) Proposez deux actions correctives pour réduire les écarts.

Document 1 résultats du sous rayon « Chocolat »

Segments chocolats	CATTC	CAHT	Taux de marque	Coût d'achat HT	Marge brute totale	Coefficient multiplicateur
Total	78 000 €	67 745,11 €	9,16 %	61 537,39 €	6 207,72 €	1,268

Document 2 résultats nationaux du sous rayon « Chocolat » pour l'ensemble des hypermarchés

Coefficient multiplicateur moyen	1,305
Taux de marque moyen	14,50 %
Chiffre d'affaires annuel HT moyen au mètre linéaire	2 400 €
Marge brute annuelle moyenne au mètre linéaire	230 €

Document 3 relevé de linéaire actuel

Segments	Linéaire développé en mètre
Noir à déguster	4,50
Noir à croquer	5,50
Noir dessert	3,20
Blocs gourmands	5,60
Fourrées	1,80
Lait dégustation	1,50
Lait familial	3,50
Lait riz	0,50
Lait noisettes	2,30
Tablettes enfants	3,60
Total	**32,00**

Annexe : comparaison des performances du rayon avec les moyennes nationales

Éléments de comparaison	Résultats nationaux	Résultats du point de vente	Commentaires
Coefficient multiplicateur			
Taux de marque			
CAHT au mètre linéaire			
Marge brute au mètre linéaire			

3.3 *Passez le bac*

Exercice 1 Le prix d'acceptabilité

Le chef de département Épicerie d'un hypermarché décide d'implanter une nouvelle référence répondant aux attentes des clients dans les eaux aromatisées. Il s'agit de la marque PAROT qui vient de commercialiser deux nouveaux parfums : citron vert et pomme cassis en 125 cl.

Travail à faire

A) Déterminez, sur l'annexe 1, à partir du document, le prix d'acceptabilité de cette nouvelle boisson.

B) Déduire, sur l'annexe 2, à partir du prix d'acceptabilité que vous avez déterminé, le prix d'achat à négocier pour conserver un taux de marque de 20 %. Vous présenterez le détail de vos calculs.

Document : Enquête sur le prix de la bouteille PAROT aromatisée

Une enquête a été réalisée afin de déterminer le prix psychologique d'une bouteille d'eau PAROT citron-citron vert et pomme-cassis.

Deux questions ont été posées aux sondés :

Question 1 : En dessous de quel prix n'achèteriez-vous pas cette bouteille car vous la jugeriez de mauvaise qualité ?

Question 2 : Au-dessus de quel prix n'achèteriez-vous pas cette bouteille car vous la jugeriez trop chère ?

Les résultats de l'enquête réalisée auprès de 500 acheteurs potentiels ont été les suivants :

Prix de vente proposé	Réponses à la question 1	Réponse à la question 2
0,45	20	0
0,50	25	2
0,55	38	5
0,60	45	9
0,65	54	17
0,70	58	15
0,75	77	27
0,80	68	54
0,85	38	95
0,90	23	65
0,95	25	51
1,00	10	45
1,05	8	31
1,10	5	26
1,15	4	22
1,20	2	21
1,25	0	15

exercices

Annexe 1 : prix d'acceptabilité de la bouteille d'eau aromatisée PAROT

Prix de vente	Question 1 « jugée de mauvaise qualité »		Question 2 « jugée trop chère »		Acheteurs potentiels
	Nombre de réponses	Non-acheteurs (cumulé décroissant)	Nombre de réponses	Non-acheteurs (cumulé croissant)	
0,45					
0,50					
0,55					
0,60					
0,65					
0,70					
0,75					
0,80					
0,85					
0,90					
0,95					
1,00					
1,05					
1,10					
1,15					
1,20					
1,25					

Conclusion :

Prix psychologique conseillé :

Justification :

Annexe 2 : calculs commerciaux eau aromatisée PAROT

	Prix de vente TTC	Prix de vente HT	Taux de marque	Marge	PA HT	PA TTC
Bouteille d'eau aromatisée PAROT			20 %			
Détail des calculs						

Le taux de TVA à appliquer est de 5,5 %.

Exercice 2 L'analyse des résultats

Travail à faire

A) Mettez à jour, dans l'annexe, les résultats annuels de votre sous rayon pour la marque « Ambre Solaire ».

B) Établissez, à partir du document et de l'annexe, un comparatif de vos résultats par rapport à la moyenne de vos concurrents. Vous présenterez vos résultats sous forme d'un tableau.

> Conseil
> Réalisez un tableau à quatre colonnes qui fasse apparaître les éléments à comparer, les résultats du rayon, ceux de la concurrence et l'analyse des résultats.

C) Proposez deux solutions pour améliorer la situation.

Document : résultats moyens réalisés par les enseignes concurrentes avec la marque « Ambre Solaire »

Coefficient multiplicateur de vente moyen	1,594
Taux de marque moyen	25 %
Chiffre d'affaires TTC moyen au mètre linéaire	1 475 €/ml

Annexe : résultats annuels de la marque « Ambre Solaire »

SOUS-Rayon : Produits Solaires			MARQUE : AMBRE SOLAIRE			MAGASIN : Marseille		
Taux de TVZ : 19,6 %								
Références		Chiffre d'affaires TTC en €[1]	Chiffre d'affaires HT en €[1]	Taux de marque[1]	Coût d'achat en €[1]	Marge brute totale en €[2]	Coefficient multiplicateur de vente[2]	Indiquez le détail de vos calculs
01223	Lait protection enfant IP 35	1 104,00	923,08 1/2 pt	15 %	784,61	136,47 1/2 pt	1,407	1 104/1,196 923,08 – 784,61
01224	Lait après-soleil hydratant	927,00 1/4 pt	775,06	18 % 1/2 pt	635,56	139,52	1,459 1/2 pt	775,06 × 1,196 (139,52/775,06) × 100 927/635,56
01225	Perfect Bronzeur	980,00	819,40	18 %	671,91 1/2 pt	147,49 1/2 pt	1,458	819,4 × 0,18 819,4 – 147,49
01226	Spray hydratant haute protection	1 011,99 1/4 pt	846,15 1/2 pt	15 % 1/2 pt	719,23	126,92	1,407 1/2 pt	719,23 + 126,92 846,15 × 1,196 1 011,99/719,23 (126,92/846,15) × 100
01226	Huile bronzage intense	1 420,00 1/4 pt	1 187,29	8 %	1 092,31 1/2 pt	94,98 1/2 pt	1,300 1/2 pt	1 187,29 × 1,196 1 187,29 × 0,08 1 187,29 – 94,98 1 420/1 092,31
Total marque « Ambre solaire »		5 442,99 1/4 pt	4 551,00 1/2 pt	14,22 % 1 pt	3 903,62 1/2 pt	647,38 1/2 pt	1,394 1/2 pt	647,30/4 551 5 442,99/3 903,62

(1) Arrondissez vos résultats à deux chiffres après la virgule.
(2) Arrondissez vos résultats à trois chiffres après la virgule.

Exercice 3 L'analyse du tableau de bord

La phase de réorganisation de votre unité AUCHAN Gien, va passer par l'étude toute particulière du rayon « Parfumerie ». Votre chef de rayon souhaite se positionner par rapport à une autre unité AUCHAN.

Vous devez procéder à l'analyse du rayon à partir du tableau de bord du linéaire de l'année 2005.

Travail à faire

A) Calculez sur l'annexe 1, à partir de vos connaissances, les taux d'évolution des sous rayons « Parfumerie » et le total du rayon. Détaillez vos calculs pour le sous rayon « soins femme ».

B) Relevez, à partir de l'annexe 1 et de vos connaissances :
- les performances globales du rayon « parfumerie » ;
- les deux sous rayons dont la progression en chiffre d'affaires est la plus importante ;
- les deux sous rayons dont les performances en chiffre d'affaires sont problématiques.

Vous illustrerez vos réponses par les résultats chiffrés obtenus.

C) Indiquez, à partir des documents 1 et 2, les raisons qui expliquent ces résultats :
- pour le rayon « Parfumerie » (performances globales) : quatre raisons ;
- pour les deux sous rayons dont la progression en chiffre d'affaires est la plus importante : deux raisons ;
- pour les deux sous rayons dont les performances en chiffre d'affaires sont problématiques : deux raisons.

D) Comparez et analysez, à partir des résultats obtenus dans l'annexe 1 et du document 3 :
- les performances de votre rayon par rapport à celles du rayon cible ;
- les performances de votre rayon par rapport au magasin.

Vous illustrerez vos réponses avec les données chiffrées des tableaux.

Document 1 : Extrait du cahier d'événements du rayon « Parfumerie »

Contexte général : travaux importants au sein du magasin : agencement du magasin aux normes de la société : carrelage, éclairage, implantation par univers, réduction des réserves, changement de l'intégralité de la batterie de caisses.

Recrutement : le 1er janvier 2005, recrutement d'une vendeuse de formation « esthétique » qui a décidé de s'orienter vers la vente. Elle a commencé sa carrière chez Marionnaud puis s'est dirigée vers le leader local de la grande distribution.

Météorologie : difficile en janvier avec un niveau haut de la Loire et donc une impossibilité pour les clients résidant sur la berge sud de se rendre au magasin.

Concurrence : Transfert progressif du magasin Intermarché implanté dans le quartier des Montoires (situé en périphérie nord de la ville de Gien) vers la zone commerciale nord de la ville.

Rasage : déplacement du linéaire à proximité des caisses, à la place des déodorants dont le linéaire a dû être réduit.

Opération commerciale du magasin : réouverture dès la fin des travaux : tract commercial puissant, animations.

Opération commerciale rayon : fête des mères, action importante en accord avec Gemey, L'Oréal, Bourgeois, Nivéa.

Association de consommateurs : article relatant les risques sanitaires liés à l'usage de produits colorants pour les cheveux, 60 millions de Consommateurs, n° 375.

Document 2 : Risques : de l'irritation au cancer

Pour savoir si l'utilisation des teintures permanentes présentait des risques pour la santé, nous avons pris comme référence les avis du Scientific Commitee en Cosmetic Products and Non-food Products intended for Consumers (SCCNFP), comité européen chargé de donner des avis sur les composants des cosmétiques. Sur un plan purement réglementaire, aucun ingrédient non autorisé dans les cosmétiques ne figure dans les 18 teintures analysées. Mais, au niveau des risques, seulement 10 % d'entre eux ont été évalués par les autorités scientifiques françaises ou européennes ! Pour les 90 % restants, le mystère reste entier. Certains sont en cours d'évolution, d'autres doivent faire l'objet d'études complémentaires. Or, leur nature même peut entraîner des effets nocifs potentiels pour l'organisme de l'utilisateur : l'irritation (effet direct sur la peau) ou la sensibilisation (le déclenchement d'une allergie). Plus préoccupant encore, certains ingrédients sont susceptibles de produire des effets mutagènes. Autrement dit, ils pourraient modifier un élément de notre patrimoine génétique. D'autres sont même soupçonnés d'avoir des effets cancérigènes ou toxiques sur notre descendance. Des risques potentiels qu'il devient urgent d'évaluer.

Source : 60 millions de Consommateurs, septembre 2003, n° 375

Document 3 : Tableaux de bord

Tableau de bord rayon cible (cumulé sur 12 mois année 2005)

	CA[1] cumulé 2004	CA[1] cumulé 2005	Progression en %	Nombre de clients 2004	Nombre de clients 2005	Progression en %	Articles vendus 2004	Articles vendus 2005	Progression en %	Panier moyen 2004	Panier moyen 2005	Progression en %
Rayon cible[2]	1 262	1 287,2	2	255 000	278 870	8,58	398 745	420 784	5,53	4,95	4,65	– 12,12

1. Le CA est donné en milliers d'euros pour des raisons de commodité.
2. Le rayon cible correspond à un rayon comparable dans un magasin qui a des caractéristiques identiques (surface de vente, profil de la clientèle, objectif...) à celles du magasin étudié.

Tableau de bord du magasin Auchan Gien, total des ventes (cumulé sur 12 mois année 2005)

	CA[1] cumulé 2004	CA[1] cumulé 2005	Progression en %	Nombre de clients 2004	Nombre de clients 2005	Progression en %	Articles vendus 2004	Articles vendus 2005	Progression en %	Panier moyen 2004	Panier moyen 2005	Progression en %
Total Auchan Gien	57 000	55 300	– 2,98	973 440	936 000	– 4	16 000 000	15 550 000	– 2,61	40	39,27	– 1,82

Annexe 1 : Tableau de bord du rayon « Parfumerie » cumulé sur 12 mois – Année 2005

Sous-rayons	CA[1] cumulé 2004	CA[1] cumulé 2005	Progression en %[2]	Nombre de clients 2004	Nombre de clients 2005	Progression en %[2]	Articles vendus 2004	Articles vendus 2005	Progression en %[2]	Panier moyen 2004	Panier moyen 2005	Progression en %[2]
Soins femme	189	201		33 049	29 843	– 9,70	43 154	39 250	– 9,80	5,72	6,74	17,63
Shampoing	179	172	–	40 466	37 633	– 7,00	55 516	51 019	– 8 010	4,42	4,57	
Hygiène dentaire	128	138	7,31	41 609	41 733		58 475	77 744	32,95	3,06	3,31	7,43
Rasage	124	127	2,42	21 958	21 782		27 258	26 958	– 1,10	5,85	5,83	3,19
Maquillage	95	113	19,95	12 177	13 557	6,10	16 368	19 470		7,44	8,54	12,10
Coloration	115	107	– 8,96	33 494	30 446	– 9,10	44 321	40 509		3,43	3,51	
Accessoires de coiffure	74	91	22,97	14 962	18 120	21,11	21 198	26 158	23,40	4,95	5,02	1,41
Produits coiffants et laque	93	90	– 3,25	16 571	17 700	– 5,20	21 346	20 193	– 5-40	4,98	5,08	2,01
Hygiène corporelle	95	90	– 5,26	9 521	9 062	– 5,50	10 736	10 049	– 6,40	9,87	9,90	0,30
Déodorants	95	88	– 7,37	23 760	22 218	– 6,50	28 435	26 559	– 6,60	4,00	3,96	– 1,00
Total rayon	1 187	1 217		250 366	242 122		327 167	337 909		4,74	5,03	

1. Le CA est donné en milliers d'euros pour des raisons de commodité.
2. Arrondir les calculs à 2 chiffres après la virgule.

Indiquer le détail des calculs pour le sous-rayon soins femme :

3.1 *Vérifiez vos connaissances*

Exercice 1 Exercice Démêlez le vrai du faux

1) ☹ La marge est la différence entre le prix de vente hors taxe et le coût d'achat hors taxe.

2) ☺

3) ☺

4) ☹ Il s'agit du taux d'acceptabilité et non du prix d'acceptabilité qui lui réunit le plus grand nombre de clients susceptibles d'acheter le produit à ce niveau de prix.

5) ☹ Il s'agit du prix magique, exemple 19,99 €.

corrigés

6) ☹ La stratégie de pénétration consiste à pratiquer une politique de prix bas pour conquérir rapidement des clients.

7) ☹ C'est le contraire les prix conseillés sont autorisés, les prix imposés sont interdits à l'exception de certains produits dont les prix sont encadrés par l'état.

8) ☹ Il s'agit de la marge nette, la marge brute assure la rentabilité de l'entreprise.

9) ☺

10) ☹ C'est presque juste, il manque juste la gestion des produits.

3.2 *Mettez en application*

Exercice 1 Calcul du prix de vente

Vous connaissez	Vous recherchez	Vous calculez	Vous obtenez votre résultat
- PV HT : 15 € - Taux de TVA : 5,5 %	PV TTC ?	15 € × 1,055 =	15,82 €
- PV TTC : 26 € - Taux de TVA : 19.6 %	PV HT ?	26 €/1,196 =	**21,74 €**
- PV HT : 58 € - PA HT : 23,20 €	Taux de marque ?	58 € – 23,20 €/58 € × 100 =	60 %
- PV HT : 119 € - PA HT : 40 €	Taux de marge ?	119 € – 40 €/40 € × 100 =	197,5 %
- Taux de marque : 48 % - Taux de TVA : 5,5 %	Coefficient multiplicateur ?	100 + 5,5/100 – 48 =	2,03
- PV TTC : 346 € - PA HT : 148 €	Coefficient multiplicateur ?	346 €/148 € =	2.33
- PV HT : 65 € - Taux de marque : 30 %	Marge ?	65 € × 30 % =	**19,50 €**
- PA HT : 85 € - taux de marge : 115 %	Marge ?	85 € × 115 % =	**97,75 €**
- PA HT : 96 € - CM : 2,84	PV TTC ?	96 € × 2,84 =	**272,64 €**
- PA HT : 75 € - Taux de marque : 35 %	PV HT ?	75 €/1 – (35/100) =	**115,38 €**
- PV HT : 225 € - Taux de marque : 42 %	PA HT ?	225 € × 1 – (42/100) =	**130,50 €**

Exercice 2 Analyse des ventes

A) Situation des performances du sous rayon « Chocolat » en comparaison avec les moyennes nationales.

corrigés

Annexe : comparaison des performances du rayon avec les moyennes nationales

Éléments de comparaison	Résultats nationaux	Résultats du point de vente	Commentaires
Coefficient multiplicateur	1,350	1,268	• Performances nettement inférieures aux résultats nationaux aussi bien en chiffre d'affaires qu'en marge. • Coefficient inférieur à la moyenne nationale. • Politique de prix trop bas.
Taux de marque	14,50 %	9,16 %	
CAHT au mètre linéaire	2 400 €	2 117 € (67 745/32)	
Marge brute au mètre linéaire	230 €	194 € (6 207,72/32)	

B) Proposition de deux actions correctives pour réduire les écarts.

- Revoir la politique de prix : les prix bas ne permettent pas d'atteindre la rentabilité moyenne.
- Revoir l'implantation des produits : marchandisage de séduction et de gestion.

3.3 *Passez le bac*

Exercice 1 Le prix d'acceptabilité

A) Détermination du prix d'acceptabilité de cette nouvelle boisson.

Annexe 1 : prix d'acceptabilité de la bouteille d'eau aromatisée PAROT

Prix de vente	Question 1 « jugée de mauvaise qualité »		Question 2 « jugée trop chère »		Acheteurs potentiels
	Nombre de réponses	Non-acheteurs (cumulé décroissant)	Nombre de réponses	Non-acheteurs (cumulé croissant)	
0,45	4	100	0	0	0
0,50	5	96	0,4	0,4	3,6
0,55	7,6	91	1	1,4	7,6
0,60	9	83,4	1,8	3,2	13,4
0,65	10,8	71,4	3,4	6,6	22
0,70	11,6	63,6	3	9,6	26,8
0,75	15,4	52	5,4	15	33
0,80	13,6	36,6	10,8	25,8	37,6
0,85	7,6	23	19	44,8	32,2

Prix de vente	Question 1 « jugée de mauvaise qualité »		Question 2 « jugée trop chère »		Acheteurs potentiels
	Nombre de réponses	Non-acheteurs (cumulé décroissant)	Nombre de réponses	Non-acheteurs (cumulé croissant)	
0,90	4,6	15,4	13	57,8	
0,95	5	10,8	10,2	68	
1,00	2	5,8	9	77	
1,05	1,6	3,8	6,2	83,2	
1,10	1	2,2	5,2	88,4	
1,15	0,8	1,2	4,4	92,8	
1,20	0,4	0,4	4,2	97	
1,25	0	0	3	100	
	100		100		

Conclusion :

Prix psychologique conseillé : 0,80 €

Justification : il correspond au plus grand taux d'acceptabilité

Justificatifs de résultats :

Pour un prix de vente 0,45 € : calcul de pourcentage simple : $20/500 \times 100 = 4$ %

Pour un prix de vente 0,50 € : calcul du pourcentage cumulé : $100 - 4 = 96$

taux d'acceptabilité : $100 - 96 + 0,4 = 4,04$

Déduction à partir du prix d'acceptabilité, du prix d'achat à négocier pour conserver un taux de marque de 20 %.

Annexe 2 : calculs commerciaux eau aromatisée PAROT

	Prix de vente TTC	Prix de vente HT	Taux de marque	Marge	PA HT	PA TTC
Bouteille d'eau aromatisée PAROT	0,80	0,76	20 %	0,15	0,61	0,64
Détail des calculs	Reprendre le prix psychologique calculé	0,80/1,055		$0,76 \times 0,20$	$0,76 - 0,15$	$0,61 \times 1,055$

corrigés

Exercice 2 L'analyse des résultats

A) Mise à jour les résultats annuels du sous rayon pour la marque « Ambre Solaire ».

Annexe : résultats annuels de la marque « Ambre Solaire »

SOUS-Rayon : Produits Solaires			MARQUE : AMBRE SOLAIRE		MAGASIN : Marseille			
Taux de TVZ : 19,6 %								
Références		Chiffre d'affaires TTC en € [1]	Chiffre d'affaires HT en € [1]	Taux de marque [1]	Coût d'achat en € [1]	Marge brute totale en € [2]	Coefficient multiuplicateur de vente [2]	Indiquez le détail de vos calculs
01223	Lait protection enfant IP 35	1 104,00		15 %	784,61		1,407	
01224	Lait après-soleil hydratant		775,06		635,56	139,52		
01225	Perfect Bronzeur	980,00	819,40	18 %			1,458	
01226	Spray hydratant haute protection				719,23	126,92		
01226	Huile bronzage intense		1 187,29	8 %				
Total marque « Ambre solaire »								

(1) Arrondissez vos résultats à deux chiffres après la virgule.
(2) Arrondissez vos résultats à trois chiffres après la virgule.

B) Comparatif de vos résultats par rapport à la moyenne de vos concurrents.

Comparatif	Notre rayon	La concurrence	Commentaire
Coefficient multiplicateur de vente	1,394 1/4 pt	1,594	Nos résultats sont inférieurs à ceux de la concurrence 1 pt Notre marge n'est pas assez élevée ainsi que notre CA/ml 1 pt
Taux marque	14,22 %	25 %	
CA TTC au ml	1,364,16 € (5 442,99/3,99) 1,5 pt	1 475 €	

C) Proposition de trois solutions pour améliorer la situation.

- Augmenter le prix de vente en s'alignant sur la concurrence.
- Négocier une remise supplémentaire auprès de « Garnier ».
- Mettre en place une action de communication pour augmenter les ventes.

Exercice 3 Analyse du tableau de bord

A) Calcul des taux d'évolution des sous rayons « Parfumerie » et du total du rayon.

Annexe 1 : Tableau de bord du rayon « Parfumerie » cumulé sur 12 mois – Année 2005

Sous-rayons	CA[1] cumulé 2004	CA[1] cumulé 2005	Progression en %[2]	Nombre de clients 2004	Nombre de clients 2005	Progression en %[2]	Articles vendus 2004	Articles vendus 2005	Progression en %[2]	Panier moyen 2004	Panier moyen 2005	Progression en %[2]
Soins femme	189	201	6,35	33 049	29 843	– 9,70	43 154	39 250	– 9,80	5,72	6,74	17,63
Shampoing	179	172	– 3,91	40 466	37 633	– 7,00	55 516	51 019	– 8 010	4,42	4,57	3,39
Hygiène dentaire	128	138	7,31	41 609	41 733	0,30	58 475	77 744	32,95	3,06	3,31	7,43
Rasage	124	127	2,42	21 958	21 782	– 0,80	27 258	26 958	– 1,10	5,85	5,83	3,19
Maquillage	95	113	19,95	12 177	13 557	6,10	16 368	19 470	18,95	7,44	8,54	12,10
Coloration	115	107	– 8,96	33 494	30 446	– 9,10	44 321	40 509	– 8,60	3,43	3,51	2,33
Accessoires de coiffure	74	91	22,97	14 962	18 120	21,11	21 198	26 158	23,40	4,95	5,02	1,41
Produits coiffants et laque	93	90	– 3,25	16 571	17 700	– 5,20	21 346	20 193	– 5-40	4,98	5,08	2,01
Hygiène corporelle	95	90	– 5,26	9 521	9 062	– 5,50	10 736	10 049	– 6,40	9,87	9,90	0,30
Déodorants	95	88	– 7,37	23 760	22 218	– 6,50	28 435	26 559	– 6,60	4,00	3,96	– 1,00
Total rayon	1 187	1 217	2,53	250 366	242 122	– 3,29	327 167	337 909	3,28	4,74	5,03	6,12

1. Le CA est donné en milliers d'euros pour des raisons de commodité.
2. Arrondir les calculs à 2 chiffres après la virgule.

Indiquer le détail des calculs pour le sous-rayon soins femme :
Progression CA : 201 – 189)/189 × 100 = 6,35 %

B) Relevé, des performances globales du rayon « parfumerie », des deux sous rayons dont la progression en chiffre d'affaires est la plus importante et des deux sous rayons dont les performances en chiffre d'affaires sont problématiques.

Performances globales du rayon :

- augmentation du chiffre d'affaires de 2,53 % ;
- baisse de la fréquentation de 3,29 %.

Les deux sous rayons dont la progression est la plus importante :

- les accessoires de coiffures : + 22,97 % ;
- le maquillage : + 18,95 %.

Les deux sous rayons dont les performances sont problématiques :

- les déodorants : – 7,37 % ;
- la coloration : – 6,96 %.

C) Relevé des raisons qui expliquent ces résultats (pour le rayon « Parfumerie » (performances globales)) : quatre raisons, pour les deux sous rayons dont la progression en chiffre d'affaires est la plus importante : deux raisons et pour les deux sous rayons dont les performances en chiffre d'affaires sont problématiques : deux raisons.

• Performance globale du rayon :

L'augmentation du chiffre d'affaires est soutenue par :

- l'augmentation conjointe du nombre d'articles vendus (+ 3,28 %)
- du panier moyen (+ 6,12 %)
- …

La baisse de la fréquentation du magasin peut être imputée à plusieurs éléments :

- les travaux au sein du magasin
- les difficultés d'accès pour un certain nombre de clients, à cause des mauvaises conditions météorologiques
- l'ouverture du nouveau point de vente à proximité (la clientèle curieuse s'est rendue sur le nouveau site
- …

• Les bons résultats des sous-rayons « maquillage » et « accessoires de coiffure » s'expliquent par

- l'opération commerciale « fête des mères »
- le recrutement d'une vendeuse spécialisée dans les produits de beauté

• Les mauvais résultats des sous-rayons « colorations » et « déodorants » se justifient par :

- la réduction du linéaire « déodorant »
- l'article alarmant de « 60 millions de Consommateurs »
- …

D) Comparaison et analyse, à partir des résultats obtenus des performances de votre rayon par rapport à celles du rayon cible et des performances de votre rayon par rapport au magasin.

• Performances par rapport au rayon cible : *(4 points dont 1 pt si présence % pour illustrer)*

Notre rayon progresse plus vite que le rayon cible qui, lui, tire l'essentiel de sa progression (+ 2 %) d'un afflux de clientèle (+ 8,58 %) alors que son panier moyen s'effondre (– 12,12 %).

En ce qui concerne notre progression, elle est essentiellement axée sur une augmentation du panier moyen (+ 6,12 %) alors que nous perdons de la clientèle pour les raisons évoquées lors de la précédente partie.

• Performance par rapport au magasin : *(4 points dont 1 pt si présence % pour illustrer)*

Notre performance est d'autant plus valorisante que le magasin a beaucoup plus souffert des travaux que notre rayon puisque tous les indicateurs sont dans le rouge (– 2,98 % pour le CA, – 4 % pour le nombre de clients, – 2,81 % pour le nombre d'articles vendus, – 1,82 % pour le panier moyen).

corrigés

10

La mesure des performances commerciale d'une action ponctuelle

Les différentes actions ponctuelles mises en place par l'unité commerciale sont évaluées quantitativement. Les performances de ces actions sont mesurées à l'aide d'indicateurs commerciaux et de gestion, puis comparées aux objectifs à atteindre ou à l'historique des ventes pour en apprécier l'efficacité.

1 L'évaluation des performances

L'évaluation des performances est liée à la nature des opérations ponctuelles, aux objectifs prévus et aux effets attendus.

(A) Les objectifs des actions

Actions	Objectifs	Effets
• Couponnage, publipostage	Faire agir le client. Faire acheter le client.	↗ Nombre de coupons ou chèques cadeau utilisés. ↗ Nombre de produits achetés avec le coupon ou le chèque. ↗ Chiffre d'affaires encarté.
• Action promotionnelle	Attirer le client. Développer le volume des ventes.	↗ Quantités écoulées sur la période promotionnelle. ↗ Rotation des produits. ↗ Chiffre d'affaires généré.
• Animation	Faire connaître un produit.	↗ Quantités vendues. ↗ Marge dégagée.
• Tête de gondole	Faire agir. Déstocker.	↗ Montant des quantités et du CA. ↗ Rotation des produits. ↘ Niveau des stocks.

(B) Les indicateurs d'évaluation

Indicateurs		Intérêts
CAHT	➪	Indicateur à analyser en fonction des quantités et du prix pratiqué.
Rotation	➪	Mesure l'attrait du produit et la pertinence de l'implantation du produit.
Quantités vendues	➪	Mesure l'attrait pour le type d'action proposé.
Marge	➪	Mesure la contribution au résultat, met en évidence l'impact financier de la démarque proposée et des coûts liés à l'action.

2 L'évaluation des actions commerciales

Les effets des actions sur les indicateurs commerciaux, tels que chiffre d'affaires, la marge et les stocks sont chiffrés pour permettre une analyse et mettre en place une stratégie de remédiation.

(A) Le bilan quantitatif

Indicateurs	Ratios
Chiffre d'affaires	
Indice de réalisation	Réalisé/Objectif
Taux d'évolution	CA S2* – CA S1/CA S1 × 100
Taux de Chiffre d'affaires encarté	CA encarté/CA point de vente
Indice de fréquentation	Nombre de clients entrés dans le point de vente/Nombre de clients passés devant l'action
Taux de transformation	Nombre de passages en caisse/Nombre de clients entrés dans le point de vente
Rentabilité	
Cumul des coûts liés à l'action	Coût publipostage + coût d'un cadeau + coût des chèques cadeau
Taux de démarque	Montant de la réduction de prix/PV HT × 100
Taux de retour	Nombre de retours/Nombre d'envois × 100
Taux de marge	Marge dégagée par l'action/CA HT × 100
Stock	
Taux de rotation des produits de l'action	Quantités vendues/Stock moyen

* S : Semaine

(B) La rentabilité d'une action

Pour évaluer la rentabilité d'une action ponctuelle, il faut respecter les étapes suivantes :

➪ Étape ① : Déterminer les quantités vendues pendant la période de l'action :
Méthode de calcul **Quantités vendues :** Stock initial – stock final

Remarque : en principe il n'y a pas de livraison lors d'une action promotionnelle.

➩ Étape ② : Calculer le CA HT réalisé pendant l'action :
Méthode de calcul **CA HT** : Quantités vendues × prix de vente HT promotionnel
➩ Étape ③ : Dégager la marge réalisée par l'action :
Méthode de calcul **Marge Brute** : CA HT – montant des achats – démarque
Méthode de calcul **Marge Nette** : Marge brute – coût de l'opération
➩ Étape ④ : Évaluer l'évolution des résultats de l'opération :
Méthode de calcul **Évolution des résultats** : Marge Période 2 – Période 1/marge Période 1 × 100

Ⓒ *Les actions de remédiation*

Une stratégie de remédiation doit être envisagée pour les actions qui ont dégagé une très faible rentabilité (voir Cours 9.)

MOTS PROFESSIONNELS
CA encarté • Indicateur • Action ponctuelle • Taux de démarque • Taux de retour • Tête de gondole

CE QUE JE SAIS FAIRE
- Identifier les effets attendus pour différentes actions ponctuelles.
- Repérer les indicateurs d'évaluation à utiliser pour évaluer quantitativement une action ponctuelle.
- Mettre en application les différents ratios de détermination des indicateurs d'évaluation.
- Évaluer la rentabilité d'une action ponctuelle.

11

La zone de chalandise

La zone de chalandise ou zone d'attractivité correspond à l'espace géographique qui entoure l'unité et à l'intérieur duquel évolue sa clientèle actuelle et potentielle. Pour s'adapter, l'unité doit connaître l'environnement géographique dans lequel il se situe, en repérant la nature et la provenance de ses clients, les pôles d'attraction existants et l'implantation de ses concurrents.

1 *L'analyse de l'attractivité de l'unité*

L'attractivité de l'unité va contribuer à délimiter l'étendue de la zone de chalandise. Plus la notoriété de l'unité est importante plus sa zone de chalandise sera étendue.

(A) *L'analyse de la zone de chalandise*

Il s'agit d'analyser les éléments de l'environnement qui vont être favorables ou non à l'unité.

Éléments à étudier	Caractéristiques
• **L'unité**	- implantation (centre-ville, rue piétonne, galerie marchande, centre commercial, lieu de passage…) ; - superficie de la surface de vente ; - attractivité de l'unité (notoriété, image de marque…).
• **La clientèle**	**Évaluation quantitative :** - profil type (âge, profession, revenu, type d'habitat…) ; - budget disponible. **Évaluation qualitative :** - origine géographique de la clientèle (habite et travaille dans la zone de chalandise, habite à l'intérieur et travaille à l'extérieur, travaille à l'intérieur et habite à l'extérieur) ; - type de clientèle : clientèle habituelle, temporaire, de passage.
• **Les pôles d'attraction**	- moyens d'accès : voies (route, sortie d'autoroute), aire de stationnement (parking gratuit, payant), proximité des transports en commun ; - équipement commercial, administratif (école, mairie…) ; - zones d'habitats (collectif, individuel) ; - zones de bureaux.
• **Les concurrents**	- implantation ; - attractivité ; - assortiment, prix…
• **Les obstacles**	- barrières naturelles (fleuve, parc…) ; - barrières artificielles (voie rapide, autoroute, chemin de fer…).

(B) La délimitation de la zone de chalandise

Elles sont déterminées par des courbes généralement concentriques autour du point de vente qui définissent les différentes zones de clientèle. Elles sont délimitées en fonction du temps d'accès à l'unité ou de la distance kilométrique qui la sépare des clients.

Moyens de délimitation en fonction de l'accessibilité	Zone primaire		Zone secondaire		Zone tertiaire	
	à pied	en voiture	à pied	en voiture	à pied	en voiture
• **Courbes isométriques**	< 0,3 km	< 3,5 km	< 0,5 km	< 8 km	< 0,3 km	< 3,5 km
• **Courbes isochrones**	< 5 min	< 5 min	< 10 min	< 10 min	> 10 min	> 10 min
• **Courbes liées à l'attraction**	Taux de pénétration > 50 %		Taux de pénétration entre 25 et 50 %		Taux de pénétration < 25 %	

Méthode de calcul **Taux de pénétration** : Nombre de clients d'une unité/Nombre de clients potentiels de la zone × 100

Remarque : Le modèle gravitaire est un autre moyen pour délimiter la zone de chalandise d'une unité, à partir des notions d'attractivité et de distance. Dans ce type de modèle, on suppose que la tendance d'un client à se rendre dans un point de vente sera proportionnelle à l'attractivité de ce point de vente. Plus l'attractivité sera importante, plus le client sera prêt à parcourir une distance plus importante pour s'y rendre. L'attractivité est dépendante du type de commerce, des autres magasins présents à proximité (Centre Commercial Régional…).

Exemple

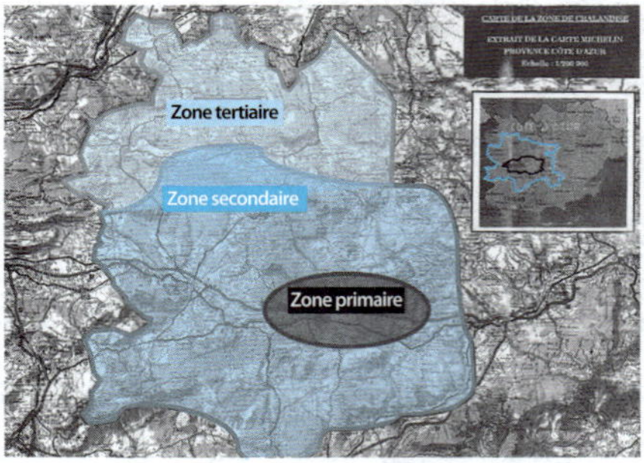

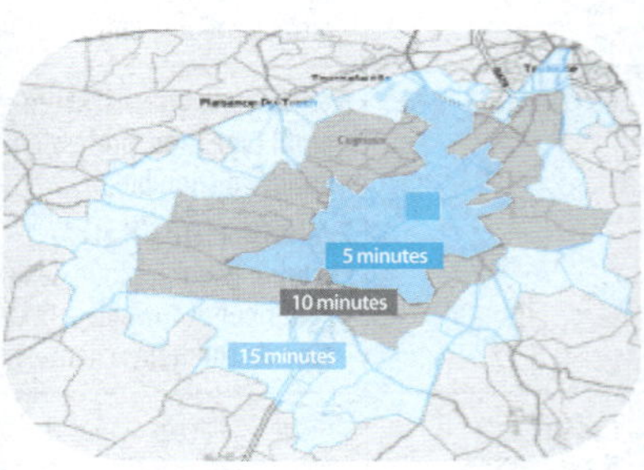

(C) Les caractéristiques des différentes zones

La détermination de la zone de chalandise d'une unité est très importante, car elle permet d'étudier le potentiel de vente, en fonction de la concentration de la population présente dans cette zone ainsi que de la concurrence présente.

Zones	Caractéristiques
• **Primaire**	La plus proche de l'unité à très forte attractivité et avec une très forte concentration de clients.
• **Secondaire**	Plus éloignée de l'unité avec une attractivité et concentration de clients moyennes.
• **Tertiaire**	La plus éloignée de l'unité avec une attractivité et une concentration de clients moins importantes.

(D) *Les méthodes de recueil des informations*

Pour connaître la provenance de ses clients l'unité peut utiliser les méthodes suivantes :

• **Auprès de ses clients** (lorsque l'unité existe) :
- en collectant le code postal des clients aux caisses ;
- en relevant les codes postaux des adresses qui figurent sur les chèques ;
- en mettant à jour le fichier clients à partir des cartes de fidélité ;
- en réalisant des enquêtes de satisfaction (rubrique identification de l'enquêté) ;
- en dépouillant les bulletins de participation aux jeux et concours.

• **Auprès d'organismes officiels** (lorsque l'unité est en cours de création) **:**
- l'INSEE (Institut national de la statistique et des études économiques) ;
- chambre de commerce ;
- mairie.

2 *L'évaluation du potentiel économique de la zone de chalandise*

Lorsque la cartographie des zones est établie, il faut évaluer le potentiel des dépenses de ces zones en fonction de l'activité de l'unité.

(A) *Les différentes étapes pour évaluer le potentiel économique*

➪ **Étape** ① **:** Évaluer le potentiel de population à retenir. Additionner par zone, le nombre de ménages de chaque commune retenue.

Cliquez et c'est trouvé : Pour connaître ce type d'information, vous pouvez vous rendre sur le site des mairies ou de l'INSEE : www.insee.fr

➪ **Étape** ② **:** Calculer le revenu annuel par PCS (Profession et catégorie sociale) et par zone.

Méthode de calcul **Revenus annuels par PCS** : Revenu national par ménage d'une PCS × nombre de ménages de la zone

Revenu total par zone : Addition des revenus des différentes PCS représentées

➪ **Étape** ③ **:** Calculer :

• l'**IRV** (Indice de richesse vive) qui est un indicateur économique qui permet à partir du revenu national d'évaluer le potentiel de consommation par zone géographique et par famille de produits**.** La richesse vive traduit la dépense des ménages localement pour un ou plusieurs postes de dépenses.

Méthode de calcul **IRV** : Revenu total par zone × IRV = Marché potentiel théorique d'une zone

Remarque : **La richesse vive** est centrée sur une **moyenne France = 1** et permet donc de comparer le niveau de consommation de différentes zones géographiques (département, canton, agglomération, zone de chalandise, commune…).

Exemple

Une commune avec une richesse vive tous produits de 0,8 a un niveau de consommation, tous produits, par habitant de 20 % inférieur à la moyenne nationale. À l'inverse, une commune avec une richesse vive® tous produits de 1,3 a un niveau de consommation tous produits par habitant de 30 % supérieur à la moyenne nationale.

OU

- l'**IDC** (Indice de disparité de consommation) permet de mesurer les dépenses des ménages d'une région afin d'apprécier les différences de consommation locales.

Méthode de calcul **IDC** : Revenu total par zone × IDC = Marché potentiel théorique d'une zone

➪ Étape ④ : Évaluer la concurrence dans la zone et hors zone (évasion commerciale).

➪ Étape ⑤ : Déterminer le chiffre d'affaires prévisionnel réalisable par l'unité :

Méthode de calcul **du chiffre d'affaires prévisionnel** : Marché potentiel théorique des zones – Chiffre d'affaires de la concurrence

Remarque : Le chiffre d'affaires prévisionnel peut être déterminé pour une ouverture d'unité ou pour son extension ou pour l'implantation d'un nouveau rayon. Attention, il ne s'agit qu'une d'une prévision.

(B) *L'exploitation de la zone de chalandise*

L'analyse d'une zone de chalandise peut être exploitée par une unité avant implantation mais aussi par une unité existante pour :

- réaliser un agrandissement ou l'implantation d'un nouveau rayon ;
- évaluer son attraction et redimensionner sa zone actuelle ;
- adapter son assortiment par rapport à ses concurrents ;
- mettre en place des actions de communication (distribution de prospectus…) pour développer sa clientèle.

MOTS PROFESSIONNELS

Attractivité • Accessibilité • IDC • IRV • Taux de pénétration • Zone de chalandise

CE QUE JE SAIS FAIRE

- Identifier les éléments à étudier pour analyser une zone de chalandise.
- Délimiter une zone de chalandise à l'aide des outils suivants : courbes isométriques, isochrones ou liées à l'attraction.
- Recueillir des informations sur la zone de chalandise.
- Évaluer le potentiel économique en déterminant un chiffre d'affaires prévisionnel.
- Exploiter une zone de chalandise.

12

L'hygiène et la sécurité

L'unité commerciale doit respecter et faire appliquer les différentes règles d'hygiène et de sécurité. La réglementation vise à protéger les personnels sur leur lieu de travail contre les risques professionnels, les clients sur leur lieu d'achat contre les risques d'accident. Elle poursuit également un objectif de protection des consommateurs contre les produits qui pourraient être dangereux ou nuisibles à leur santé, en l'état ou après transformation.

1 Les règles d'hygiène et de sécurité liées aux locaux

Les unités commerciales sont fréquentées quotidiennement par le personnel et les clients et doivent pour cela rester un lieu attractif. Cependant comme pour les lieux recevant du public, la sécurité doit être un objectif essentiel.

(A) La démarche globale de prévention

Le responsable de l'unité commerciale est tenu de supprimer ou de réduire les risques liés à l'utilisation des locaux et du matériel. Il doit, depuis le décret du 5 novembre 2001, transcrire dans un document les résultats de l'évaluation des risques identifiés dans chaque unité. Les inspecteurs du travail, le médecin du travail, les représentants du personnel et du CHST (Comité d'hygiène, de sécurité et des conditions de travail) peuvent le consulter. L'absence de mise à jour de ce document est punie d'une amende pouvant aller jusqu'à trois mille euros.

• Les principes de la prévention

- identifier les risques ;
- évaluer les risques ;
- combattre les risques à la source ;
- tenir compte des évolutions techniques ;
- signaler les endroits à risques ;
- sensibiliser le personnel à la notion de sécurité de la clientèle.

• La démarche de prévention

- donner la priorité aux mesures de protections collectives ;
- planifier et mettre en place les actions de prévention :

- mettre en place des indicateurs de suivi (nombre d'accidents, nombre de déclarations au titre de la responsabilité civile, nature et origine des accidents…) ;
- réfléchir au niveau du magasin sur les instruments appropriés au recensement (ex. : carnet de bord) ;
- mettre en place des procédures pour l'aide, les premiers soins, et la mise en sécurité de la victime d'un accident, en attendant l'arrivée des secours publics appelés si nécessaire ;
- mettre en place des vérifications (compétences internes ou externes).

(B) *La prévention et la localisation des risques*

La clientèle et le personnel sont exposés à des risques aussi bien à l'extérieur qu'à l'intérieur de l'unité.

Espaces	Localisation	Prévention
Extérieur 	• **Parking et espaces extérieurs**	Optimiser les zones de circulation des piétons et des véhicules - dégager les allées de circulation, - vérifier périodiquement le bon état des sols et des équipements (poubelles, bancs…), - mettre les équipements défectueux en sécurité (éclairage, barrières…), - rendre visible les escaliers, rampes, marches… (avertissements visuels…), - saler les parkings et surfaces de vente situées en extérieur en cas de verglas ou risque de verglas, - vérifier la fixation des matériels et des produits ayant prise au vent.
	• **Chariots**	Éviter les accumulations de chariots au cours de la journée, en dehors de leur lieu de rangement - vérifier le rangement correct des chariots, - pallier l'absence de chariot par une intervention éventuelle du personnel, - vérifier régulièrement le bon fonctionnement des chariots et isoler les chariots en mauvais état de fonctionnement, - mettre à disposition des chariots adaptés à l'activité et à la surface de vente, - recommander la bonne utilisation des chariots aux clients (pictogrammes, panneaux d'information…).
Intérieur 	• **Zones d'accès/ caisses**	Tester quotidiennement le bon fonctionnement des portes automatiques - vérifier la visibilité des baies vitrées, - signaliser et matérialiser toute condamnation provisoire des portes, - favoriser la sortie sans risque des objets de grand volume, - respecter de bonnes conditions d'accès aux caisses, - vérifier le bon état et l'entretien du mobilier de caisse, - neutraliser l'équipement défectueux.
	• **Circulation/ sols**	Dégager systématiquement les zones de circulation - ranger systématiquement après utilisation les moyens d'accès en hauteur, - délimiter les zones d'exposition, - veiller à l'entretien et au nettoyage des sols, - baliser les zones en cours de nettoyage, - organiser le réassort des rayons afin de limiter les risques pour la clientèle, - éviter, sauf cas d'urgence, les interventions et petites réparations diverses pendant les heures d'ouverture au public ou prévoir le cas échéant un balisage, - baliser et nettoyer rapidement les zones glissantes (renversement, casse…), - proscrire l'utilisation du matériel de manutention par la clientèle, - interdire l'accès aux locaux de services (SAV, réserves…), - vérifier l'éclairage régulièrement et procéder aux réparations nécessaires.

Espaces	Localisation	Prévention
	• **Présentation des produits :**	
	- **Gondoles/ racks**	Vérifier la stabilité des présentoirs - présenter les produits sur des supports **adaptés** et **stables**, - respecter le poids maximum supporté par les étagères, - stocker les produits pondéreux au plus près du sol, - limiter les empilages de produits, - éloigner les produits peu stables des zones de circulation principales et les faire bénéficier d'une protection particulière, - vérifier les dispositifs de sécurité (fixations, protections...).
	- **Présentation des objets pondéreux et/ou difficilement manipulables à même le sol**	La présentation est faite de manière à permettre au client d'avoir facilement accès aux produits et de se servir sans effort - le recours éventuel à l'assistance du personnel du magasin est recommandé.
Intérieur 	- **Produits coupants**	Protéger les parties coupantes des produits et vérifier régulièrement leurs protections, - retirer les produits cassés ou abîmés de la surface de vente, - protéger les parties saillantes du matériel d'agencement et vérifier régulièrement leurs protections, - placer les produits coupants hors de portée des enfants.
	- **Produits dangereux**	La dangerosité des produits est mise en évidence par une matérialisation spécifique, - l'état des emballages est régulièrement vérifié et les produits détériorés sont retirés, - les produits toxiques sont hors de portée des enfants, - certains produits dangereux sont isolés dans les armoires fermées à clef. Rappel des pictogrammes des produits dangereux : 
	- **Crochets de présentation**	Les crochets à tige unique doivent avoir un embout sécurisé (voir norme NF E 25-080). Ils peuvent être remplacés par des tiges porte étiquettes double broche.

Remarque : La responsabilité civile oblige légalement la personne qui cause un dommage à un tiers de le réparer. Le responsable de l'unité est responsable de l'ensemble des choses placées sous sa garde (biens et bâtiments). Il est également responsable des accidents survenus du fait de ses collaborateurs.

2 Les règles d'hygiène et de sécurité liées aux produits

Le non-respect des règles en matière d'hygiène et de sécurité peut entraîner des risques sur la santé du consommateur. Le risque est d'attraper une infection alimentaire, la consommation de produits contaminés peut favoriser la prolifération de bactéries. Le distributeur qui ne met pas en place une prévention efficace en matière d'hygiène des produits verra son image de marque s'altérer au risque de perte en termes de vente et de chiffre d'affaires.
Sur le plan pénal, le délit de fraude mettant en danger la vie d'autrui est sanctionnée par le code de la consommation (article L 221.1) comme par le code pénal.

A Les mesures préventives

Face à des risques de contamination de plus en plus présents, les unités commerciales doivent être particulièrement vigilantes et mettre en place les mesures préventives suivantes qui s'imposent en matière d'hygiène et de sécurité liées aux produits :

- **former le personnel** sur les règles en matière d'hygiène et de sécurité ;
- **nettoyer et désinfecter** : pour éliminer les souillures visibles présentes sur une surface. La désinfection consiste à détruire la flore microbienne ou à la ramener à un niveau convenable ;
- **mettre en place un système de traçabilité** pour pouvoir procéder à des retraits ciblés et rapides en cas de crise. On connaît ainsi le chemin parcouru par le produit depuis sa production jusqu'à sa commercialisation.
- **mettre en place des procédures de retrait et de rappel** en cas de détection d'une anomalie en le signalant aux services publics si des produits ont déjà été vendus ;
- **respecter la chaîne de froid** pour les produits frais et congelés. Les consignes de température sont les suivants : poissons, crustacés sont placés à une température comprise entre 0 et 2 °C, les viandes cuites ou crues à 4 °C, les produits laitiers à 8° maximum... De même il est primordial de limiter les temps de transport durant l'acheminement du produit ;
- **respecter les dates de consommation** par un contrôle rigoureux et quotidien :
  - **la date limite de consommation (DLC**) : au-delà de cette date, la vente est interdite et le consommateur prend des risques pour sa santé. Les unités commerciales doivent donc avoir retiré les produits de la vente au maximum la veille à minuit de la date de péremption,
  - **la date limite d'utilisation optimale (DLUO**) s'applique aux produits qui ne conservent leurs propriétés que dans des conditions particulières. Au-delà de cette date, il n'y a pas de sanctions si le produit est en vente ; il risque juste de ne pas avoir la même saveur.

(B) *L'hygiène appliquée par le personnel*

Le personnel doit respecter un certain nombre de règles d'hygiène en adoptant une tenue vestimentaire et une hygiène corporelle conformes aux exigences de l'unité. Les membres du personnel qui sont affectés dans les rayons alimentaires doivent :

- **porter** certains éléments particuliers de protection : bottes, blouse, gants propres, coiffe, callot. Ils doivent réserver ces accessoires vestimentaires uniquement pour la manipulation des produits ;
- **maintenir** tout au long de la journée une hygiène corporelle parfaite : changer régulièrement les gants et la blouse, laver et désinfecter régulièrement les mains ;
- **vérifier** le coupant des outils ;
- **nettoyer** et désinfecter régulièrement les ustensiles avec des produits adaptés et autorisés ;
- **utiliser** un couteau différent pour chaque famille de produits.

MOTS PROFESSIONNELS

CHST • DLC • DLUO • Prévention des risques • Risques • Traçabilité

CE QUE JE SAIS FAIRE

- Identifier les risques liés aux locaux.
- Mettre en place les mesures préventives.
- Repérer les risques alimentaires.
- Mettre en place les mesures préventives en matière de produits alimentaires.
- Respecter les règles d'hygiène à appliquer par le personnel.

exercices

4.1 *Vérifiez vos connaissances*

Exercice Démêlez le vrai du faux

Entourez ou surlignez le symbole qui correspond à votre réponse et apportez, en cas de réponse négative, le correctif utile.

1) La connaissance de son environnement géographique permet à l'unité de s'adapter.	☺	☹
2) Les courbes isométriques se déterminent en fonction du temps de déplacement en voiture vers l'unité.	☺	☹
3) La délimitation de la zone de chalandise peut se faire à partir du recensement des codes postaux des clients.	☺	☹
4) Le chiffre d'affaires prévisionnel d'une unité est égal au marché théorique + le marché détenu par la concurrence.	☺	☹
5) La mise en place d'une tête de gondole permet de dégager de la marge.	☺	☹
6) Le volume des quantités vendues indique l'attrait de la clientèle pour le type d'action proposé.	☺	☹
7) Dégager les espaces de circulation dans un entrepôt ou sur la surface de vente constitue un moyen de prévention des accidents professionnels.	☺	☹
8) L'hygiène du rayon s'applique uniquement aux matériels et aux produits.	☺	☹
9) Le nettoyage du matériel doit être effectué avec des produits adaptés et autorisés.	☺	☹
10) La DLC est la date à partir de laquelle le produit perd une partie de ses qualités nutritives et gustatives.	☺	☹

4.2 *Mettez en application*

Exercice 1 L'attractivité de l'unité commerciale

Travail à faire

A) Commentez, sur l'annexe, à partir des documents 1 et 2, les caractéristiques essentielles de la zone de chalandise du magasin TRUFFAUT La Rochelle – Beaulieu.

B) Indiquez l'originalité géographique de cette zone.

Document 1 : Zone de chalandise du magasin Truffaut La Rochelle – Beaulieu

ZONES	CONCURRENTS						
	Leroy Merlin	Carrefour BEAULIEU	Pépinières ROBIN	Pépinières ROUBERTY	Carrefour ANGOULINS	Bricomarché	Marais fleuri
A	X	X					
B			X	X	X		
C						X	X

Il n'existe pas de concurrent direct sur la zone de chalandise du magasin TRUFFAUT La Rochelle-Beaulieu.

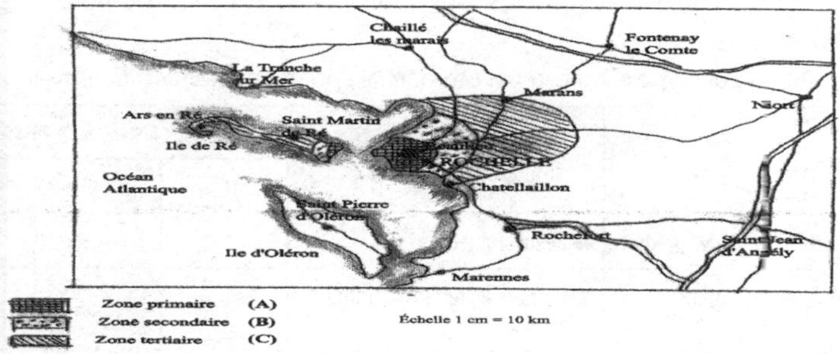

Document 2 : Implantation géographique du magasin Truffaut La Rochelle – Beaulieu

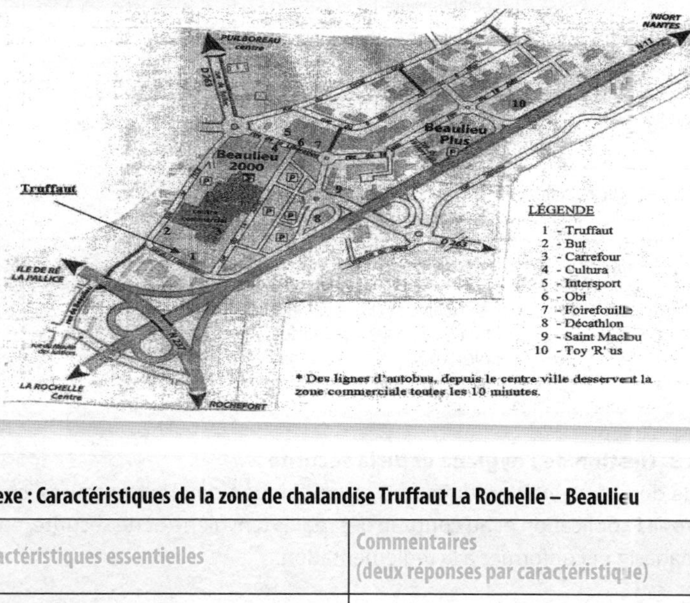

Annexe : Caractéristiques de la zone de chalandise Truffaut La Rochelle – Beaulieu

Caractéristiques essentielles	Commentaires (deux réponses par caractéristique)
Étendue de la zone	
Infrastructures, accès	
Pôle d'attractivité	
Concurrence	

Exercice 2 La mesure des indicateurs d'une action ponctuelle

A) Mettez en parallèle les numéros des indicateurs avec les numéros des ratios correspondants.

B) Déterminez à quel type d'indicateur commercial appartiennent les différents indicateurs.

Indicateurs	Ratios	Type d'indicateur commercial *		
		stock	CA	rentabilité
① Taux de rotation des produits	❶ Réalisé/objectif			
② Taux de transformation	❷ Nombre de retours/nombre d'envois × 100			
③ Indice de réalisation	❸ Quantités vendues/stock moyen			
④ Taux de marge	❹ Nombre de passages en caisse/ nombre de clients entrés dans le point de vente			
⑤ Taux de démarque	❺ Marge dégagée par l'action/ CAHT × 100			
⑥ Taux d'évolution	❻ Montant de la réduction de prix/PVHT × 100			
⑦ Indice de fréquentation	❼ CA S2 – CA S1/CA S1 × 100 (S : semaine)			
⑧ Taux de CA encarté	❽ CA encarté/CA point de vente			
⑨ Taux de retour	❾ Nombre de clients entrés dans le point de vente/nombre de clients passés devant l'action			

* Cochez la case correspondante

Exercice 3 Gestion de l'hygiène et de la sécurité

Le chef de département « produits frais », vous charge de prendre toutes les mesures nécessaires à l'application et au contrôle des règles d'hygiène et de sécurité, en vigueur dans le magasin et conformes à la réglementation.

Travail à faire

A) Relevez sur l'annexe, à partir du document et de vos connaissances, quatre causes possibles d'accident puis dégager pour chaque cause, une mesure de prévention adaptée.

B) Proposez, à l'aide de vos connaissances, trois autres risques auxquels les clients peuvent être exposés.

Document : Les accidents en magasin

« Accidents dits de circulation »

Chutes sur sols glissants, noyaux de cerise, etc.

Exemple : Dans un hypermarché, une cliente fait une chute violente sur un sol encore humide suite au passage d'un engin de nettoyage.

Elle est encore invalide, avec des broches, un haubanage et un cerclage dans le genou.

« Utilisation de moyens de manutention »

Chariots, transpalettes, échelle

Exemple : Dans une grande surface culturelle, à la sortie d'un ascenseur, un petit garçon et sa maman s'arrêtent près d'une étagère pour laisser passer un chariot rempli de livres. L'enfant tourne la tête et son œil gauche est perforé par l'étagère métallique située sur sa gauche. Depuis, il a subi trois interventions chirurgicales.

« Objets mécaniques tranchants »

Matériel d'outillage et de jardinage, tiges non protégées, dysfonctionnement de portes automatiques

Exemple : Dans une grande surface de bricolage, un enfant se blesse en heurtant, au niveau du larynx, le tableau coulissant d'un clavier informatique d'un point « Accueil Information ». La direction nationale envoie aussitôt une note à l'ensemble de son réseau rappelant notamment que chaque tablette doit être remise en position interne après usage.

« Basculement de produits lourds »

Exemple : Dans une jardinerie (rayon, aquarium), une plaque de verre de 1 kg, située à 1,5 mètre du sol, tombe à deux mètres d'un garçonnet sans le blesser. Le directeur de ce magasin décide de placer ce type d'articles à un niveau plus bas.

D'après securiteconso.org

Annexe : Tableau des risques d'accident en magasin

Principales causes	Mesures de prévention les plus adaptées

4.3 *Passez le bac*

Exercice 1 La mesure de l'attractivité du magasin

Le directeur d'une unité AUCHAN, soucieux de toujours mieux satisfaire sa clientèle, a fait réaliser par un organisme indépendant une enquête auprès de la clientèle du point de vente. Il vous charge de l'étude des résultats afin d'identifier le profil type du client du magasin ainsi que ses attentes. Après avoir constaté les éléments les plus importants de votre zone de chalandise, vous envisagez les incidences pour le magasin.

Travail à faire

A) Complétez le tableau d'analyse de l'enquête en annexe, à partir du document et de vos connaissances.

Conseil

Pour établir le profil type de la clientèle, (voir **Cours 13**), pour la fidélisation (voir **Cours 23**).

Document : Comprendre la typologie des foyers de la zone de chalandise

Population 2005	55 017	**Évolution de la population locale 2000-2005**	3,20	**Évolution nationale de la population 2000-2005**	0,00
Nombre de ménages	23 089	**Évolution locale du nombre de ménage 2000-2005**	8,9	**Évolution nationale du nombre de ménages 2000-2005**	0,50

Âge	Âge de la population	
	En nombre	En %
– 14 ans	9 683	17,50
14-19 ans	3 631	6,60
20-24 ans	3 136	5,70
25-34 ans	6 987	12,70
35-44 ans	7 537	13,70
45-54 ans	5 172	9,40
55-64 ans	6 877	12,50
65-74 ans	5 997	10,90
75 ans et plus	5 997	10,90
Total	55 017	100,00

CSP	CSP chef de famille	
	En nombre	En %
Agriculteurs	1 085	4,70
Artisans commerçants	1 524	6,60
Professions intermédiaires	1 847	8,00
Employés	1 131	4,90
Ouvriers	6 027	26,10
Retraités	9 513	41,20
Inactifs	1 108	4,80
Professions libérales	854	3,70
Total	23 089	100,00

	Composition du foyer	
	En nombre	En %
Personne seule	3 441	27,90
Couple sans enfant	9 566	37,10
Couple un enfant	3 256	14,10
Couple deux enfants	3 117	13,50
Couple trois enfants et plus	3 709	7,40
Total	23 089	100,00

Type	Type d'habitat	
	En nombre	En %
Individuel	21 288	92,20
Collectif	1 801	7,80
Propriétaire	14 292	61,90
Locataire	7 250	31,40
Logement à titre gratuit	1 547	6,70
Résidence secondaire	6 465	28,00

Rayons	IDC de la zone France	Marché théorique en milliers d'euros
Épicerie salée	104	14 170
Épicerie sucrée	103	20 240
Liquide	97	23 960
Produits d'entretien	104	9 106
Parfumerie	95	8 260
Crémerie	105	14 750
Fromage	116	10 900
Charcuterie libre service	93	13 750
Charcuterie stand	95	7 390
Surgelés	89	5 200
Poissonnerie	108	6 040
Boucherie	103	14 405
Fruits et légumes	94	11 840
Boulangerie et pâtisserie préemballée	82	425
Textile	89	9 880
Bricolage	110	27 205
Jardin	121	8 650
Sport	90	10 010
Librairie disques	89	7 480
Jouets – Plein air	78	5 300
Son	98	7 860
Électroménager	90	8 855
Meubles et luminaires	90	2 775

*L'indice de consommation pour la zone du magasin est de 104 quand il est de 100 pour la France. La consommation de la zone pour ce rayon est donc plus importante que la consommation nationale.

Type de commerce	La structure de la concurrence	
	Nombre de m²	Nombre de magasins
Hypermarchés	4 700	1
Supermarchés	13 875	8
Hard Discount	4 700	3

Magasins nominatifs	Nombre de m²
Auchan	6 000
Leclerc	4 700
Intermarché Gien	1 800
Super U Saint Père	2 100
Intermarché Briare	2 400
Intermarché Pouly	12 00
Champion Gien	975
Champion Briare	2 400
Super U Bonny	1 500
Leader Price Sully	1 200
Aldi	1 700
Lidl	1 800

Magasin principal et taux de possession de la carte Auchan

« Auchan est-il le magasin dans lequel vous dépensez le plus par mois ? »

	% nov 2004	% mars 2005	% nov 2005
Oui	70,6	68,0	64,8

Possédez-vous la carte Auchan ?

	% nov 2004	% mars 2005	% nov 2005
Oui	71,5	64,9	80,0

Annexe : Mesure de l'attractivité du magasin

Thèmes d'analyse	Constat	Analyse (incidences sur le magasin)
Évolution de la population locale	(Une réponse attendue)	(Une réponse attendue)
Profil type de la clientèle	(Une réponse attendue)	(Une réponse attendue)
Type d'habitat	(Une réponse attendue)	(Une réponse attendue)
Structures de la concurrence et axes de la communication	(Une réponse attendue)	Axe de communication à développer - - (Deux réponses attendues)

Thèmes d'analyse	Constat	Analyse (incidences sur le magasin)
Fidélisation de la clientèle et action à mener	(Une réponse attendue)	**Actions à mener** - - - - - (Cinq réponses attendues)

Exercice 2 La sécurité dans le point de vente

Le directeur d'une unité Mr Bricolage souhaite vous sensibiliser tout particulièrement à la sécurité dans son magasin. En effet, le directeur est civilement et pénalement responsable du respect des obligations générales de sécurité dans son point de vente.

Dans un magasin de bricolage, les risques sont accrus du fait des produits vendus. De ce fait, le directeur est très attaché à la sécurité des personnes, clients ou personnels.

Afin de tester vos connaissances, le directeur, vous demande de circuler dans la surface de vente où il a créé des situations qui mettent en danger la sécurité des personnes.

Travail à faire

A) Indiquez, sur l'annexe, à partir du document et de vos connaissances :
- les problèmes que vous avez repérés en magasin ;
- les risques encourus par les personnes ;
- les mesures immédiates à mettre en place pour remédier aux dysfonctionnements.

Document : Situations à risques créées en magasin par le directeur (formation du personnel à la prévention des risques)

N°1 ⇨

N°2 ⇨

N°3 ⇨

N°4 ⇨

N°5 ⇨

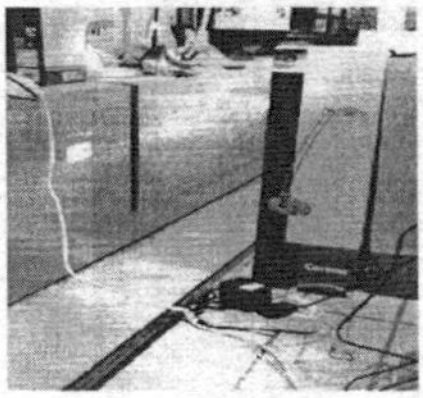

N°6 ⇨

Annexe : Analyse des situations à risques

Situations	Problèmes repérés en magasin	Risques encourus par les personnes	Les mesures immédiates à mettre en place
1			
2			
3			
4			
5			
6			

4.1 *Vérifiez vos connaissances*

Exercice Démêlez le vrai du faux

1) ☺

2) ☹ Il s'agit des courbes isochrones, les courbes isométriques se déterminent en fonction de la distance parcourue à pied.

3) ☺

4) ☹ Le marché disponible d'une unité est égal au marché théorique – le marché détenu par la concurrence.

5) ☹ Cela permet essentiellement d'augmenter le volume des ventes et de diminuer les stocks.

6) ☺

7) ☺

8) ☹ L'hygiène du rayon s'applique aussi au personnel.

9) ☺

10) ☹ Il s'agit de la DLUO.

4.2 Mettez en application

Exercice 1 L'attractivité de l'unité commerciale

A) Analyse de la zone de chalandise du magasin TRUFFAUT La Rochelle – Beaulieu.

Annexe : Caractéristiques de la zone de chalandise Truffaut La Rochelle – Beaulieu

Caractéristiques essentielles	Commentaires
Étendue de la zone	- Zone importante qui s'étend dans un rayon de 30 kilomètres environ. - Zone qui se prolonge sur l'île de Ré.
Infrastructure, accès	- À proximité de la nationale 237. - L'accès routier est direct, la zone commerciale dans laquelle se trouve le magasin Truffaut est située à proximité de deux axes majeurs (Nantes, Niort et Rochefort, Bordeaux) - Les lignes d'autobus desservent la zone de Beaulieu.
Pôle d'attractivité	- Nombreux pôles d'attractivité sur la zone. - Proximité immédiate de Carrefour et de GSS telles que Leroy Merlin, Cultura, Décathlon. - Attractivité par des points de ventes tels Darty, Conforama, Gifi, Toy'sR'us.
Concurrence	- Aucun concurrent direct sur la zone de chalandise. - Concurrence indirecte sur les zones primaires et secondaires.

B) Originalité géographique de cette zone :

- zone délimitée géographiquement par la mer ;
- les zones primaire, secondaire et tertiaire situées dans l'île de Ré sont séparées par la mer.

Exercice 2 La mesure des indicateurs d'une action ponctuelle

Mise en parallèle des numéros des indicateurs avec les numéros des ratios correspondants et identification des indicateurs.

①❸ : stock – ②❹ : CA – ③❶ : CA – ④❺ : rentabilité – ⑤❻ : rentabilité – ⑥❼ : CA – ⑦❾ : CA – ⑧❽ : CA – ⑨❷ : rentabilité

Exercice 3 Gestion de l'hygiène et de la sécurité

A) Relevé de quatre causes possibles d'accident, proposition pour chaque cause d'une mesure de prévention adaptée.

B) Proposition de trois autres risques auxquels les clients peuvent être exposés.

Annexe : Tableau des risques d'accident en magasin

Principales causes (2 points)	Mesures de prévention les plus adaptées (2 points)
Chute sur sol humide suite au passage d'un engin de nettoyage...	Éviter de nettoyer et passer les engins de lavage pendant l'ouverture, sauf si cela présente un caractère urgent. Prévenir par un panneau : « Attention, sol glissant ».
Encombrement des allées (passage de chariots).	LA circulation avec chariot ou transpalette ne doit pas se faire dans la journée et aux heures d'affluence de la clientèle, autant que possible. Le « rempotage » est à éviter aux heures d'ouverture. Les allées doivent être dégagées et aucun objet ne doit entraver la circulation des clients.
Accidents dus à des matériels tranchants (matériels d'outillage, de jardinage non protégés) ou autres matériels tels que tiges porte-chaussures, plantes piquantes en rayon (cactus...)	Utiliser des protections ou placer à hauteur d'homme les objets tranchants tels que les accessoires de jardinage, outils...
Basculement ou chute de produits ou d'objets lourds et en hauteur (plaques de verre...).	Éviter de placer les objets lourds et encombrants en hauteur ou utiliser d'autres systèmes de rangement et de présentation au public que des linéaires à plus de 1,50 m du sol.

4.3 *Passez le bac*

Exercice 1 La mesure de l'attractivité du magasin

A) Analyse de la zone de chalandise

Annexe : Mesure de l'attractivité du magasin

Thèmes d'analyse	Constat	Analyse (incidences sur le magasin)
Évolution de la population locale	La population locale s'est accrue de 3,2 % et le nombre de ménages de 8,9 % soit plus que la France où l'évolution est quasi-nulle. (Une réponse attendue)	Ceci engendre donc pour le magasin des perspectives positives d'accroissement du chiffre d'affaires et à dû être un élément déterminant dans la décision d'accroissement la surface de vente préalablement étudiée en partie 1. (Une réponse attendue)

corrigés

Thèmes d'analyse	Constat	Analyse (incidences sur le magasin)
Profil type de la clientèle	On constate que 24,2 % (17,6 + 6,60) de la clientèle n'a pas encore 20 ans et que 34,3 % (12,50 + 10,90 + 10,90) de la clientèle a plus de 55 ans. ou Forte présence des retraités (41,6 %) ou Composition du foyer : beaucoup de couples sans enfants et de personnes seules.	Le faible taux des moins de 20 ans et le fort taux des plus de 55 ans peuvent expliquer l'IDC peu élevé du textile (89). Cela peut expliquer l'IDC élevé du jardinage (121) Cela peut expliquer le faible IDC du rayon jouet – plein air (78).
Type d'habitat	Un habitat très fortement individuel (92,20 %). La clientèle est propriétaire pour plus de 61,90 % avec un poids important des résidences secondaires. (Une réponse attendue)	Les rayons bricolage et jardinage sont fortement développés avec un IDC de 110 et 121. Pouvoir d'achat probablement plus élevé que dans d'autres zones. (Une réponse attendue
Structure de la concurrence	- Un seul hypermarché - Huit supermarchés - Trois hard-discounters (Une réponse attendue)	**Axe de communication à développer :** Communiquer sur le choix que n'offrent pas les supermarchés et les hard-discounters (profondeur de gamme). Communiquer sur la qualité des produits que n'offrent pas les hard-discounters. Communiquer sur la disponibilité du personnel que n'offrent pas les hard-discounters. (Deux réponses attendues)
Fidélisation de la clientèle et actions à mener	La clientèle reconnaît dépenser moins dans le magasin mais les possesseurs de la carte Auchan sont plus nombreux. (Une réponse attendue)	**Actions à mener :** - animations - promotion - coupons de réduction - bons d'achat - jeux, concours - invitation personne célèbre - démonstration - dégustation - vente-flash avec animation - offres ciblées pour les possesseurs de la carte. (Cinq réponses attendues)

corrigés

Exercice 2 La sécurité dans le point de vente

A) Identification des problèmes repérés en magasin, des risques encourus par les personnes et prise de mesures immédiates pour remédier aux dysfonctionnements.

Annexe : Analyse des situations à risques

Situations	Problèmes repérés en magasin	Risques encourus par les personnes	Les mesures immédiates à mettre en place
1	Les tiges ne possèdent pas de protection et sont à hauteur des enfants. ou Encombrement de l'allée.	Blessures Blessures aux yeux	Poser immédiatement des protections au bout des tiges, utiliser des tiges avec retour ou retirer les objets.
2	Du ciment à carrelage s'est répandu sur le sol.	Glissades et chutes.	Retirer le sac ouvert et nettoyer le sol.
3	Un rouleau de moquette gène le passage de l'issue de secours.	Mauvais accès des clients et du personnel à l'issue de secours en cas de besoin.	Les issues de secours doivent toujours être dégagées.
4	Un escabeau est resté au milieu du rayon luminaire.	Chute d'un client et d'un enfant.	Le retirer afin qu'il ne soit plus accessible aux clients et le signaler au personnel afin que cela ne se reproduise plus.
5	Prise et fils électriques au sol au milieu du rayon luminaires.	Électrocution d'un enfant ou chute dans les fils.	Camoufler tous les fils électriques et les prises afin qu'ils ne soient pas accessibles à la clientèle.
6	Objet dangereux (scie) laissé à la portée des clients.	Blessures.	Mettre hors de portée des enfants les objets coupants.

13

La clientèle

Le point de vente doit pouvoir repérer ses différentes clientèles, pour être en mesure de proposer une offre cohérente en matière de produits, services, prix et communication à chaque type de clientèle identifié.

1 La connaissance de la clientèle

A La segmentation

La segmentation est une méthode d'analyse de la clientèle qui permet de constituer des groupes homogènes de clients en fonction de critères communs.

Chaque segment constitue une cible pour le point de vente et fait l'objet d'une approche différente en termes de communication.

Les différents critères de segmentation sont les suivants :

- **sociodémographiques :** sexe, âge, situation familiale, taille du foyer, type d'habitat, PCS…
- **géographiques :** pays, région, zone de chalandise…
- **économiques :** revenu, volume d'achat, panier d'achat…
- **comportementaux :** habitudes, attitudes, fréquence d'achat…
- **personnels :** style de vie, personnalité…

Exemple

Segment de clientèle pour le secteur du prêt-à-porter masculin → homme urbain actif 18/25 ans qui dépense en moyenne 200 euros dans le secteur de l'habillement.

B Le profil type de clientèle

Dégager le profil type de la clientèle d'un point de vente, c'est faire ressortir, à partir de l'analyse de **critères objectifs** (âge, sexe, situation familiale, taille du foyer, profession et catégorie sociale, revenus, lieu d'habitation, type d'habitat, loisirs), le type de clientèle dominant.

C'est un outil de connaissance de la clientèle qui s'établit à partir des résultats d'enquête, des formulaires de demande de carte de fidélité et/ou de paiement.

Ⓒ Les typologies de clientèle

Typologies	Caractéristiques		
Clientèle actuelle	Clients qui fréquentent de façon plus ou moins assidue le point de vente.	⊃	PORTEFEUILLE DE CLIENTÈLES DU POINT DE VENTE
Clientèle potentielle	Clients qui ne fréquentent pas encore le point de vente, mais qui sont susceptibles de le fréquenter.		
Clientèle fidèle	Clients qui fréquentent de façon régulière le point de vente.		
Clientèle occasionnelle	Clients qui fréquentent de façon irrégulière un point de vente.		
Clientèle temporaire	Clients de passage, qui fréquentent pendant une période déterminée le point de vente *(ex. : clientèle de vacanciers)*.		

2 Le comportement d'achat

Le comportement d'achat correspond aux différentes étapes suivies par un client pour décider d'acheter un produit ou un service.

Ⓐ Les habitudes d'achat

Elles correspondent au comportement régulier de l'acheteur en termes de fréquence et de lieux d'achat.

La fréquence de fréquentation : mesure le nombre de visites du client dans une unité commerciale.

Les lieux d'achat : types de points de vente fréquentés par un client pour l'achat d'un produit donné.

La fréquence d'achat : mesure le nombre d'achats d'un produit pendant une période déterminée.

Les circonstances d'achat : elles correspondent aux conditions dans lesquelles le client effectue l'achat d'un produit lié à une autre occasion d'achat, seul ou accompagné.

Ⓑ Les attitudes d'achat

Elles correspondent à l'ensemble des réactions positives ou négatives d'un client à l'égard d'un produit, d'une enseigne, d'une unité commerciale.
Elles peuvent être d'ordre :

Affectives : attachement de nature émotionnelle d'un client à un point de vente (assortiment, prix, accueil, services...).

Cognitives : l'utilisation de l'expérience du client, de celle de son entourage ou de la communication de l'enseigne qui vont l'inciter à fréquenter l'unité commerciale.

Conatives : traduction de la spontanéité du client dans l'acte d'achat (achat impulsif ou réfléchi, habituel ou automatique).

(C) *Les motivations et les freins*

Ils correspondent aux critères qui vont inciter le client à fréquenter un point de vente. La perception positive ou négative de ces critères sera favorable ou défavorable pour l'unité commerciale.

La proximité : distance qui sépare le domicile ou le lieu de travail du client du point de vente.

L'attraction : attirance exercée par un point de vente en raison de sa notoriété.

La commodité : confort d'achat (parking, voies de communication, services…) qui va inciter le client à fréquenter le point de vente.

3 *L'adaptation de l'unité commerciale à sa clientèle*

L'unité commerciale a identifié les différentes composantes du comportement d'achat de sa clientèle. Elle doit s'adapter à sa clientèle, par :

- **son assortiment :** structurer l'offre de produits et de services ;
- **ses prix :** sélectionner un niveau de prix acceptable ;
- **son cadre de vente :** envisager un espace extérieur et intérieur adapté ;
- **sa communication :** choisir des actions adaptées.

MOTS PROFESSIONNELS

Frein d'achat. Motivation. Style de vie. Typologie

Voir Lexique dans les pages Mémos.

CE QUE JE SAIS FAIRE

- Identifier les segments de clientèle d'une unité commerciale.
- Établir un profil de clientèle.
- Repérer les différentes clientèles qui fréquentent l'unité commerciale.
- Définir les différentes composantes du comportement d'achat.

14

L'offre commerciale

L'offre de l'unité commerciale est composée des produits et services distribués. Elle doit être en constante évolution pour répondre à trois objectifs prioritaires :
– répondre aux besoins de la clientèle de la zone de chalandise ;
– fidéliser et capter de nouveaux clients ;
– se démarquer de la concurrence ;
– atteindre ses objectifs de chiffre d'affaires et de marge pour rentabiliser sa surface de vente.
L'offre commerciale doit être commercialisée avec des méthodes et techniques de vente adaptées.

1 La politique de produit

A Les caractères de l'assortiment

La dimension de l'assortiment dépend de la taille du point de vente ou du rayon et de son degré de spécialisation. Les éléments qui permettent de caractériser l'assortiment sont :

Caractères	Caractérisation de l'assortiment	Types de point de vente
L'ampleur	**ample** : nombreux **groupes de produits** et de besoins satisfaits.	Hypermarché *Carrefour*
	restreint : peu de **groupes de produits** ou de besoins satisfaits.	Grande Surface Spécialisée *Castorama*
La largeur	**large** : nombre important de **familles de produits**.	Grand magasin *BHV*
	étroit : nombre limité de **familles de produits**.	Supérette *Petit Casino*
La profondeur	**profond** : nombreuses **références** par famille de produits.	Grande Surface Spécialisée *Picard*
	superficiel : peu de **références** par famille de produits.	Supermarché *Carrefour Market*

(B) La structure de l'assortiment

Elle s'établit en fonction du positionnement du point de vente à l'intérieur de sa zone de chalandise. Elle s'articule autour des éléments suivants :

Gamme de produits ⇨ c'est la **cohérence** de l'assortiment : produit bas de gamme, moyen de gamme, haut de gamme.

Complémentarité ⇨ c'est l'**unité** de l'assortiment : produits liés par l'utilisation ou la consommation.

Marques ⇨ c'est l'**équilibre** de l'assortiment : premier prix, niveau intermédiaire ou élevé.

Prix ⇨ c'est l'**image** de l'assortiment : marques de producteurs (nationales, régionales ou locales) ; marques de distributeurs (marques d'enseigne ou marques propres) ; sans marque.

2 La politique de services

(A) Les différentes catégories de services

Catégories de services	Caractéristiques	Exemples
Service de base ou service principal	Il correspond à la mission principale de l'unité commerciale.	– mise à disposition des produits auprès des clients.
Services liés ou facilitateurs	Services périphériques qui complètent le service de base : ils sont souvent indispensables à la prestation du service principal, car ils contribuent à satisfaire le client.	– proposition d'une carte privative de paiement ; – stationnement gratuit ; – retouches.
Services complémentaires ou différenciateurs	Ce sont des services périphériques qui ne sont pas indispensables à la réalisation du service principal. Ce sont des « plus » qui apportent une valeur ajoutée au service de base.	– garderie d'enfants ; – livraison à domicile ; – offre de boissons ; – espace de repos ; – assistance téléphonique ; – site internet.

Remarque : Certains de ces services peuvent être rendus d'autres vendus.

(B) La structure de l'offre de services de l'unité commerciale

L'offre de services de l'unité commerciale doit être structurée sous forme d'une solution globale destinée à résoudre les problèmes du client. Elle peut être organisée en fonction :

- **d'une problématique commerciale** :
  - services liés aux produits : faciliter **l'achat** (livraison…) ;
  - services liés aux prix : faciliter **le financement** (crédit…) ;
  - services liés aux clients : faciliter **le confort d'achat** (commande…) ;
- **d'une problématique client :**
  - services gain de temps : **économiser** du temps (caisse rapide…) ;
  - services informations : **rassurer** le client (tests comparatifs…) ;

- services confort d'achat : **considérer** le client (accueil personnalisé…) ;
- services après la vente : **offrir** des garanties (installation…).

3 Les différentes méthodes et techniques de vente

Méthodes de vente	Techniques de vente	Caractéristiques
Vente de contact	assistée	Le degré de prise en charge du vendeur peut être plus ou moins important en fonction du besoin d'assistance du client *(produits techniques, de luxe, magasins spécialisés)*.
	télévente	Le télévendeur contacte le client pour lui faire une proposition commerciale *(équipement de la maison)*.
	par réunion (par cercle)	L'ambassadeur fait une démonstration auprès d'un groupe de clients potentiels, qu'une cliente actuelle a invité à son domicile *(bien-être, habillement de la personne)*.
Vente visuelle	libre service	Le client choisit et se sert seul sans l'intervention du vendeur. Le seul contact a lieu au moment de l'encaissement *(produits de consommation courante vendus dans les GMS et GSS)*.
	libre service assisté	Le degré d'intervention du vendeur se limite le plus souvent à servir le client *(rayons à services des grandes surfaces)*.
	par automates	Le client utilise seul un appareil qui offre des produits ou des services *(confiserie, DVD …)*.
Vente à distance	vente par correspondance (VPC)	Le client : sélectionne seul ses produits sur un catalogue virtuel ou papier et passe commande par Internet, téléphone ou courrier ; il est livré à domicile.
	@ électronique	Le client sélectionne seul ses produits sur un catalogue virtuel ou papier et passe commande par Internet, téléphone ou courrier ; il est livré à domicile.

MOTS PROFESSIONNELS

Assortiment. E-commerce. Méthode de vente. Service. Services périphériques. Services rendus. Services vendus. Structure de l'assortiment. Technique de vente

Voir Lexique dans les pages Mémos.

CE QUE JE SAIS FAIRE

- Caractériser l'assortiment d'un point de vente.
- Identifier la politique de services mise en place par une enseigne.
- Repérer les méthodes et techniques de vente utilisées dans un point de vente adaptées aux attentes de la clientèle et aux contraintes de l'enseigne et des produits.

15

Le positionnement de l'unité commerciale

L'unité commerciale doit se situer par rapport à ses concurrents sur sa zone de chalandise. Elle doit étudier la concurrence locale pour définir une politique commerciale en réaction à un marché concurrentiel pour se maintenir et se développer. Cette politique préalablement définie se traduit en objectifs opérationnels dans le cadre d'un plan de marchéage. Cette politique doit évoluer et s'inscrire dans une stratégie mercatique fixée à long terme par l'unité commerciale.

1 La politique de l'unité commerciale

A L'étude de la concurrence

Étude	Informations à recueillir	Sources d'informations
Repérage géographique[1]	Lieu d'implantation et distance par rapport au point de vente.	• observation de la zone de chalandise.
Recensement[1]	Nombre de concurrents présents dans la zone de chalandise.	• annuaire électronique, • observation terrain.
Produits et services[2]	Identification du type : • de produits : marque, niveaux de gamme ; • de services : importance de l'offre ; • d'assortiment : généraliste, spécialiste ; • de concurrence : directe ou indirecte.	• site Internet ; • catalogue ; • publicité ; • observation terrain.
Prix[2]	• niveaux de prix ; • politique promotionnelle.	• relevés de prix (terrain/Internet) ; • supports publicitaires.
Distribution[2]	Identification : • du type de point de vente : traditionnel… ; • de la forme de commerce : indépendant, en réseau commercial ; • des méthodes de vente : de contact, visuelle, à distance.	• site Internet ; • observation terrain.
Communication[2]	Intensité de la communication publicitaire.	• supports publicitaires.
Positionnement	Forces et faiblesses de chacun des concurrents repérés, par rapport à l'unité commerciale.	• étude comparative des informations recueillies.

1. Étude quantitative. 2. Étude qualitative.

Ⓑ Le plan de marchéage (plan mercatique)

Plan de marchéage	Composantes du plan de marchéage	Caractères de l'image
Produits/ services	• **L'assortiment** : gammes de produits proposés. • **L'offre de services**, élément de différenciation de l'unité par rapport à ses concurrents.	Le **type** de l'unité (magasin spécialisé, généraliste...). La **qualité** et la **fiabilité** de l'unité.
Prix	• Les choix stratégiques en matière de **niveaux de prix** (haut, moyen, bas de gamme).	La **politique de prix et de marge** de l'unité commerciale.
Vente/ marchandisage	• **L'enseigne** : le nom commercial et le logo.	L'**identification et notoriété** de l'unité.
	• **L'aménagement** (vitrine, décoration...).	Le **style** de l'unité.
	• **Les méthodes de vente** utilisées (vente de contact, visuelle, à distance).	L'existence ou non d'un **conseil** apporté au client.
	• L'ensemble du **personnel de vente.**	La **compétence** du personnel.
Communication/ promotion	• Les **messages publicitaires** diffusés : - par les médias (ex. : la presse) ; - hors média (ex. : le catalogue).	Le **mode de communication** de l'unité.
	• L'importance et la fréquence des **actions promotionnelles.**	La **différence** de l'unité par rapport à ses concurrents.

À SAVOIR
Le plan mercatique permet à l'unité commerciale de définir son positionnement sur son marché local et de construire son image.

2 Les stratégies mercatiques de l'unité commerciale

Ⓐ Les stratégies liées aux segments de clientèle

La stratégie différenciée : l'unité commerciale va s'adresser à plusieurs segments et proposer à chacun d'eux un plan de marchéage spécifique.

La stratégie indifférenciée : cette stratégie vise à ignorer la segmentation et à appliquer le même plan de marchéage à tous les segments.

La stratégie concentrée : il s'agit de cibler un très petit nombre de segments et proposer à chacun d'eux un plan de marchéage parfaitement adapté à leurs attentes.

Ⓑ Les stratégies liées aux produits

La stratégie d'innovation : la politique de produit va être axée sur la commercialisation de nouveaux produits.

La stratégie d'imitation : l'unité commerciale applique la même politique d'assortiment que son ou ses concurrents.

La stratégie de spécialisation : une seule gamme spécialisée de produits est distribuée par le point de vente.

Ⓒ *Les stratégies liées aux prix*

La stratégie de pénétration : la politique de prix consiste à proposer les prix les plus bas.

La stratégie d'alignement : les prix vont être alignés sur ceux de la concurrence.

La stratégie d'écrémage : une politique de prix élevés est pratiquée.

À SAVOIR

L'unité commerciale doit définir sa stratégie mercatique. Elle doit se fixer les objectifs à atteindre à long terme et déterminer les moyens nécessaires pour y parvenir.

3 *La communication commerciale locale*

Moyens	Supports
Unité commerciale	• **l'extérieur** : parking, architecture, enseigne, vitrine… • **l'intérieur** : aménagement, mobilier, présentation de l'offre… ; • **le personnel** : style vestimentaire des vendeurs, disponibilité… ; • **les attributs** : véhicule, sacs de sortie de caisse, carte de visite…
Mercatique directe	• **diffusion** de prospectus, publipostage…
Internet	• **le site de l'unité commerciale** : vitrine ou marchand.
Publicité par l'événement	• **participation** à des foires, salons, manifestations sportives…
Publicité par l'objet	• **distribution** de cadeaux à l'occasion d'événements commerciaux.
Annuaire	• **insertion** d'un encart publicitaire (papier ou électronique…).
Presse	• **publication** d'un encart publicitaire dans un journal municipal.
Documents commerciaux	• **présence** d'informations sur les tickets de caisse et sur les factures.
Téléphone	• **communication** par le biais d'un message d'accueil.

À SAVOIR

La communication commerciale locale a pour objectifs de communiquer avec la clientèle de la zone de chalandise, de valoriser l'offre et de construire l'image de l'unité commerciale. Elle contribue à donner une identité propre à l'unité quelle que soit sa forme commerciale : en réseau ou indépendante.

MOTS PROFESSIONNELS

Communication de l'unité commerciale. Concurrence directe. Concurrence indirecte. Image de l'unité. Notoriété. Plan mercatique d'une unité commerciale. Positionnement. Réseau de distribution. Site marchand. Stratégie commerciale

Voir Lexique dans les pages Mémos.

CE QUE JE SAIS FAIRE

- Étudier les concurrents de la zone de chalandise d'une unité commerciale.
- Définir les composantes d'un plan de marchéage.
- Déterminer une stratégie mercatique liée au produit, au prix et aux segments de clientèle.
- Sélectionner les moyens de communication adaptés à l'image de l'unité commerciale.

5.1 *Vérifiez vos connaissances*

Exercice 1 Démêlez le vrai du faux

Entourez ou surlignez le symbole qui correspond à votre réponse et apportez, en cas de réponse négative, le correctif utile.

1) La segmentation est une méthode qui consiste à regrouper les clients en groupes homogènes, en fonction de critères communs. ☺ ☹

2) Un segment de clientèle est constitué d'un groupe de clients ayant des caractéristiques différentes. ☺ ☹

3) Un profil type de clientèle comprend des critères objectifs et subjectifs. ☺ ☹

4) Un client occasionnel est un client qui fréquente pendant une période déterminée le point de vente. ☺ ☹

5) Un client temporaire ne peut pas être un client fidèle. ☺ ☹

6) La connaissance du comportement d'achat des clients doit permettre à l'unité commerciale d'adapter son offre commerciale. ☺ ☹

7) Le comportement d'achat correspond uniquement à l'étude des habitudes et des attitudes d'achat des clients. ☺ ☹

8) Une attitude cognitive traduit la spontanéité du client dans son acte d'achat. ☺ ☹

9) L'attraction correspond à la distance qui sépare le client de son domicile ou de son lieu de travail par rapport au point de vente. ☺ ☹

10) La segmentation de la clientèle est un outil destiné uniquement à l'adaptation de l'assortiment du point de vente. ☺ ☹

Exercice 2

Caractérisez l'assortiment des types de points de vente suivants, en justifiant vos réponses.

1) Hypermarché *(Cora)*. **2)** Supermarché *(Intermarché)*. **3)** Supérette *(8 à huit)*. **4)** G.S.S. *(La Halle aux chaussures)*. **5)** Grand magasin *(Printemps)*. **6)** Boutique *(Vélo libre)*.

5.2 *Mettez en application*

Exercice 1

Caractérisez la clientèle d'une unité commerciale, à partir des résultats d'une enquête réalisée dans un point de vente de prêt-à-porter masculin.

Identification	PCS	Composition du ménage	Zone de résidence
- femme : 35 %	- ouvriers : 10 %	- 1 personne : 35 %	- ville d'implantation du magasin : 85 %
- homme : 65 %	- employés : 20 %	- 2 personnes : 30 %	- villes limitrophes : 15 %
- 15-25 ans : 20 %	- cadres moyens : 35 %	- 3 personnes : 20 %	
- 26-35 ans : 35 %	- cadres sup. : 15 %	- 4 personnes : 10 %	
- 36-45 ans : 25 %	- prof. libérales : 5 %	- + de 4 personnes : 5 %	
- 46-55 ans : 15 %	- inactifs : 10 %		
- + de 55 ans : 5 %	- étudiants : 10 %		

Fréquentation ⇓		Achat ⇓		Lieux d'achat ⇓	
- une fois par mois :	50 %	- un achat par mois :	40 %	- boutiques :	45 %
- + d'une fois par mois :	30 %	- + d'un achat par mois :	25 %	- grands magasins :	15 %
- – d'une fois par mois :	20 %	- – d'un achat par mois :	35 %	- super/hyper :	15 %
				- internet :	25 %

Type d'achat ⇓		Choix des produits ⇓		Choix du point de vente ⇓	
- achat réfléchi :	30 %	- importance de la marque :	40 %	- accueil vendeur :	50 %
- achat impulsif :	70 %	- importance de la qualité :	20 %	- choix :	30 %
		- importance du prix :	40 %	- prix attractif :	40 %

Travail à faire

A) Déterminez le profil type du client du magasin.

B) Dégagez le comportement d'achat du client.

C) Indiquez, après avoir analysé le comportement d'achat du client, comment cette unité commerciale peut s'adapter à sa clientèle.

Exercice 2

Analysez l'offre commerciale proposée par Auchan.

Les familles	Les sous-familles (extrait)	Les métiers	Les services
• Bricolage Auto-Moto • Électroménager • Jardin • Jeux vidéo Jouets de Noël • Meuble Literie Décoration ⇨ • Multimédia • Produits Frais & Traiteur • Épicerie • Entretien • Textile • Sport Bagagerie • Téléphonie, GPS • TV Son Photo • Vin et Champagne • Accessoires	➢ Literie ➢ Couettes, oreillers ➢ La chambre ➢ Le salon ➢ Le séjour ➢ La cuisine ➢ La salle de bains ➢ Les enfants ➢ Le bureau ➢ Le rangement ➢ Les objets déco ➢ Le rangement ➢ Les luminaires ➢ Poêle et cheminée **(En moyenne plus de 100 réf. par sous-famille)**	Chef de secteur Manager de rayon Employé libre-service Conseiller de vente Vendeur produit technique Poissonnier Boulanger Pâtissier Boucher	**ⓘ Catalogue** **ⓘ Carte waouh** **ⓘ Livraison à domicile** **ⓘ Carte de paiement** **ⓘ Contrat plus (prolongation de garantie)** **ⓘ Achats en ligne** **ⓘ Retrait en magasin** **ⓘ Carte cadeau** **ⓘ S.A.V.** **ⓘ Assistance informatique à domicile**

Travail à faire

A) Caractérisez l'assortiment du rayon « meuble Literie Décoration » chez Auchan.

B) Classez les services proposés par l'enseigne Auchan en fonction d'une problématique commerciale.

C) Identifiez les méthodes et techniques de vente utilisées par l'enseigne et indiquez les rayons concernés par chacune des méthodes et techniques de vente citées.

D) Repérez la méthode et la technique de vente dominantes et justifiez.

Exercice 3

À l'aide des documents 1 et 2 ci-dessous, répondez aux questions suivantes :

A) Repérez les concurrents directs et indirects de l'enseigne Garden Price.

B) Définissez les composantes du plan de marchéage de l'enseigne Garden Price (sous forme d'un tableau).

C) Déterminez les stratégies mercatiques liées aux segments de clientèle, aux produits et aux prix.

Document 1 Garden Price : la première chaîne de Jardinerie Hard Discount

Une startup qui ne connait pas la crise ! Garden Price est une « jeune pousse », créée par deux anciens cadres dirigeants de Vilmorin, qui connaît un véritable succès commercial avec l'ouverture de 5 jardineries « Hard discount » en 3 ans.

Garden Price a ouvert la première de ses 5 jardineries hard discount en 2006 à Ballainvilliers dans l'Essonne (91). L'entreprise va réaliser en 2009 un CA de 4,5 M€ et projette d'accélérer son développement dans les 2 années à venir.

Le jardinage est l'un des premiers secteurs d'équipement des ménages en France, avec un marché qui atteint 6 milliards d'euros.

Plusieurs facteurs contribuent à la croissance de ce marché : augmentation du nombre des ménages disposant d'un espace de jardinage, accroissement de la tranche d'âge 50-75 ans (la plus consommatrice de produits de jardin)...

Pour acheter des produits de jardin, les consommateurs ont le choix entre l'offre « économique » des grandes surfaces alimentaires pendant une période (quelques semaines), ou l'offre « spécialisée » et haut de gamme des jardineries.

Depuis 1990, plusieurs secteurs d'activité ont vu se développer avec succès un nouveau mode de distribution : le Hard Discount. Ce modèle économique repose sur la suppression de ce que le client est prêt à sacrifier en échange de prix plus bas, à savoir : conseil, emplacement du point de vente, présentation et choix plus réduit.

Les cofondateurs de Garden Price, Benoit Combes (eMBA HEC) et Antoine de Courcel (Agro Paris) ont transposé le concept du Hard Discount dans le jardinage où il n'avait pas encore été mis en œuvre, en prenant exemple sur les succès récents des Brico-dépôt, Bricoman, Electro-dépôt...

Le Concept :

- offrir à une clientèle urbaine et périurbaine, une gamme simplifiée de produits de jardinage, sous marques peu connues ou sous marque propre, à un prix parmi les plus bas du marché, sans compromis sur la qualité ;
- garantir au client la pérennité des prix bas par des économies visibles en frais de fonctionnement, coûts immobiliers et frais de personnel.

Source : D'après article site web CCI Rennes Bretagne 20/09/09. Site Internet : www.gardenprice.com

Document 2 Jardinerie Discount : Garden Price le vrai hard discount des fleurs, potagers...

Le responsable de Garden Price confie au Parisien : « Nous employons 6 personnes dans 1 000 m^2 alors que Botanic, ce sont 15 000 m^2 et 60 personnes, poursuivent les dirigeants. Nous avons également renoncé aux conseils et au choix, pour dégager des économies. Notre cible, ce sont les clients expérimentés, qui représentent 60 % des jardiniers et qui se fichent des magasins magnifiques avec leurs milliers de plantes ! »

Source : *Le Parisien*

5.1 Vérifiez vos connaissances

Exercice 1

1) ☺

2) ☹ Un segment de clientèle est constitué de clients ayant des caractéristiques communes (même tranche d'âge…).

3) ☹ Le profil de clientèle ne reprend que des critères objectifs (âge, sexe, situation familiale…).

4) ☹ C'est un client qui fréquente de façon irrégulière le point de vente.

5) ☹ Un client temporaire peut être un client fidèle pendant une période déterminée (ex. : un client qui possède une résidence secondaire qu'il occupe quelques semaines par an).

6) ☺

7) ☹ Le comportement d'achat correspond à l'étude des habitudes, des attitudes d'achat, mais aussi des motivations et des freins d'achat des clients.

8) ☹ Une attitude cognitive correspond à l'utilisation de l'expérience des clients, à celle de son entourage et à la communication de l'enseigne, autant de facteurs qui vont l'inciter à fréquenter l'unité commerciale.

9) ☹ L'attraction correspond à l'attirance exercée par un point de vente en raison de sa notoriété.

10) ☹ Il permet aussi à l'unité commerciale d'adapter ses prix, son cadre de vente et sa communication.

Exercice 2

1) Hypermarché *(Cora)*
Ample : nombreux groupes de produits.
Large : nombre important de familles de produits.
Profond : nombreuses références par famille de produits.

2) Supermarché *(Intermarché)*
Restreint : peu de groupes de produits.
Large : nombre important de familles de produits.
Superficiel : peu de références par famille.

3) Supérette *(8 à huit)*
Restreint : peu de groupes de produits.
Étroit : nombre limité de familles de produits.
Superficiel : peu de références par famille.

4) G.S.S. *(La Halle aux chaussures)*
Restreint : peu de groupes de produits.
Large : nombre important de familles de produits.
Profond : nombreuses références par famille de produits.

5) Grand magasin *(Printemps)*
Ample : nombreux groupes de produit.
Large : nombre important de familles de produit.
Profond : nombreuses références par famille de produits.

6) Boutique *(Vélo libre)*
Restreint : peu de groupes de produits.
Étroit : nombre limité de familles de produits.
Superficiel : peu de références par famille.

5.2 Mettez en application

Exercice 1

A) Profil type du client du magasin :
- c'est un homme plutôt jeune (26/45 ans) (60 %) ;
- avec des revenus moyens (55 %) ;
- célibataire ou en couple (55 %) ;
- qui habite à proximité du magasin (85 %).

B) Comportement d'achat du client :
- sa fréquence de fréquentation et d'achat est d'une fois par mois, c'est donc un client fidèle ;
- ses lieux d'achat privilégiés sont les boutiques ;
- il achète de façon impulsive (attitude conative) ;
- il est attaché aux marques, aux prix, à l'accueil et aux prix attractifs (attitudes affectives) ;
- sa principale motivation d'achat est la proximité de son domicile ;
- son principal frein un niveau de prix trop élevé.

C) Adaptation de l'unité commerciale à sa clientèle :
- son assortiment : proposer du choix et des produits de marque ;
- ses prix : sélectionner un niveau de prix acceptable, proposer des promotions ;
- son cadre de vente : être vigilant quant à la qualité de l'accueil proposée en magasin ;
- sa communication : informer sa clientèle sur les nouveautés et les promotions en utilisant des moyens de communication adaptés (SMS, publipostage électronique…).

Exercice 2

A) Caractères de l'assortiment du rayon
L'assortiment de ce rayon est **large** (nombreuses sous familles de produits) et **profond** (nombre important de références).

corrigés

Remarque : **L'ampleur** mesure le nombre de groupes de produits présents dans l'unité commerciale. Ce caractère ne peut donc être retenu pour caractériser l'assortiment d'un rayon.

B) Classification des services proposés

Services liés aux produits :

Catalogue, livraison, contrat plus, SAV

Services liés aux prix :

Carte Waouh, carte de paiement, carte cadeau.

Services liés au client :

Achats en ligne, retrait en magasin, assistance informatique à domicile.

C) Identification des méthodes et techniques de vente

Vente visuelle, libre service intégral : bricolage, Auto/moto, jardin, jeux vidéo, jouets de noël, meuble/literie/décoration, produits frais, épicerie, entretien, textile, sport/bagagerie, vin et champagne, accessoires.

Vente visuelle, libre service assisté : boucherie, poissonnerie, boulangerie, traiteur.

Vente de contact, assistée : électroménager, multimédia, téléphonie, TV/son/photo.

D) Chez Auchan la vente visuelle est la méthode de vente dominante avec la technique de vente du libre service intégral. Ce qui correspond au concept des hypermarchés qui est de privilégier la libre circulation du client sur la surface de vente pour lui permettre de gagner du temps et pour permettre à l'enseigne une économie sur les frais de personnel.

Exercice 3

A) **Concurrents indirects** : rayons saisonniers des grandes surfaces alimentaires.

Concurrents directs : jardineries de haut de gamme spécialisées (Botanic, Truffaut, etc.).

B) Plan de marchéage de l'enseigne Garden Price

Plan de marchéage	Composantes du plan de marchéage
Produits/services	Gamme simplifiée de produits de jardinage, choix réduit Sous marque peu connue ou marque propre Produits de qualité
Prix	Prix les plus bas du marché
Vente/marchandisage	Peu de personnel, conseil réduit. Présentation de type « dépôt »
Communication/promotion	Internet : le site de l'enseigne (vitrine)

C) Les stratégies mercatiques :

La stratégie liée aux **segments de clientèle** : différenciée, s'adresse à un segment de clientèle, les ménages disposant d'un espace de jardinage et à un segment de clientèle « expérimentés » d'une tranche d'âge de 50 à 75 ans.

La stratégie liée aux **produits** : spécialisation dans une gamme de produits (produits de jardinage).

La stratégie liée aux **prix** : pénétration, pratique une politique de prix bas.

16

Le marché

Le point de vente doit effectuer une veille informationnelle sur les produits qu'il propose à sa clientèle, pour s'adapter aux évolutions de l'offre et de la demande. Cela doit lui permettre de se positionner par rapport à la concurrence, de faire des choix éclairés dans la composition de son assortiment en termes de produits et de prix et d'adapter ses actions commerciales en fonction de l'analyse des données recueillies.

1 Le marché du produit

A L'étude de l'environnement économique, social, technologique et réglementaire du produit

Éléments d'analyse		Informations à collecter
Identification du marché		• segment du marché sur lequel se situe le produit étudié.
Informations générales sur le marché	**En volume**[1]	• quantités vendues sur la dernière année • calcul du pourcentage d'évolution, pour mesurer la tendance.
	En valeur[1]	• chiffre d'affaires réalisé sur la dernière année ; • calcul du pourcentage d'évolution, pour mesurer la tendance.
	Perspectives[1]	• analyse des données quantitatives sur le marché global, pour déterminer si le produit étudié se situe sur un segment porteur.
Offre	**Les fabricants**[1] : **• parts de marché ;** **• évolution.**	• position sur le marché (leader, challenger…) ; • ventes réalisées par l'entreprise en % du marché global ; • calcul du taux de croissance pour mesurer la tendance.
	Les segments de produits[1] : **• parts de marché ;** **• évolution.**	• liste des différents segments de produits qui composent le segment de marché ; • ventes générées par le segment de produit en % du segment de marché sur lequel il se situe ; • calcul du taux de croissance pour mesurer la tendance.
	Les distributeurs[1] : **• positionnement ;** **• parts de marché ;** **• évolution.**	• position sur le marché (leader, challenger…) ; • politique d'enseigne (produits, services, prix, communication) ; • ventes réalisées par l'entreprise en % du marché global ; • calcul du taux de croissance pour mesurer la tendance.

1. Environnement économique. 2. Environnement social.

Éléments d'analyse		Informations à collecter
Demande	**Aspects quantitatifs**[1]	• profil du client, taux de pénétration, consommation moyenne.
	Aspects qualitatifs[2]	l'environnement social : • culturel : mode, style de vie, croyance et phénomène de mode ; • psychologique : comportement d'achat, attitudes positives et négatives.
Aspects technologiques	utilisation de technologies nouvelles (ex. : le plasma pour les téléviseurs).	
Aspects réglementaires	• dispositif réglementaire propre à un produit ; • norme, label.	

1. Environnement économique. 2. Environnement social.

(B) La détermination des indicateurs de mesure du marché

Indicateurs	Mode de calcul	Exemples
Pourcentage d'**évolution** du marché **en volume** : • QV[1] année N : 500 000 boîtes • QV[1] année N – 1 : 600 000 boîtes	QV[1] année N - QV[1] année N – 1/QV[1] année N – 1 × 100	500 000 – 600 000/600 000 × 100 = – 16,66 %
Pourcentage d'**évolution** du marché **en valeur** : • CA[2] année N : 700 000 euros • CA[2] année N – 1 : 900 000 euros	CA[2] année N – CA[2] année N – 1/CA année N – 1 × 100	700 000 - 900 000/900 000 × 100 = – 22,22 %
Part de marché (PM) : • QV[1] ou CA[2] marché global année N • QV[1] point de vente année N : 72 000 boîtes • CA[2] point de vente année N : 100 000 euros	QV[1] ou CA[2] point de vente/QV[1] ou CA marché global × 100	• PM en volume : 72 000/500 000 × 100 = 14,40 % • PM en valeur : 100 000/700 000 × 100 = 14,28 %

1. Quantités vendues. 2. Chiffre d'affaires.

Remarque : Un pourcentage d'évolution peut être positif ou négatif, n'oubliez pas de le signaler par le signe approprié.

2 Le cycle de vie du produit

(A) Les différentes phases du produit

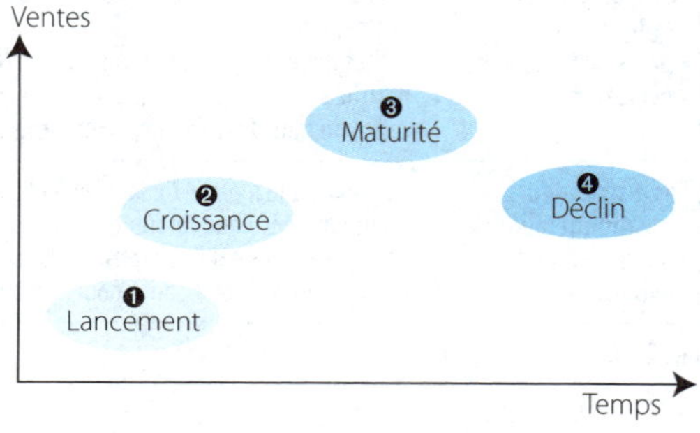

(B) *L'analyse des phases de vie d'un produit*

Phase	Caractéristiques	Réactions de l'unité commerciale
❶ Lancement ↗	Elle correspond à l'apparition du produit sur le marché. L'offre produit est restreinte (peu ou pas de concurrent). La demande des clients est limitée, les ventes sont faibles, le prix est élevé. Le produit génère peu de chiffre d'affaires, il est peu rentable. La communication publicitaire du fabricant est généralement importante.	**Mettre en avant le produit** notamment par des offres promotionnelles pour profiter des retombées publicitaires et pour pousser les ventes du produit.
❷ Croissance ↑	L'offre produit augmente (les concurrents sont de plus en plus nombreux). La demande est plus importante, le prix du produit baisse, il génère de plus en plus de chiffre d'affaires, il devient rentable. La communication publicitaire des fabricants est intensive.	**Augmenter la surface de présentation du produit** pour satisfaire la demande.
❸ Maturité →	Les ventes atteignent leur niveau optimum et ne progressent plus. Le produit génère un très bon chiffre d'affaires, il est très rentable.	**Réaliser des opérations de promotion** pour stimuler la demande.
❹ Déclin ↘	Les ventes commencent à baisser, le prix du produit diminue de façon importante. Le chiffre d'affaires du produit chute, il est de moins en moins rentable.	**Réduire la surface de présentation** allouée ou déréférencer le produit lorsque cela est nécessaire et le remplacer par une nouveauté.

Outil épreuve E2 (montage de l'action) : pour justifier la mise en place d'une action promotionnelle ou d'une animation, indiquez la phase de vie dans laquelle se trouve le produit pour laquelle l'action est mise en place.

MOTS PROFESSIONNELS

Cycle de vie. Part de marché. Segment de marché ou de produits. Taux de pénétration

Voir Lexique dans les pages Mémos.

CE QUE JE SAIS FAIRE

- Étudier le marché d'un produit à travers ses quatre composantes :
  - l'environnement économique [informations générales sur le marché, offre, demande (aspects quantitatifs), social (aspects qualitatifs)] ;
  - l'environnement social [demande (aspects qualitatifs)] ;
  - l'environnement technologique ;
  - l'environnement réglementaire.
- Calculer un pourcentage d'évolution et une part de marché.
- Repérer la phase du cycle de vie dans laquelle se trouve le produit étudié et sélectionner la réaction commerciale adaptée.

17

Les éléments d'identification du produit

Le conditionnement, la marque et les signes de certification sont des éléments qui permettent de construire l'identité du produit et de l'individualiser par rapport à ses concurrents. Ils permettent au client d'identifier le produit sur le linéaire et au vendeur d'utiliser ces éléments dans son argumentation.

1 Le conditionnement et l'emballage

(A) Le conditionnement

Fonctions techniques

- Contenir chaque unité de consommation.
- Protéger et conserver le produit.
- Faciliter l'utilisation du produit.
- Assurer la sécurité de l'utilisateur.
- Permettre son recyclage.

Fonctions communicantes

- Déclencher une « alerte » : attirer le client par la stylique.
- Favoriser la reconnaissance et l'identification du produit.
- Différencier le produit de ses concurrents (positionnement).
- Informer le client (étiquette et conseils d'utilisation).

(B) L'étiquette

Rôle légal

- Les mentions obligatoires : dénomination, nom et adresse du fabricant, quantité, composition du produit, origine, traçabilité, date limite de vente (DLV), numéro du lot…

Rôle dans la gestion de l'unité commerciale

- Le code barres permet d'assurer un suivi des stocks, de contribuer à l'analyse des ventes, de contrôler la démarque inconnue.

(C) L'emballage

Fonctions techniques

- Regrouper plusieurs unités de vente.
- Protéger, conserver et assurer la sécurité des produits.
- Faciliter le transport, le stockage et la manutention des produits.
- Permettre son recyclage.

Fonctions d'information

- Permettre l'identification des produits, du fabricant.
- Faciliter la gestion des stocks en réserve ou en entrepôt.

(D) La protection de l'environnement

Les entreprises qui adhèrent au programme « éco-emballages », se mettent en accord avec la loi qui les oblige à participer au recyclage des emballages qu'elles mettent sur le marché.
En échange de leur participation financière, les entreprises apposent le point vert sur leurs produits, ce qui contribue à leur donner une image d'entreprise « citoyenne ».

Remarque

Les conditionnements portant le point vert ne sont pas tous recyclables. Avant de les déposer dans un conteneur de collecte sélective, il faut vérifier qu'ils figurent dans le guide de tri distribué par la mairie.

2 La marque

(A) Les fonctions de la marque

Pour le client	Pour le fabricant et le distributeur
• **garantie** d'origine et de qualité (sécurité) ; • **simplification** de l'acte d'achat (repérage facile des produits) ; • **valorisation** personnelle (valorise l'utilisateur, auto-expression).	• élément du **positionnement** (différenciation par rapport à la concurrence) ; • élément de **communication** (construction ou consolidation d'une image) ; • facteur de **fidélisation** (création d'un lien affectif avec le client).

(B) Les types de marque

De producteurs	De distributeurs (M.D.D.)
• marque **produit** : une marque différente est utilisée pour les produits d'une même entreprise (Badoit, Lu, Heudebert..., pour DANONE) ; • marque **globale** : une marque unique mondiale est utilisée pour tous les produits d'une même entreprise LACOSTE.	• marque d'**enseigne :** le nom de l'enseigne ou le logo est utilisé comme marque (carrefour, casino...) ; • marque **propre ou spécifique :** le nom est différent de celui de l'enseigne, elle est vendue exclusivement dans les points de vente de l'enseigne ou du groupe (Tex pour Carrefour, Gourmet pour Monoprix...) ; • produit **générique** : produit sans marque, réservé aux produits premiers prix.

(C) L'image de marque

Les sources de l'image	Caractéristiques
Le produit	L'image perçue du produit : apparence, prix, espace de vente...
L'expérience des clients	Les clients attribuent aux marques des caractères objectifs (performances techniques...) ou subjectifs (évaluation personnelle des caractéristiques d'une marque).
La communication de la marque	Ensemble des messages envoyés par la marque au client (publicité, promotion, slogan, visuel, musique...).

(D) La protection de la marque

Elle est assurée, par son dépôt, au niveau :

- **national**, à l'INPI (Institut national de la protection industrielle). Ce dépôt attribue un monopole d'utilisation pendant 10 ans renouvelable et protège la marque contre la contrefaçon.
- **européen**, auprès de l'OHMI (Office de l'harmonisation dans le marché intérieur). Ce dépôt attribue une protection automatique dans l'ensemble des États membres de la Communauté européenne.
- **international**, auprès de l'OMPI (Organisation mondiale de la protection intellectuelle).

3 La certification de la qualité

(A) La démarche qualité

Dans une unité commerciale la démarche qualité s'inscrit dans une politique commerciale globale, elle se décline au niveau de l'offre produits/services, du cadre de vente, de l'accueil et du conseil.

Elle se mesure par la connaissance du degré de satisfaction ou de non-satisfaction des clients (enquête), la gestion des réclamations, la remontée d'informations du personnel.

(B) *Les outils de certification de la qualité*

Label	**Signe officiel** qui assure au consommateur une **qualité supérieure du produit**, assurée par des conditions strictes de production, d'élevage et de transformation. Le système des signes officiels de qualité s'appuie sur l'engagement conjoint de l'État (ministère de l'Agriculture) et des professionnels dans le respect des intérêts des consommateurs. • Le **Label Rouge** est une certification qui concerne un produit agricole ou une denrée alimentaire (volailles, fruits et légumes, crustacés…). • L'**agriculture biologique** est une certification d'un mode de production qui exclut l'usage des produits chimiques et des organismes génétiquement modifiés ou OGM (viandes, produits laitiers, fruits et légumes…).
Appellation d'Origine Contrôlée	**Signe officiel** qui garantit au consommateur la **qualité supérieure liée à l'origine géographique** (authenticité tirée de la spécificité de la région où il est fabriqué) par un contrôle des règles de fabrication et une recherche de qualité. Le produit doit avoir une certaine notoriété (la lentille verte du Puy, la volaille de Bresse, les vins, le monoï de Tahiti…).
Norme	**La marque NF (Norme Française), est une marque collective de certification délivrée par l'AFNOR** (Agence Française de Normalisation). Elle garantit la **qualité et la sécurité des produits non alimentaires et services** certifiés, en fonction de normes traduites dans un cahier des charges. Les produits ainsi que les services estampillés NF sont contrôlés régulièrement pour assurer un niveau de qualité constant. • **NF produit** : électroménager, casques de moto, fournitures électriques… • **NF service** : services après vente, entreprises de déménagement… • **NF environnement** : sacs de sortie de caisse…
Charte de qualité	**Liste d'engagements propre à une enseigne**, qui valide une démarche qualité interne, en définissant un certain nombre de promesses faites au client et qui précise les avantages pour chacun des engagements. Une charte de qualité a pour objectif de garantir la qualité des services proposés par l'enseigne et d'améliorer la satisfaction des clients.

MOTS PROFESSIONNELS

Cahier des charges. Certification. Conditionnement. Contrefaçon. Emballage. Image de marque. Marque. Qualité. Stylique. Traçabilité

Voir Lexique dans les pages Mémos.

CE QUE JE SAIS FAIRE

- Distinguer emballage et conditionnement.
- Repérer les mentions légales de l'étiquette produit.
- Identifier les différentes fonctions de la marque.
- Distinguer les différents types de marque (marque de producteurs : produit, globale), (marque d'enseigne, propre ou spécifique, générique).
- Différencier les outils de certification.

18

Les outils d'aide à la vente

La fiche produit et l'argumentaire sont des outils d'aide à la vente réalisés par le fabricant ou le vendeur. L'argumentaire est un outil qui permet au vendeur de faciliter son argumentation. Élaboré à partir de la fiche produit, il doit être préparé ou consulté avant la vente.
Il doit permettre au vendeur de s'adapter à chaque type de client (SONCAS).

1 La fiche produit

(A) La structure de la fiche produit

Rubrique		Contenu	Éléments	
❶ Visuel	→	Identification visuelle du produit.	Photo, schéma, dessin	
❷ Identification	→	Renseignements qui permettent de reconnaître le produit, de situer le fabricant, le distributeur et la marque.	• Désignation • Marque • Modèle • Référence	• Fabricant • Distributeur • Origine
❸ Caractéristiques techniques	→	Informations relatives au fonctionnement d'un produit.	• Description • Taille • Coupe • Fonctions • Performance • Puissance	• Dimensions • Poids • Coloris • Entretien • Norme • Accessoires
❹ Caractéristiques commerciales	→	Informations relatives à la vente et à l'après-vente du produit.	• Prix • SAV : (livraison, installation, garantie)	
❺ Caractéristiques psychologiques	→	Informations relatives aux clients.	• Segment de clientèle visé • Motivations	
❻ Vente complémentaire	→	Proposition d'un ou plusieurs produits liés au produit principal pour compléter la vente.	• Liste des produits et accessoires complémentaires.	

(B) L'utilisation de la fiche produit

- **Par le client :** lorsqu'elle est positionnée à proximité du produit, pour lui permettre de recueillir les premiers éléments d'informations sur les produits, de façon à l'orienter dans son choix.
- **Par le vendeur : avant la vente** pour connaître ses produits ; **pendant la vente** comme support visuel d'informations.

(C) La comparaison avec les modèles concurrents

Le vendeur doit pouvoir être en mesure de proposer à son client une comparaison des principales caractéristiques d'un modèle par rapport aux autres modèles concurrents présents dans l'assortiment de l'unité commerciale.
Pour cela, il peut utiliser les tableaux comparatifs proposés par les organismes de défense des consommateurs (*60 millions de consommateurs, Que choisir*) ou par les distributeurs.
Cliquez et c'est trouvé : Les sites des producteurs, distributeurs et organismes de défense des consommateurs proposent des tableaux comparatifs.

2 L'argumentaire

(A) L'élaboration de l'argumentaire

C ☞ Caractéristique : utiliser une caractéristique technique, commerciale, psychologique, premier élément qui compose l'argument ; il s'agit pour le vendeur d'en démontrer l'avantage auprès de son client.
A ☞ Avantage : développer l'intérêt pour le client de profiter de cette caractéristique en fonction de ses mobiles d'achat.
P ☞ Preuve : convaincre le client de l'intérêt de l'avantage qui résulte d'une caractéristique.
C + A + P ☞ Argument : prouver au client que la caractéristique représente bien un avantage adapté à ses mobiles d'achat et à l'utilisation qu'il compte faire du produit ou service.

(B) L'organisation de l'argumentaire

L'argumentaire se structure en trois parties :

❶ L'argumentaire général →	Liste des arguments sur le fabricant et le distributeur
❷ L'argumentaire spécifique →	Liste des arguments sur les performances techniques et commerciales du produit ou du service
❸ L'argumentaire spécifique →	Liste des arguments sur les caractéristiques innovantes du produit ou du service (par rapport à la concurrence)

Cliquez et c'est trouvé : Les sites des producteurs et des distributeurs proposent des arguments de vente réutilisables pour la rédaction d'argumentaires.

(C) *L'argumentaire comparatif*

❶ ☞ **Repérer** pour le modèle sélectionné ses concurrents directs.
❷ ☞ **Recenser** les caractéristiques spécifiques et distinctives du produit et des produits concurrents qui vont permettre d'établir une comparaison.
❸ ☞ **Identifier** les points forts du modèle et les points faibles des concurrents.
❹ ☞ **Élaborer** des arguments valorisant les points forts du produit par rapport à ses concurrents.

Outil épreuve E2 (montage de l'action) : pour la réalisation d'une animation ou d'une promotion, vous pouvez réaliser une fiche produit accompagnée d'un argumentaire.

MOTS PROFESSIONNELS

Argument. Argumentaire. Argumentaire comparatif. Fiche produit. Mobiles d'achat. Motivations d'achat.

Voir Lexique dans les pages Mémos.

CE QUE JE SAIS FAIRE

- Classer les caractéristiques du produit en fonction des différentes rubriques de la fiche produit (caractéristiques techniques, commerciales et psychologiques sans oublier les ventes complémentaires possibles).
- Positionner le produit étudié par rapport aux produits concurrents (points forts et faiblesses).
- Élaborer un argument de vente (Caractéristique + Avantage + Preuve).

6.1 *Vérifiez vos connaissances*

Exercice Démêlez le vrai du faux

Entourez ou surlignez le symbole qui correspond à votre réponse et apportez, en cas de réponse négative, le correctif utile.

1) L'analyse de marché doit permettre de déterminer si le produit pour lequel cette étude est conduite se situe sur un marché porteur. ☺ ☹

2) L'étude de l'offre consiste à analyser les fabricants présents sur ce marché, ainsi que les segments de produits qui composent le marché. ☺ ☹

3) L'analyse de la demande correspond à l'analyse des aspects quantitatifs de la clientèle mais aussi aux aspects qualitatifs. ☺ ☹

4) La vie d'un produit s'articule autour de quatre phases : le lancement la croissance, la maturité et le déclin. ☺ ☹

5) Lors de la phase de croissance, une des réactions possibles de l'unité commerciale, est de réaliser des opérations de promotion, pour stimuler la demande. ☺ ☹

6) Lors de la phase de déclin, le prix du produit diminue de façon importante et donc, la demande augmente. ☺ ☹

6.2 *Mettez en application*

Exercice 1

Répondez, à l'aide des documents 1 et 2, aux questions suivantes sur l'annexe 1 :

A) La situation générale du **marché du chocolat en tablettes** en volume, en valeur et les perspectives d'évolution.

B) L'offre :

- les fabricants, leur part de marché, leur évolution ;
- les segments de produits, leur part de marché, leur évolution.

C) La demande, ses aspects quantitatifs et qualitatifs.

Document 1 Le chocolat, un monde de gourmandises au quotidien

Le saviez-vous ? Les français consomment et apprécient les chocolats parfumés et raffinés. De la simple tablette à la pâte à tartiner, en passant par les barres chocolatées, les français consomment jusqu'à 6,9 kg de chocolat par an et par habitant. Le côté festif des bonbons en chocolat, présentés dans d'élégantes boîtes, est aussi fort apprécié… plaisir d'offrir oblige !

94 % des français consomment du chocolat. 70 % en dégustent au moins une fois par semaine. Un tiers des français sont vraiment des « mordus » et s'en régalent au moins une fois par jour.

Les consommateurs réguliers sont plutôt des hommes, les 18-34 ans et les cadres. Néanmoins les femmes au foyer, les étudiants et les employés sont aussi de grands consommateurs : le chocolat est un produit populaire.

Document 2 Le marché du chocolat en chiffres

Répartition de la consommation en quantité :

• Confiserie de chocolat : 42,9 % • Tablettes : 27,9 % • Pâtes à tartiner : 14,6 % • Cacao en poudre : 14,6 %

Segmentation du rayon chocolat

Famille de produits	CA année N – 1	CA année N	Volume année N – 1	Volume année N
	(en millions d'euros)		(en tonnes)	
Tablettes	781,5	837,6	88 443	88 620
Confiserie de chocolat	557,8	580,4	57 548	57 721

Segmentation des tablettes

Segments	% volume année N – 1	% volume année N
Familiales	45,3 %	44,2 %
À pâtisser	14,2 %	15 %
Dégustation	12,8 %	12,9 %
Fourrées	6,5 %	6,9 %
Blocs gourmands	13,7 %	13,3 %
Enfants	7,5 %	7,3 %

Parts de marché des principaux fabricants de tablettes

Fabricants	PDM[1] année N – 1	PDM[1] année N
Nestlé	21,4 %	21,45 %
Kraft Foods (Côte d'or, Milka…)	29,4 %	29,9 %
Ferrero	3,8 %	3,81 %
Cadbury	10,9 %	10,8 %
MDD	14,6 %	14,5 %

1. PDM : Part de marché

Annexe

<table>
<tr><th colspan="2">Éléments d'analyse</th><th colspan="2">Informations à collecter</th></tr>
<tr><td colspan="4">Identification du marché</td></tr>
<tr><td rowspan="3">Informations générales sur le marché</td><td>En volume</td><td colspan="2"></td></tr>
<tr><td>En valeur</td><td colspan="2"></td></tr>
<tr><td>Perspectives</td><td colspan="2"></td></tr>
<tr><td rowspan="2">Offre</td><td>Les fabricants :
• parts de marché ;
• évolution.</td><td>Leader :</td><td>Challenger
(concurrent principal) :</td></tr>
<tr><td>Les segments de produits :
• parts de marché ;
• évolution.</td><td>Les segments qui se développent :</td><td>Les segments qui régressent :</td></tr>
<tr><td rowspan="2">Demande</td><td>Aspects quantitatifs</td><td colspan="2"></td></tr>
<tr><td>Aspects qualitatifs</td><td colspan="2"></td></tr>
</table>

Exercice 2

A) Tracez les courbes de vie des différents modèles de téléviseurs.

Conseil
Pour plus de lisibilité :
- utilisez du papier millimétré ou le logiciel Excel ;
- indiquez l'échelle utilisée ;
- prévoyez une légende.

B) Identifiez la phase de vie de chaque produit.

C) Proposez les mesures correctrices nécessaires adaptées à chaque produit.
Présentez les réponses B et C sous forme d'un tableau.

Ventes des téléviseurs de 2002 à 2008 chez Game à Strasbourg

Modèles	Marques	2002	2003	2004	2005	2006	2007	2008
 Téléviseur plasma	Panasonic		30	42	44	52	58	56
 Téléviseur plasma	LG			30	35	40	44	20
 Téléviseur LCD	Samsung							45
 Téléviseur LCD	Sharp						25	48

Exercice 3

À l'aide des données suivantes, réalisez la fiche technique du produit « simulateur de l'aube » Brandt.

Conseil

Réalisez votre fiche produit sur traitement de texte, pour aller plus vite, vous pouvez vous rendre sur le site du fabricant ou du distributeur et compléter vos rubriques par un copier/coller.

Simulateur de l'aube PHILIPS HF3463/01 74 € dont éco-participation : 0,50 €. **Garantie Darty 1 an**
Simulateur de l'aube - Ecran LCD de contrôle - Radio FM intégrée - Fonction lampe de chevet

Variateur	**oui**
Modes de réveil	**Son naturel (forêt), alarme douce ou radio FM**
Bruits de la nature	**Forêt**
Tuner	**Digital FM**
Programmation	**Simple**
Répétition de l'alarme	**Toutes les 9 mn**
Intensité de lumière	**0 à 300 lux à 60 cm**
Vie des lampes	**1 000 heures**
Couleur de l'affichage	**Ambre à intensité variable**
Autres	**Fonction lampe de chevet**
Alimentation	**230 Volts**
Alimentation de secours	**Autonomie de 5 minutes**
Dimensions (HxLxP)	**30 × 20 × 13,5 cm**
Code	**2745968**

Pour un réveil facile et plein d'énergie !
Réveillez-vous en douceur grâce à la lumière qui s'intensifie progressivement, **simulant l'aube** et réveillant le corps de l'intérieur.
30 minutes avant votre lever, la lumière augmente graduellement en fonction de l'intensité que vous avez choisie (250 lux conseillé). Les paupières fermées, la lumière arrive à vos yeux et **stimule votre cerveau pour diminuer l'hormone du sommeil et augmenter l'hormone du stress et de l'énergie.**
La **fonction lampe de chevet** vous offre suffisamment de lumière pour vous permettre de lire un livre le soir... et vous pouvez varier l'intensité de la lumière de 0 à 300 lux grâce au sélecteur prévu à cet effet.
À l'heure programmée, vous vous réveillez avec un **son naturel** (forêt) ou alors un **signal sonore progressif** afin de vous réveiller en douceur.
La **radio FM intégrée** vous permet de vous réveiller avec votre radio préférée.
La **fonction répétition** se caractérise par 9 minutes de silence et de noir dans la pièce.

Pour mieux profiter de votre **simulateur de l'aube**, nous vous proposons **les accessoires suivants** :
- Alimentation électrique REMIUM RALLONGE 3M FR 7,99 €
- Alimentation électrique LEGRAND MULTIPRISE 161 3P FR 6,95 €

Exercice 4

Complétez l'argumentaire pour le produit : VTT Rockrider femme.

Argumentaire général

Caractéristiques	Avantages	Preuves	Arguments	Mobiles
Marque décathlon		Fabricant spécialisé dans les cycles.		

Argumentaire spécifique

Caractéristiques	Avantages	Preuves	Arguments	Mobiles
Cintre/Potence/Jeu de direction Position cintre acier HL 153, 580 mm ; potence acier HL 21 headset selle acier HL SP200. Potence relevée à 17° ; Embout de guidon relevé ; Renforts latéraux de selle ; Selle large réglable.		Les composants en acier.	Ce vélo vous apporte des conditions optimales de confort : l'utilisation de la potence relevée à 17 permet une position de conduite très confortable, les embouts de guider vous permettent une position plus facile en côte et la selle renforcée est réglable en fonction de votre taille.	

Argumentaire distinctif

Caractéristiques	Avantages	Preuves	Arguments	Mobiles
Dérailleurs Sachs Centéra (réduction de 30 % des efforts de changement de vitesses, enclenchement direct et silencieux).		Réduction de 30 % des efforts de changement de vitesse.		

6.1 *Vérifiez vos connaissances*

Exercice Démêlez le vrai du faux

1) ☺ **2)** ☹ Elle consiste également à analyser les distributeurs. **3)** ☺ **4)** ☺ **5)** ☹ Il est inutile d'envisager des actions de promotion, car la demande est forte ; par contre, une des réactions possibles est d'augmenter la surface de présentation du produit. **6)** ☹ Le prix diminue mais les ventes n'augmentent pas pour autant car le produit n'est plus demandé.

6.2 *Mettez en application*

Exercice 1

Annexe

<table>
<tr><th colspan="2">Éléments d'analyse</th><th colspan="2" rowspan="2">Informations à collecter</th></tr>
<tr><th colspan="2">Identification du marché</th></tr>
<tr><td rowspan="3">Informations générales sur le marché</td><td>En volume</td><td colspan="2">Quantités vendues année N : 88 620 tonnes
Évolution : 0,2 % (88 620 – 88 443/88 443 × 100)
Les tablettes représentent 27,9 % de la consommation totale de chocolat.</td></tr>
<tr><td>En valeur</td><td colspan="2">CA année N : 837,6 millions d'euros
Évolution de 7,2 % (837,6 – 781,5/781,5 × 100)</td></tr>
<tr><td>Perspectives</td><td colspan="2">Le CA du chocolat en tablettes a fortement augmenté en année N, ce qui offre des perspectives favorables. Toutefois les ventes en volume stagnent ce qui indique une baisse de la consommation en quantité.</td></tr>
<tr><td rowspan="2">Offre</td><td>Les fabricants :
• parts de marché ;
• évolution.</td><td>Leader :
Kraft Foods avec 29,4 % de PDM et une évolution de + 1,7 %
(29,9 – 29,4/29 ,4 × 100)</td><td>Challenger (concurrent principal) :
Nestlé avec une PDM de 21,4 % et une évolution de + 0,2 %</td></tr>
<tr><td>Les segments de produits :
• parts de marché ;
• évolution.</td><td>Les segments qui se développent :
• à pâtisser : PDM : 15 %
Évolution : + 5,6 %
• dégustation : PDM : 12,9 %
Évolution : + 0,8 %
• fourrées : PDM : 6,9 %
Évolution : + 6,1 %</td><td>Les segments qui régressent :
• familiales : PDM : 44,2 %
Évolution : – 2,4 %
• blocs gourmands : PDM : 13,3 %
Évolution : – 2,9 %
• enfants : PDM : 7,3 %
Évolution : – 2,7 %</td></tr>
<tr><td rowspan="2">Demande</td><td>Aspects quantitatifs</td><td colspan="2">Le taux de pénétration est de 94 %. 1/3 des français consomment du chocolat au moins une fois par jour. La consommation par an et par habitant s'élève à 6,9 kg.</td></tr>
<tr><td>Aspects qualitatifs</td><td colspan="2">La quasi totalité des français consomme du chocolat. Il est donc difficile de dresser un profil-type du consommateur. Toutefois on peut observer que :
• les hommes de 18 à 34 ans sont des consommateurs plus importants ainsi que les cadres.</td></tr>
</table>

Exercice 2

A) Représentation graphique des différentes phases du cycle de vie des téléviseurs

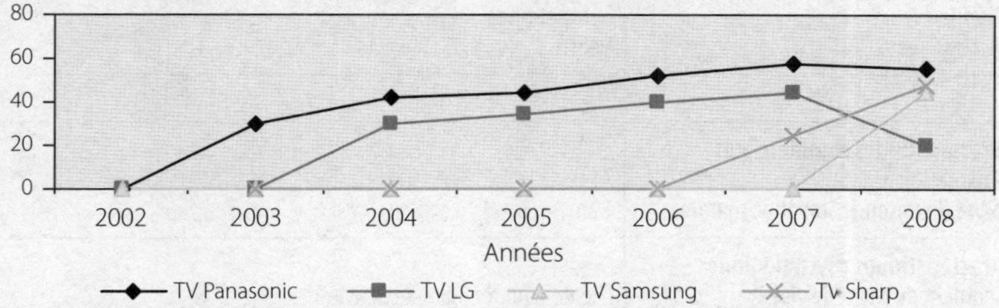

B) et C) Les différentes phases des produits et les mesures correctrices

Produits	Phases de vie	Mesures correctrices
Plasma Panasonic	Phase de maturité, début de déclin	Mettre en place des actions promotionnelles.
Plasma LG	Phase de déclin	Réduire la surface de présentation ou déréférencer le produit pour le remplacer par une nouveauté.
LCD Samsung	Phase de lancement	Mettre en avant le produit.
LCD Sharp	Phase de croissance	Augmenter la surface de vente et les stocks.

Exercice 3 Fiche produit Radio réveil simulateur d'aube

Caractéristiques techniques • Désignation • Marque • Modèle • Référence • Fabricant • Distributeur • Origine	 **Radio réveil** **Brandt** **Simulateur de l'aube** **HF3463/01** **Brandt** **Darty** **Français**

• Description	**Écran LCD de contrôle** **Touches de fonction** **Lampe de chevet** **Tuner : digital FM**
• Dimensions	**30 × 20 × 13,5 cm**
• Coloris	**Acier, ambre à intensité variable**
• Fonctions	**Réveil** **Radio FM intégrée** **Lampe de chevet**
• Performances	**Variateur, augmentation graduée de la lumière 30 min avant le lever** **Modes de réveil : bruits de la nature (forêt), alarme douce ou radio FM** **Répétition de l'alarme : toutes les 9 min** **Durée des lampes : 1 000 heures** **Intensité de la lumière : 0 à 300 lux à 60 cm**

• Puissance • Entretien • Norme • Accessoires	**Alimentation 230 volts (autonomie de secours de 5 minutes)** **Chiffon doux, ne pas plonger dans l'eau.** **Européennes** **Néant**

Caractéristiques commerciales • Prix • SAV : (livraison, installation, garantie)	 74 € 1 an
Caractéristiques psychologiques •Segment de clientèle visé •Motivations •Mobiles	 Clientèle plutôt jeune et active Hédoniste/oblative/auto-expression Confort, sympathie

Exercice 4 Argumentaire VTT Rockrider femme

Argumentaire général

Caractéristiques	Avantages	Preuves	Arguments	Mobiles
Marque décathlon	Produit fiable et de qualité	Fabricant spécialisé dans les cycles.	Vous disposez d'un VTT fiable et de qualité car c'est une marque spécialisée dans la fabrication des cycles	Sécurité

Argumentaire spécifique

Caractéristiques	Avantages	Preuves	Arguments	Mobiles
Cintre/Potence/Jeu de direction Position cintre acier HL 153, 580 mm ; potence acier HL 21 headset selle acier HL SP200.	La solidité et la durée dans le temps	Les composants en acier	Ce vélo vous apporte des conditions optimales de confort : l'utilisation de la potence relevée à 17 permet une position de conduite très confortable, les embouts de guider vous permettent une position plus facile en côte et la selle renforcée est réglable en fonction de votre taille.	Sécurité
Potence relevée à 17° ; Embout de guidon relevé ; Renforts latéraux de selle ; Selle large réglable.	Confort optimal	L'utilisation de la potence à 17°, les embouts relevés et la selle large et renforcée		Confort

Argumentaire distinctif

Caractéristiques	Avantages	Preuves	Arguments	Mobiles
Dérailleurs Sachs Centéra (réduction de 30 % des efforts de changement de vitesses, enclenchement direct et silencieux).	Enclenchement de vitesse direct et silencieux.	Réduction de 30 % des efforts de changement de vitesse.	Vous apprécierez le système Sachs centera conçu pour obtenir un enclenchement de la vitesse direct et silencieux grâce au système de réduction de 30 % d'effort de changement de vitesse.	Confort

19

La communication

Communiquer dans un cadre professionnel consiste à transmettre, recevoir et échanger des informations écrites et orales à l'intérieur ou à l'extérieur de l'unité commerciale.

1 La communication écrite externe

La communication écrite externe correspond à l'ensemble des messages écrits, reçus et adressés à l'extérieur de l'unité commerciale. Leur rédaction et leur présentation doivent être particulièrement soignées, car ils contribuent à véhiculer l'image de l'unité commerciale de laquelle ils émanent.

(A) Les différents types de supports de communication

Supports	Caractéristiques	Utilisation
Lettre commerciale	**Correspondance individuelle** relative aux opérations commerciales courantes entre l'unité commerciale et ses différents interlocuteurs (clients, fournisseurs, organismes financiers…).	• pour **constituer une preuve** (lettre de relance vis-à-vis d'un fournisseur, de réponse à une réclamation client…).
Courriel (e-mail)	**Courrier électronique individuel ou collectif** émis à partir d'un ordinateur, à destination d'interlocuteurs reliés au réseau Internet.	• pour **communiquer en temps réel**, en toute confidentialité des informations et des fichiers.

(B) Les règles de présentation

Supports	Contenu	Présentation
Lettre commerciale	**Analyser la situation pour communiquer efficacement** : identifier la problématique pour déterminer la solution à apporter. **Préparer le message pour être clair** : • étudier les documents utiles ; • structurer les idées à développer autour d'un plan. **Rédiger la lettre pour être compris** : • aborder une idée par paragraphe, faire des phrases courtes et utiliser un style adapté.	• utiliser des paragraphes courts ; • respecter les marges de part et d'autre de la feuille ; • renseigner la zone référentielle (référence et objet pour situer le contexte) ; • soigner la mise en forme du texte (souligné, gras…).

Supports	Contenu	Présentation
Courriel (e-mail)	**Respecter les marques de courtoisie pour conserver une distance relationnelle** : • insérer une formule d'appel et de politesse ; • articuler le texte autour d'un plan ; • préciser dans le texte, la présence d'un fichier attaché et indiquer l'intérêt de l'ouvrir.	• indiquer un objet clair (l'objectif étant que le destinataire soit incité à ouvrir le courriel) ; • rédiger des messages courts (une page écran).

2 La communication écrite interne

La communication écrite interne correspond à l'ensemble des messages écrits consultés et diffusés à l'intérieur de l'unité commerciale. Leur rédaction et leur présentation doivent être adaptées en fonction du support utilisé du public visé.

A Les différents types de supports de communication

Supports	Caractéristiques	Utilisation
Note de service	**Communication brève** qui concerne un service, un rayon ou l'unité commerciale. Elle peut être rédigée par une personne de niveau hiérarchique égal ou supérieur.	• pour **informer le personnel** (annoncer des modifications sur le fonctionnement de l'unité commerciale, transmettre un document, convoquer à une réunion…).
Note de synthèse	**Présentation synthétique** du résultat d'une étude documentaire professionnelle.	• pour **éclairer une décision** à prendre au niveau d'un rayon ou de l'unité commerciale (note sur une étude de marché, comportement du consommateur…).
Compte rendu	Document qui permet de **rendre compte** d'une situation observée.	• pour **informer, former le personnel** (compte rendu de réunion…).
Rapport	**Présentation détaillée**, argumentée et objective d'une étude relative à un problème à résoudre, d'une situation à améliorer.	• pour **aider une prise de décision**, réaliser une **remontée d'informations** (fonctionnement d'un rayon, d'une unité…).

B Les règles de présentation

Supports	Contenu	Présentation
Note de service	**Articuler le développement autour d'un plan** *(parties et sous-parties)* : rédaction claire et concise.	**Indiquer** : **l'émetteur** (rayon, prénom, nom et fonction), **un numéro d'ordre** (pour servir de référence et permettre le classement), **le destinataire** (rayon, prénom, nom et fonction du ou des destinataires), **lieu et date de rédaction**, **objet** (précis pour attirer l'attention), **signature** (suivi du nom de l'émetteur), **pas d'interpellation ni de formule de politesse.**
Note de synthèse	**Respecter le plan suivant** : • **introduction** : rappel de la problématique ; • **développement** : voir note de service ; • **conclusion** : proposition d'une solution.	

Supports	Contenu	Présentation
Compte rendu	**Structurer par des titres** : thèmes abordés, résumé ce qui est dit ou a été observé.	**Utiliser les éléments types** (titre, lieu, date, noms et fonctions des participants) et **signer le document**
Rapport	**Rédiger en respectant les étapes suivantes :** • **introduction** : analyse des faits ; • **développement** : diagnostic ; • **conclusion** : proposition.	**Mentionner** : le titre, l'auteur, la date, l'identification du destinataire, le plan, la signature. **Utiliser** des titres et des sous-titres, des phrases courtes et des paragraphes séparés **Employer** un ton impersonnel (il, on) dans les recommandations.

3 La communication orale

L'utilisation de techniques de communication va permettre de mieux comprendre son interlocuteur, d'être en phase avec lui pour mieux communiquer.

(A) L'observation

Communication	Éléments observables	Interprétation
Non verbale	Posture	• Elle reflète un état affectif, elle peut traduire, en fonction de la position du corps, une attitude soumise, dominante, participative ou de refus.
	Gestes	• Ils vont contribuer à appuyer (gestes positifs vers l'extérieur) ou à freiner (gestes négatifs, vers l'intérieur) la communication.
	L'émotion ☺	• Elle traduit l'état émotionnel de l'interlocuteur (rougissements, pâleurs, bégaiements).
Verbale	Registre de Langage	• Il donne une indication sur le niveau de compétence et d'instruction de l'interlocuteur.

(B) L'empathie

Pour être en phase avec son interlocuteur, il faut faire preuve d'empathie. C'est-à-dire repérer, par l'observation et l'écoute, le système de représentation sensoriel privilégié de son interlocuteur pour se synchroniser avec lui.

(C) L'écoute active

Pratiquer l'écoute active c'est :

- chercher à **comprendre le contenu** du message par une concentration sur les propos de l'interlocuteur **et** sur **le sens** en se concentrant sur la façon dont est exprimé le message (verbal, paraverbal et non verbal) ;
- **poser les bonnes questions** au bon moment ;
- **mémoriser** les propos de l'interlocuteur pour les reformuler et les réutiliser au cours de l'entretien.

(D) Le questionnement

Types de question	Objectifs	Exemples
Ouverte	S'informer	Pourriez-vous me décrire ? Qu'en pensez-vous ?
Fermée	S'informer précisément	Quelle est votre taille ? Combien ? Quand ?
Alternative	Orienter la décision	Préférez-vous le rouge ou le bleu ?
Miroir (écho)	Approfondir	Vous m'avez dit que vous aviez loué un vélo, quel type de vélo aviez-vous loué ?
Reformulation	Vérifier la compréhension	Vous souhaitez un réfrigérateur robuste, de faible encombrement avec une partie congélateur…

MOTS PROFESSIONNELS

Communication non verbale. Communication verbale. Courriel. Écoute active. Fichier attaché. Liste de diffusion. Reformulation

Voir Lexique dans les pages Mémos.

CE QUE JE SAIS FAIRE

- Identifier les différents supports de communication écrite.
- Distinguer les supports de communication écrite interne et externe.
- Maîtriser les règles de présentation des différents supports de communication écrite.
- Utiliser les techniques de communication orale.

20

L'entretien de vente

Le bon vendeur est celui qui sait respecter les différentes étapes d'une vente. Une vente se construit étape après étape. La durée de chacune de ces étapes dépend de la nature du produit vendu et du client. Dans l'entretien de vente, cinq phases successives doivent s'enchaîner les unes après les autres pour aboutir à une vente réussie.

1 Étape 1 : la prise en charge du client

Le vendeur est au centre de l'accueil, il doit dès le premier contact, savoir se faire accepter par son client et créer une ambiance favorable au bon déroulement de la vente.

(A) L'accueil

L'espace de vente	Le comportement non verbal du vendeur
L'aspect extérieur doit inciter le client à rentrer du fait d'une vitrine représentative, attractive et harmonieuse. **L'aspect intérieur doit inviter le client à rester par** la mise en œuvre : • des éléments du marketing sensoriel : décor, éclairage, musique, mobilier, organisation du point de vente, propreté ; • d'une offre produit claire et attractive.	**Le vendeur doit inspirer la confiance par :** • une **attitude** dynamique ; • une **présentation** soignée (coiffure, rasage, maquillage…) ; • une **tenue** vestimentaire adaptée au style de la clientèle et à l'image de l'unité commerciale.

(B) La prise de contact

Le vendeur doit identifier l'interlocuteur et le contexte, avant de réaliser sa prise de contact.

Action du vendeur	Résultat
Observer le type de client	Son âge, femme ou homme, client seul ou accompagné et le code social exprimé par sa tenue vestimentaire.
Qualifier le contexte	• **Accroche** : le vendeur aborde, sans agressivité, le client qui circule et regarde les produits. • **Demande** : le vendeur intervient à la demande du client.

Remarque : Priorité client : arrêtez vos activités en cours et allez vers le client pour prendre contact avec lui.

2 Étape 2 : la découverte du client

Pour réussir l'entretien de vente, le vendeur doit soigner particulièrement la découverte du client en utilisant des techniques de communication et de recherche des besoins adaptées. C'est au cours de cette phase qu'il mettra en évidence les motivations, mobiles et freins du client afin de proposer le bon produit.

A Le questionnement *(voir Cours 19)*

Le vendeur doit affiner le profil de son client avec des questions, il doit respecter la technique de l'entonnoir.

Respecter la technique de l'entonnoir

Reformulation

B La reformulation

À la fin de l'étape de recherche des besoins, le vendeur, lorsqu'il pense avoir cerné les besoins de son client, doit les reformuler pour les valider, afin de proposer le bon produit à son client.

La reformulation consiste à récapituler sous une autre forme les principaux mobiles d'achat exprimés par le client pour :

- clarifier les informations données par le client,
- vérifier que le vendeur a bien compris le besoin du client.

C Les techniques de recherche *(voir Cours 19)*

Elles consistent à :

- pratiquer l'écoute active ;
- faire preuve d'empathie ;
- repérer les motivations, les mobiles et les freins d'achat.

Remarque : Adaptez le nombre et le type de questions en fonction de votre client.

3 Étape 3 : la présentation du produit et l'argumentation

Le vendeur doit :

- présenter le produit au client de façon valorisante et favoriser la démonstration ;
- sélectionner, à partir de son argumentaire de vente, des arguments adaptés au client et susceptibles de le convaincre.

A La présentation du produit

Présenter le produit : c'est le mettre en valeur et concrétiser ses avantages.

Quelle stratégie de présentation adoptée ?

- **choisir le meilleur moment :** lorsque le vendeur a déterminé les besoins, motivations, mobiles et freins d'achat du client.
- **sélectionner le meilleur produit** : un produit qui correspond le mieux à la problématique du client.
- **proposer le meilleur choix** : un nombre limité de produits pour éviter que le client ne se disperse et pour lui permettre une souplesse dans le choix.
- **proposer le meilleur prix** : un prix moyen, pour disposer d'une marge de manœuvre (se laisser la possibilité de monter ou de descendre dans la gamme de prix).
- **mettre en œuvre la meilleure technique** : une démonstration ou un essayage chaque fois que cela est possible pour faciliter l'argumentation et amener le client à anticiper la possession du produit.

B L'argumentation

Argumenter : c'est rechercher l'adhésion du client.

Quelle stratégie de présentation adoptée ?

- **sélectionner et hiérarchiser les arguments** : pour s'adapter au comportement du client.
- **diriger l'argumentation en fonction des principaux mobiles d'achat découverts** : pour diminuer le nombre des objections.
- **personnaliser l'argumentation par l'emploi du « vous »** : pour impliquer le client.
- **utiliser le registre de langage adapté au client :** pour permettre une bonne compréhension des arguments.
- **argumenter sur les caractéristiques du produit, qui le distingue d'un autre :** pour mettre en évidence les points forts du produit.
- **faire participer le client :** pour capter son attention et l'amener à s'approprier le produit.
- **argumenter en utilisant les composantes « Produit + Services + Conditions de financement »** : pour convaincre plus facilement.
- **être positif et dynamique :** pour susciter l'intérêt du client.
- **s'exprimer au présent, éviter les mots et expressions négatives** : pour rassurer le client.

Remarque : Synchronisez argumentation et démonstration pour donner plus de force aux arguments.

4 Étape 4 : le traitement des objections

L'objection traduit un sentiment d'inquiétude de la part du client, sur un aspect du produit ou sur un argument développé par le vendeur. Celui-ci doit laisser s'exprimer l'objection, la prendre en compte et la traiter, c'est-à-dire apporter une réponse convaincante.

A L'identification des objections

Identifier une objection : c'est l'accepter et découvrir la préoccupation du client.

Objection fausse : elle est non sincère et non fondée, le client résiste à l'idée d'acheter : « *Je vais voir…, je vais réfléchir…, je vais en parler à mon mari…* »

Objection vraie :

- **elle est sincère et non fondée** : le client exprime un doute injustifié : « *Le lin est un textile fragile…, cette couleur est trop foncée…, c'est bruyant…* »
- **elle est sincère et fondée** : le client remet en question, de façon justifiée, un avantage du produit : « *Votre délai de livraison est trop long…* »

B Le traitement des objections

Traiter une objection : c'est apporter une réponse convaincante au souci exprimé par le client.

Techniques	Objectif	Mise en œuvre
Approfondissement	Faire préciser l'objection.	*« Pour quelles raisons ce modèle ne vous convient-il pas ?… »*
Appui	Transformer l'objection en argument.	*« Cet appareil est l'un des plus simples à utiliser de notre gamme, tenez, je vais vous montrer (démonstration)… »*
Affaiblissement	Diminuer l'importance de l'objection en reformulant une partie de l'objection.	*« Vous pensez au nettoyage : c'est un tissu traité antitaches, ce qui facilite son entretien… »*
« Oui, mais… »	Approuver le client et proposer un argument complémentaire.	*« Nos délais sont effectivement un peu longs, mais c'est l'assurance, pour vous, d'avoir un meuble fabriqué selon les traditions artisanales… »*
Contrôle de l'impact de la réponse à l'objection	S'assurer que le client approuve la réponse que le vendeur a faite.	*« Qu'en pensez-vous ? (silence du vendeur en attendant la réponse du client)… »*

Remarque : Prenez systématiquement en compte toute objection émise par le client et traitez-la efficacement.

5 Étape 5 : La conclusion de l'entretien de vente

L'objectif de cette dernière étape est de finaliser la vente en la concrétisant et de fidéliser le client.

(A) La présentation du prix

Présenter le prix : c'est amener le client à accepter le prix.

Attitude client	Comment faire ?
Le client **demande** le prix	**Annoncer le prix** clairement et naturellement. Considérer le prix comme une simple caractéristique du produit.
Le client : • **conteste** le prix ; • **discute** le prix ; • **ne dispose pas du financement.**	**Utiliser les techniques suivantes :** • **l'addition :** énumérer les avantages procurés par le produit, pour justifier le prix ; • **la soustraction :** indiquer au client l'avantage prix qu'il perd, s'il n'achète pas le produit aujourd'hui ; • **la multiplication :** démontrer au client que l'avantage lié au produit dure dans le temps ; • **la division :** diviser le prix du produit par sa durée d'utilisation.

(B) La conclusion de la vente

Conclure la vente : c'est repérer les signaux d'achat émis par le client pour concrétiser la vente.

Signaux d'achat	Comment faire ?
Le client : • se considère déjà comme possesseur ; • n'arrive pas à se décider, • remet sa décision à plus tard, • hésite et pose encore des questions, • n'est pas sûr de son choix.	• **anticiper** la décision en recherchant son accord sur un détail ; • **le pousser** à se décider en lui proposant deux solutions ; • **accélérer** la prise de décision en lui présentant les avantages dont il ne pourra bénéficier que s'il se décide immédiatement ; • **provoquer** la prise de décision par un argument important ; • **le rassurer** en résumant les avantages liés au produit.

(C) La proposition d'une vente associée

Réaliser une vente associée, c'est pousser les ventes de l'unité commerciale.

Ventes associées	Comment faire ?
Complémentaire	Proposer un produit ou un service complémentaire au moment de la présentation et de l'argumentation (cirage, cravate, stage de formation…).
Additionnelle	Proposer un ou plusieurs produits supplémentaires après la vente principale (imprimante, garantie supplémentaire…).

(D) La prise de congé

Prendre congé du client : c'est soigner la dernière impression, pour le fidéliser.

Remarque : Souvenez-vous des visages, le client sera flatté que vous le reconnaissiez lors de sa prochaine visite.

6 Étape 6 : L'auto-évaluation d'une prestation de vente

Pour améliorer sa pratique professionnelle en matière de vente, le vendeur doit être capable de s'auto-analyser, c'est-à-dire de prendre conscience de ses points forts et de ses points faibles. Cette auto-évaluation peut lui être demandée par son supérieur hiérarchique lors d'un entretien bilan.

A L'évaluation des critères comportementaux

Le vendeur doit prendre conscience que son comportement est un des facteurs qui va lui permettre de réussir ses ventes. Il doit faire porter son analyse sur les critères d'évaluation suivants : une **tenue soignée** et adaptée, une **posture droite**, une **attitude détendue**, un **regard franc**, un **sourire naturel,** des **gestes adaptés**, un **ton convaincant** et enfin un **débit modéré**.

B L'évaluation des critères techniques

Le vendeur doit contrôler après chaque vente la qualité de sa prestation. Celle-ci se mesure par l'évaluation de la mise en œuvre de ses compétences professionnelles.

Les étapes du plan de vente	L'auto-évaluation
❶ Accueil du client	☞ Ai-je : • montré ma disponibilité au client ? • salué de façon personnalisée mon client ? • utilisé la phrase d'accroche adaptée ?
❷ Découverte du client	☞ Ai-je : • appliqué un plan de découverte efficace ? • détecté les bons mobiles d'achat ? • reformulé correctement ?
❸ Présentation et argumentation	☞ Ai-je : • proposé le bon produit ? • réalisé une démonstration ? • adapté mes arguments aux mobiles ? • personnalisé mon argumentation ?
❹ Traitement des objections	☞ Ai-je : • identifié toutes les objections ? • proposé des réponses convaincantes ?
❺ Finalisation de la vente	☞ Ai-je : • repéré les signaux émis par le client ? • utilisé une technique de conclusion appropriée ? • proposé une vente additionnelle ? • pris congé ?

(C) *L'exploitation de l'auto-évaluation*

Elle doit permettre au vendeur :

- de se situer par rapport à ses capacités relationnelles et par rapport à ses compétences professionnelles ;
- de se remettre en cause de façon constructive pour améliorer le ou les points non maîtrisés ;
- de s'adapter aux évolutions des techniques et des comportements des clients.

Remarque : Prenez conscience en matière de communication vente, de vos points forts mais aussi de vos points faibles et réfléchissez aux axes d'amélioration possible.

MOTS PROFESSIONNELS

Argumentation. Auto-évaluation. Démonstration. Frein d'achat. Mobile. Motivation. Objection. Présentation du produit. Signal d'achat

Voir Lexique dans les pages Mémos.

CE QUE JE SAIS FAIRE

- Accueillir le client.
- Rechercher ses besoins.
- Présenter le « bon » produit et argumenter.
- Identifier et traiter les objections.
- Conclure l'entretien de vente :
  - en présentant le prix ;
  - en concluant la vente principale au bon moment ;
  - en proposant une vente associée ;
  - en prenant congé du client.
- Évaluer ma prestation de vente en dégageant mes principaux points forts et points faibles et en proposant des axes de d'amélioration.

21

Le traitement des réclamations

Dans la mise en œuvre d'une démarche qualité, l'unité commerciale doit apporter une réponse aux réclamations de la clientèle. Toute réclamation en face-à-face ou écrite doit être prise en compte. Le traitement des réclamations est un outil de fidélisation.

1 Le recueil des réclamations

Le client peut formuler une réclamation par rapport au produit, au personnel ou au cadre de vente ; il dispose pour cela de plusieurs outils :

- **boîtes à suggestions :** placées dans des endroits stratégiques sur la surface de vente *(entrée, accueil, allée centrale, SAV…)*, elles permettent de recueillir, à l'aide de fiches de suggestions, le plus souvent le mécontentement de la clientèle ;
- **site Internet :** la rubrique « contactez-nous » des sites des enseignes est un moyen de collecte efficace et rapide ;
- **courrier ou courriel** : le client, par une démarche volontaire, adresse un message écrit à l'unité commerciale pour exprimer son désaccord ;
- **en face-à-face** : le client exprime son mécontentement à l'oral, le vendeur est son premier interlocuteur.

2 Les causes des réclamations

Elles peuvent être liées :

- au produit : produits abîmés, défaut d'étiquetage, prix plus élevé que chez les concurrents, rupture de stock… ;
- au service : délai de mise à disposition non respecté, qualité de l'intervention… ;
- au personnel : amabilité, incompétence, indisponibilité… ;
- au cadre de vente : encombrement et propreté des allées, signalisation, attente aux caisses…

3 La prise en charge de la réclamation en face-à-face

Accueillir la réclamation en adoptant une attitude positive.

Attitude à adopter	Procédure à respecter
Isoler le client : pour ne pas nuire à l'image de l'unité commerciale.	Le diriger vers un endroit moins fréquenté de la surface de vente.
Calmer le client : pour désamorcer toute agressivité.	• laisser le client s'exprimer librement et l'écouter ; • ne pas monter le ton, pour ne pas créer un conflit.
Évaluer la validité de la réclamation : pour la prendre en charge.	vérifier que l'achat a été réalisé dans le magasin, ainsi que la date d'achat.
Reformuler : pour amener le client à préciser la nature de son mécontentement.	• synthétiser et récapituler les causes du mécontentement ; • demander des précisions sur certains points peu développés par le client.

4 Le traitement des réclamations

L'unité commerciale est responsable, il faut :

- accepter la réclamation, présenter ses excuses (au nom du point de vente), rassurer le client ;
- proposer une solution (échange, avoir, remboursement…) ;
- réparer le préjudice.

Le client est responsable, il faut lui montrer où se situe sa faute et trouver une solution en fonction de la qualité du client (fidèle ou occasionnel) et de la valeur du produit.

MOTS PROFESSIONNELS

Réclamation

Voir Lexique dans les pages Mémos.

CE QUE JE SAIS FAIRE

- Identifier les outils de recueil des réclamations clients.
- Déterminer les causes des réclamations.
- Accueillir la réclamation.
- Traiter la réclamation.

exercices

7.1 *Vérifiez vos connaissances*

Exercice Démêlez le vrai du faux

Entourez ou surlignez le symbole qui correspond à votre réponse et apportez, en cas de réponse négative, le correctif utile.

1) Les écrits professionnels externes contribuent à véhiculer l'image de l'unité commerciale de laquelle ils émanent. ☺ ☹

2) La lettre commerciale peut, en cas de litige, constituer une preuve juridique. ☺ ☹

3) Un courriel est un courrier électronique qui est toujours individuel. ☺ ☹

4) Un vendeur peut rédiger une note de service à l'attention de son chef de rayon. ☺ ☹

5) La note de synthèse est un document destiné à informer le personnel de l'unité commerciale. ☺ ☹

6) Un rapport est une étude détaillée qui sert à éclairer une prise de décision. ☺ ☹

7) Les éléments de la communication paraverbale sont : la prononciation, le débit et l'intonation. ☺ ☹

8) Le vendeur qui souhaite faire preuve d'empathie va, par exemple, adopter la même posture que son client. ☺ ☹

9) Une question alternative permet d'obtenir une information précise de la part du client. ☺ ☹

7.2 *Mettez en application*

Exercice 1

Concevez un support de communication écrite à diffuser au sein d'un point de vente spécialisé dans le prêt-à-porter féminin « Fémina » situé à Marseille.

Travail à faire

A) Indiquez le type de communication dans lequel s'inscrit le document que vous avez à rédiger.

B) Sélectionnez le support de communication adapté et justifiez votre réponse.

C) Rédigez le support de communication que vous avez sélectionné, à partir des remarques réalisées par votre responsable Monsieur Legrand.

Conseil
Utilisez un logiciel de traitement de texte pour réaliser ce travail.

Document : Remarques du responsable du point de vente.

Certains vendeurs ne portent pas leurs badges. (Observations menées semaines 34 et 35.)

Il faut insister sur le fait que le badge est un moyen d'identification et de personnalisation.

C'est également un élément d'accueil et d'image du magasin.

Exercice 2 Accueillez vos clients

Mettez en parallèle les numéros des actions et les numéros des moyens correspondants.

1) Les actions « vendeur »

❶ Véhiculez les valeurs de la marque
❷ Soyez naturellement disponible : priorité client
❸ Soyez accueillant (e) et chaleureux (se)
❹ Soyez attentionné (e) et à l'écoute du client
❺ Prenez spontanément contact avec le client
❻ Prenez plaisir à accueillir le client

2) Les moyens à mettre en œuvre

❶ Ayez un sourire visible, systématique, généreux et spontané. Ayez un regard bienveillant et franc.

❷ Établissez un contact dans un délai raisonnable.

❸ Ayez une présentation soignée, une élocution claire : vocabulaire choisi et respectueux, intonation adaptée à la « proximité » du client.

❹ Observez le client et abordez-le de manière personnalisée. Gardez une vue d'ensemble sur la surface de vente pour accueillir les autres clients.

❺ Soyez dynamique, conviviale et enthousiaste. Prenez plaisir à être avec le client même s'il n'achète pas.

❻ Arrêtez vos activités en cours et allez vers le client pour prendre contact avec lui. Mettez votre énergie et votre temps au service du client.

Exercice 3 Argumentez et traitez les objections

Travail à faire

A) Repérez si les arguments développés par le vendeur sont adaptés ou non au client. Justifiez chacune de vos réponses.

B) Proposez deux arguments que vous jugez mieux adaptés au client en respectant les techniques d'argumentation en les hiérarchisant.

C) Hiérarchisez les différents arguments en fonction des mobiles d'achat du client.

D) Identifiez les objections émises par le client, indiquez la technique de réponse à utiliser.

Document 1 : Le client

Homme d'une trentaine d'années, marié.

Il souhaite utiliser la chaîne en écoute traditionnelle et pouvoir utiliser son ipod.

Ses mobiles prioritaires : la nouveauté et le confort

Ses mobiles secondaires : l'argent.

Document 2 : Fiche technique : Yamaha MCR-230

Nombre d'éléments électroniques	**1**
Tuner	**RDS**
Nombre de présélections FM	**30**
Formats audio lus	**CD Audio, CD-R, CD-RW, MP3, WMA**
Puissance efficace	**2 × 20 Watts RMS**
Dock iPod	**Oui**
Port USB	**Oui**
Sorties audio	**1 sortie caisson de basses, 1 prise casque 3,5 mm**
Nombre d'enceintes livrées	**2**
Caractéristiques complémentaires	**Dock pour ipod et pilotage des fonctions de base depuis la télécommande**
Dimensions (l × p × h) en mm	**564 × 296 × 123**
Poids net en g	**8900**

Document 3 : Liste des arguments

❶ « Vous bénéficiez d'un modèle de chaîne multifonction à un prix tout à fait abordable. »

❷ « Je vous propose ce nouveau modèle Yamaha, c'est une micro chaîne très complète composée, comme vous pouvez le voir, d'un lecteur de cd, d'un tuner, d'un lecteur d'ipod et de deux enceintes. »

❸ « Il y a deux ans de garantie sur ce modèle. C'est une sécurité non négligeable, pour ces modèles bas de gamme. »

❹ « Cette chaîne est très simple d'utilisation grâce aux fonctions contenues dans le menu, et vous disposez bien sûr d'une télécommande très précise. »

Document 4 : Les objections client

❶ « Ce n'est pas une chaîne monobloc. »

❷ « J'hésite, j'ai peur que ce modèle ne corresponde pas tout à fait à ce que je veux. »

Exercice 4 Analyse critique d'un entretien de vente

Travail à faire

A) Repérez les différentes étapes de l'entretien de vente.

B) Identifiez les points positifs et les points négatifs du comportement du vendeur.

C) Améliorez la recherche des besoins en rédigeant deux questions complémentaires.

D) Précisez le mobile d'achat exprimé par le client.

Situation	Étapes	Points positifs	Points négatifs
Un client entre dans le magasin et se dirige vers un vendeur occupé à saisir des informations sur poste informatique. Le vendeur **(V)** s'interrompt et sourit au client **(C)**. **V** : « Bonjour monsieur, je suis à vous dans un instant… » Le client attend et le vendeur finit par le rejoindre. **V** : « Je vous écoute, quel produit recherchez-vous ? » **C** : « Je suis en panne d'imprimante et cela me gêne beaucoup. » **V** : « Vous imprimez surtout du texte ? » **C** : « Non, de la photo aussi. » **V** : « Le magasin vient de recevoir le dernier modèle HP multifonction qui permet de réaliser des photocopies et bien sûr d'imprimer directement des photos depuis votre appareil vous pouvez suivre l'opération grâce à son écran de visualisation intégré, en plus nous vous proposons tous les consommables qui vont avec. » **C** : « Vous avez vu le prix c'est vraiment très cher. » **V** : « Si vous voulez une excellente qualité d'impression ce modèle est parfait. » **C** : « Je vais voir… » **V** : « Très bien prenez le temps de réfléchir et n'hésitez pas à revenir rapidement, bonne fin de journée, au revoir monsieur et merci d'avoir choisi notre enseigne. »			

exercices et corrigés

Exercice 5 Traitez les réclamations des clients

Travail à faire

A) Identifiez la cause des réclamations.

B) Rédigez la réponse orale à apporter à la réclamation n° 1.

C) Indiquez le support de réponse à utiliser et répondez à la réclamation n° 2.

Document 1 : Réclamations clients

Réclamation n° 1 : un client mécontent se dirige vers vous au rayon librairie.

« Cela fait 10 minutes que j'attends, impossible de trouver un vendeur au rayon hi-fi. »

Réclamation n° 2 : courriel reçu

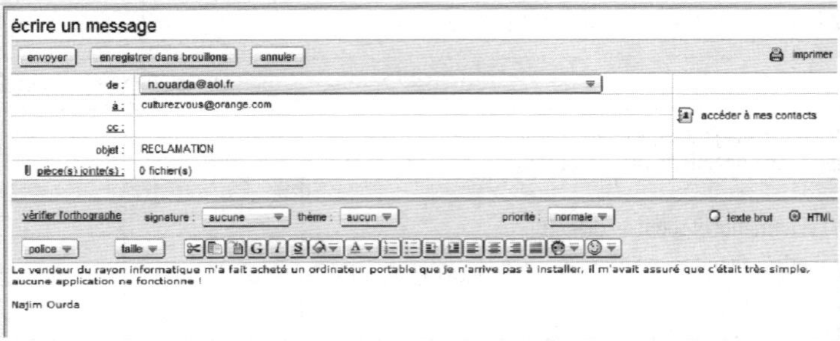

7.1 *Vérifiez vos connaissances*

Exercice

1) ☺

2) ☺

3) ☹ C'est un courrier électronique qui peut être collectif, par l'utilisation d'une liste de diffusion.

4) ☹ C'est le chef de rayon qui rédige une note de service à l'attention des vendeurs.

5) ☹ C'est un document destiné à éclairer une prise de décision au niveau du rayon ou de l'unité commerciale.

6) ☺

7) ☺

8) ☺

9) ☹ Cette question permet d'orienter la décision du client.

7.2 Mettez en application

Exercice 1

A) Ce support s'inscrit dans le cadre de la communication interne.

B) Le support à sélectionner est la note de service, il s'agit d'informer le personnel sur une consigne de travail à respecter.

C) Note de service interne :

> **FEMINA**
>
> **Émetteur :** Monsieur Legrand
> Responsable du point de vente
>
> **Destinataire** : À l'attention de l'équipe de vente
>
> **Objet** : Importance du port du badge. — Marseille,
> **Réf.** : 45 — le, …
>
> Veuillez trouver ci-après les recommandations relatives au port du badge :
> - Les vendeurs doivent vérifier s'ils portent correctement leurs badges (nom, prénom et fonction) dès le début de journée.
> - Le responsable et les membres de l'équipe effectueront un contrôle à ce niveau.
> - Le badge est un élément à part entière d'accueil, il permet aux clients d'identifier le vendeur, il aide à la personnalisation de la relation.
>
> Monsieur Legrand
> Responsable du point de vente

Exercice 2 Accueillez vos clients. ❶ ③ - ❷ ⑥ - ❸ ① - ❹ ④ - ❺ ② - ❻ ⑤

Exercice 3 Argumentez et traitez les objections

A) Les arguments adaptés ou non

❶ Adapté au mobile secondaire : argent.

❷ Adapté au mobile nouveauté et confort, tout l'équipement traditionnel d'écoute pour un nouveau modèle est présent.

❸ Ne correspond pas aux mobiles du client, il n'a à aucun moment évoqué le problème de la sécurité ou des risques de panne.

❹ Parfaitement adapté au mobile confort, simplicité d'utilisation et le confort de la télécommande.

B) Les arguments rédigés

❺ « Regardez cette chaîne est très simple et son utilisation très conviviale, des messages s'affichent au fur et à mesure des fonctions sollicitées et vous voyez c'est ici sur cet emplacement que vous installer votre ipod en l'ayant préalablement sélectionné en tant que source dans le menu. »

❻ « Ce modèle vous permettra d'écouter vos stations de radio, vous pouvez présélectionner 30 stations, vos cd préférés et la musique enregistrée sur votre ipod, et profiter ainsi d'un son de haute définition. »

C) Hiérarchisation des arguments

❷❹❺❻❶

Remarque : Il est possible d'inverser l'ordre de présentation des arguments ❺ ❻. L'argument ❸ est à éliminer puisqu'il ne correspond pas aux mobiles d'achat du client.

D) Les réponses aux objections

① : Objection sincère et non fondée, technique à utiliser : l'affaiblissement

« Vous pensez à l'encombrement, cette mini-chaîne est très pratique car vous pouvez dissocier tous les éléments dont les dimensions sont étudiées pour occuper le moins de place possible. »

② : Objection non sincère et non fondée, technique à utiliser : question d'approfondissement :

« Quelles sont les caractéristiques qui vous font hésiter ? » ou « qui semblent ne pas vous donner satisfaction. »

Exercice 4 Analyse critique d'un entretien de vente

A) Repérage des différentes étapes de l'entretien de vente.

B) Identification des points positifs et des points négatifs du comportement du vendeur.

Situation	Étapes	Points positifs	Points négatifs
Un client entre dans le magasin et se dirige vers un vendeur occupé à saisir des informations sur poste informatique. Le vendeur s'interrompt et sourit au client. **V** : « Bonjour monsieur, je suis à vous dans un instant… »	Prise de contact	Remarque le client, est souriant. aimable. Il intervient à la demande du client.	Ne se rend pas disponible et continue son activité.
Le client attend et le vendeur finit par le rejoindre. **V** : « Je vous écoute, quel produit recherchez-vous ? »	Prise en charge	Prend en considération le client.	
C : « Je suis en panne d'imprimante et cela me gêne beaucoup. » **V** : « Vous imprimez surtout du texte ? » **C** : « Non, de la photo aussi. »			Recherche des besoins incomplète, questionner sur l'utilisation du produit, la marque et le modèle déjà acheté.
V : « Le magasin vient de recevoir le dernier modèle HP multifonction qui permet de réaliser des photocopies et bien sûr d'imprimer directement des photos depuis votre appareil ; vous pouvez suivre l'opération grâce à son écran de visualisation intégré, et nous vous proposons en plus tous les consommables qui vont avec. »	Présentation, argumentation et vente complémentaire	Argumentation bien structurée.	Proposition d'un seul produit (nouveauté) inadapté au mobile du client.
C : « Vous avez vu le prix c'est vraiment très cher. »	Objection sincère et fondée		Pas de technique identifiable de réponse à l'objection, mise en œuvre.
V : « Si vous voulez une excellente qualité d'impression, ce modèle est parfait. »	Traitement de l'objection		Réponse non convaincante.
C : « Je vais voir… » **V** : « Très bien prenez le temps de réfléchir et n'hésitez pas à revenir rapidement, bonne fin de journée, au revoir monsieur et merci d'avoir choisi notre enseigne. »	Prise de congé	Formulation de la prise de congé correcte et courtoise.	Laisse partir le client sans qu'il ait acheté.

corrigés

C) Rédaction de deux questions complémentaires :

- Quel modèle aviez-vous acheté ?
- Vous utilisez votre imprimante pour des travaux bureautiques, des tirages couleur ou des photos ?

D) Mobile exprimé : argent

Exercice 5 Traitez les réclamations des clients

A) Identification de la cause des réclamations
Réclamation n° 1 : liée au personnel.
Réclamation n° 2 : liée aux services.

B) Réponse orale à apporter à la réclamation 1
« Bonjour monsieur, effectivement aujourd'hui une partie de l'équipe du rayon hi-fi est en formation, je vais faire appeler un de mes collègues. »

C) Réponse par courriel :

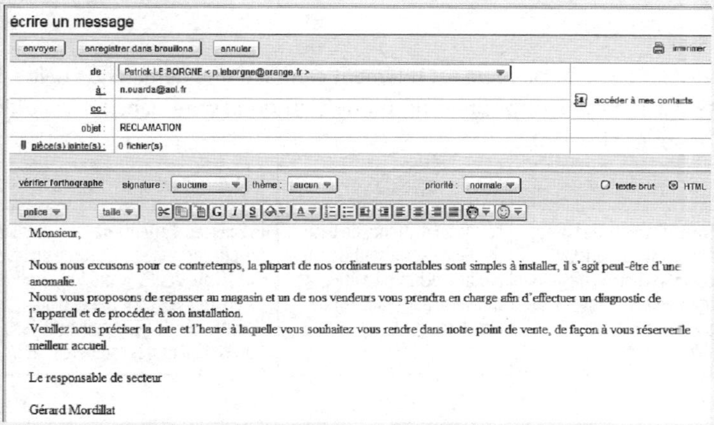

écrire un message

envoyer | enregistrer dans brouillons | annuler | imprimer

de : Patrick LE BORGNE < p.leborgne@orange.fr >
à : n.ouarda@aol.fr
cc :
objet : RECLAMATION
pièce(s) jointe(s) : 0 fichier(s)
accéder à mes contacts

vérifier l'orthographe — signature : aucune — thème : aucun — priorité : normale — texte brut — HTML

police — taille

Monsieur,

Nous nous excusons pour ce contretemps, la plupart de nos ordinateurs portables sont simples à installer, il s'agit peut-être d'une anomalie.
Nous vous proposons de repasser au magasin et un de nos vendeurs vous prendra en charge afin d'effectuer un diagnostic de l'appareil et de procéder à son installation.
Veuillez nous préciser la date et l'heure à laquelle vous souhaitez vous rendre dans notre point de vente, de façon à vous réserver le meilleur accueil.

Le responsable de secteur

Gérard Mordillat

22

La satisfaction de la clientèle

L'unité commerciale doit mesurer régulièrement la satisfaction de sa clientèle pour repérer les causes d'insatisfaction de façon à mettre en place des actions correctrices.

1 La satisfaction

La satisfaction de la clientèle est l'élément central d'une démarche qualité. Elle passe par la mise à disposition du produit ou du service dans les conditions attendues par le client.

☹ client insatisfait	😐 client satisfait	☺ client très satisfait
Le niveau d'attente de base du client n'est pas satisfait (le produit recherché n'est pas trouvé dans les rayons, le personnel n'est pas aimable…).	Le niveau d'attente de base du client est satisfait (le produit recherché a été trouvé, le personnel est aimable…).	Le niveau d'attente de base du client est dépassé et se rapproche du niveau d'attente désiré (le produit recherché a été trouvé et fait l'objet d'une promotion, le personnel est très prévenant et très compétent…).

2 Les outils de mesure de satisfaction

La mesure du degré de satisfaction de la clientèle permet notamment d'établir un diagnostic de l'image de l'unité commerciale.

Outils		Sources d'informations		Avantages	Inconvénients
		internes	externes		
PERMANENTS	• Boîte à suggestion • Numéro vert • Courriers ou courriels • SAV • Personnel	X		– connaissance en continu des réactions de la clientèle sur l'unité commerciale ; – échanges personnalisés entre clients/personnel/unité commerciale.	– difficulté d'exploitation et de synthèse des informations ; – informations collectées non représentatives de l'ensemble de la clientèle.
	• Panel de détaillants • Revues commerciales		X	– transmission régulière d'informations.	– communication d'informations générales liées à l'enseigne.

Outils		Sources d'informations		Avantages	Inconvénients
		internes	externes		
PONCTUELS	• Enquête baromètre, par questionnaire • Réunion de consommateurs • Cercle de qualité du personnel	X		– analyse d'informations structurées et fiables ; – mise en évidence plus nette des causes de satisfaction, d'insatisfactions et des solutions à apporter.	– conception et réalisation qui peuvent représenter un coût important.

3 L'étude de la satisfaction

L'enquête par questionnaire est un moyen utilisé pour étudier la satisfaction de la clientèle.

Méthodologie de réalisation d'une enquête par questionnaire dans une unité commerciale
Repérer le ou les principaux objectifs de l'enquête : identifier les thèmes abordés dans le questionnaire. **Définir un procédé d'échantillonnage adapté à l'enquête :** • **le tirage au sort :** des clients sont interrogés au hasard dans un point de vente ; • **les quotas :** l'échantillon reproduit, en pourcentage, les caractéristiques de la clientèle à étudier (les femmes représentent 80 % de la clientèle, pour 100 questionnaires : interroger 80 femmes) ; • **les itinéraires :** l'échantillon répond à un ensemble de règles précises définies par un itinéraire à suivre, pour limiter la part de hasard (interroger un client toutes les 10 minutes à la sortie de l'unité). **Choisir un mode d'administration du questionnaire :** entretien sur la surface de vente, par téléphone, par Internet. **Administrer le questionnaire :** interroger les clients en fonction du procédé d'échantillonnage et du mode d'administration retenus.

4 La mesure de la satisfaction

Dépouiller le questionnaire : saisir manuellement ou à l'aide d'un logiciel de dépouillement d'enquête de type Sphinx ou Ethnos, les réponses collectées sur chaque questionnaire.
Présenter les résultats sous une forme visuelle et synthétique : réaliser des tableaux et des graphiques sur les points importants à mettre en évidence.
Analyser les résultats.

5 L'appréciation du degré de satisfaction de la clientèle

L'analyse des résultats doit permettre :

• **de dégager** les éléments de satisfaction et les éventuels motifs d'insatisfaction en les hiérarchisant et en proposant des solutions ;

- **d'évaluer** la satisfaction des clients par rapport au produit ou de l'unité commerciale par rapport à ses concurrents et en fonction d'une évaluation précédente ;
- **de repérer** les axes d'amélioration.

MOTS PROFESSIONNELS

Échantillon. Enquête baromètre. Enquête par questionnaire. Panel

Voir Lexique dans les pages Mémos.

CE QUE JE SAIS FAIRE

- Sélectionner les différents outils de mesure de satisfaction de la clientèle en fonction des objectifs du point de vente.
- Respecter les différentes étapes de réalisation d'une enquête par questionnaire.
- Exploiter les résultats.
- Analyser les résultats en sachant repérer les points positifs et négatifs et en proposant des améliorations.

23

La fidélisation de la clientèle

Une stratégie de fidélisation doit permettre de favoriser la régularité des achats de la clientèle, de faire d'un client occasionnel, un client habituel. Pour réussir sa stratégie de fidélisation, l'unité commerciale doit satisfaire ses clients et établir un contact permanent avec eux.

1 La fidélisation

A Les enjeux de la fidélisation

Économiques : il est moins coûteux, pour un point de vente, de conserver un client que d'en conquérir un nouveau. Un client fidèle génère un chiffre d'affaires plus stable.

Stratégiques : la fidélisation permet de se différencier par rapport à la concurrence.

Internes : une politique de fidélisation, permet au point de vente de développer la culture de la satisfaction du client auprès de son personnel et de faire évoluer ses compétences.

B La gestion de la relation client

La mise en place d'une stratégie de fidélisation implique la création et l'actualisation d'une base de données clients qui permet la segmentation de la clientèle.

Une gestion performante de la relation client doit amener l'unité commerciale à adapter ses outils de fidélisation et optimiser ses relations avec les clients : préparation de contacts commerciaux, publipostage…

2 Les outils de fidélisation

Outils	Caractéristiques	Avantages	
		Client	Unité commerciale
Carte de fidélité	Carte nominative établie par une enseigne ou une unité commerciale. Elle est destinée à recevoir des preuves d'achat.	• Bénéficier d'un cadeau, d'un chèque cadeau ou d'une remise à partir d'un certain montant d'achat ou de points.	• Constituer un fichier clientèle. • Connaître le comportement d'achat du client. • Développer l'attachement à l'enseigne. • Inciter au renouvellement d'achat.
Carte privative de paiement	Carte nominative, délivrée par un distributeur, pour permettre au client de payer ses achats.	• Offrir une facilité de paiement. • Profiter des avantages liés à la carte : réductions…	
• **Club clients** • **Soldes privés**	Actions promotionnelles, événementiels réservés à la clientèle titulaire de la carte de fidélité.	• Être considéré comme un client privilégié. • Se sentir reconnu.	• Récompenser de façon privilégiée les meilleurs clients.
Site Internet	Support virtuel qui permet de toucher à distance une clientèle hors zone.	• Accéder à un espace personnel : compte client, suivi de commande…	• Personnaliser la relation avec le client.
• **Prospectus** • **Lettre d'informations** (papier ou virtuelle)	Supports d'informations qui présentent l'enseigne à travers son actualité commerciale.	• Être informé à domicile, de façon régulière.	• Établir un lien régulier entre l'unité et ses clients. • Attirer le client vers l'unité.
• **Publipostage** (postal ou électronique) • **Mobile mercatique**	Supports destinés à proposer une offre personnalisée et des informations événementielles.	• Être informé de façon personnelle à son domicile ou sur ses messageries.	• Privilégier la relation individuelle. • Favoriser la régularité des achats.

3 Les indicateurs de mesure de la fidélisation

La mesure de la fidélisation implique l'exploitation d'une base de données dans le cadre de la gestion de la relation clientèle (GRC).

Indicateur	Mode de calcul
Taux de progression du nombre de cartes émises	$\frac{\text{Nombre de cartes émises sur une période n}}{\text{Nombre de cartes émises sur une période n} - 1} \times 100$
Taux d'utilisation de la carte de fidélité	$\frac{\text{Nombre de passages en caisse avec la carte sur une période n}}{\text{Nombre total de passages en caisse sur une période n}} \times 100$

Indicateur	Mode de calcul
Taux de chiffre d'affaires encarté	$\frac{\text{Chiffre d'affaires encarté sur une période n}}{\text{Chiffre d'affaires total sur une période n}} \times 100$
Panier moyen encarté	$\frac{\text{Chiffre d'affaires encarté sur une période n}}{\text{Utilisation de la carte de fidélité sur une période n}} \times 100$
Taux de retombée par rapport aux publipostages	$\frac{\text{Nombre de retour}}{\text{Nombre d'envoi}} \times 100$

4 L'évaluation des performances de l'unité commerciale

L'objectif de l'évaluation des performances de l'unité commerciale consiste à recueillir et à traiter des informations par rapport à des indicateurs commerciaux et aux résultats de l'équipe.

MOTS PROFESSIONNELS

Base de données. Chiffre d'affaires encarté. Fidélisation. Fidélité. Indicateur

Voir Lexique dans les pages Mémos.

CE QUE JE SAIS FAIRE

- Repérer les différents enjeux d'une stratégie de fidélisation pour l'unité commerciale.
- Identifier les outils de fidélisation et en dégager les avantages pour le client et l'unité commerciale.
- Proposer au client les outils de fidélisation de l'unité commerciale.
- Utiliser les différents indicateurs de mesure de la fidélisation.

exercices

8.1 *Vérifiez vos connaissances*

Exercice Démêlez le vrai du faux

Entourez ou surlignez le symbole qui correspond à votre réponse et apportez, en cas de réponse négative, le correctif utile.

1) La segmentation est une méthode qui consiste à regrouper les clients en groupes homogènes, en fonction de critères communs.	☺	☹
2) Un segment de clientèle est constitué d'un groupe de clients ayant des caractéristiques différentes.	☺	☹
3) Un profil type de clientèle comprend des critères objectifs et subjectifs.	☺	☹
4) Un client occasionnel est un client qui fréquente pendant une période déterminée le point de vente.	☺	☹
5) Un client temporaire ne peut pas être un client fidèle.	☺	☹
6) La connaissance du comportement d'achat des clients doit permettre à l'unité commerciale d'adapter son offre commerciale.	☺	☹
7) Le comportement d'achat correspond uniquement à l'étude des habitudes et des attitudes d'achat des clients.	☺	☹
8) Une attitude cognitive traduit la spontanéité du client dans son acte d'achat.	☺	☹
9) L'attraction correspond à la distance qui sépare le client de son domicile ou de son lieu de travail par rapport au point de vente.	☺	☹
10) La segmentation de la clientèle est un outil destiné uniquement à l'adaptation de l'assortiment du point de vente.	☺	☹

8.2 *Passez le Bac*

Exercice 1 La satisfaction et la fidélisation de la clientèle

Votre magasin TRUFFAUT de LA ROCHELLE – Beaulieu souhaite connaître le degré de satisfaction de sa clientèle ainsi que les raisons de sa venue dans votre lieu de vente. Afin de mieux cerner les attentes des clients et développer son action dans le domaine des services qu'il propose à sa clientèle, une enquête a été administrée auprès de 100 clients entre le 5 et le 10 juin 2010.

M. HEMON, votre responsable, attend que vous lui apportiez vos connaissances en matière d'exploitation de questionnaire.

A) Dégagez, à partir du document 1 et de vos connaissances :

- les points forts du point de vente ;
- le profil de votre clientèle ;
- les conclusions que vous en tirez.

Conseil
Voir **Cours 13 : La clientèle.**

M. HEMON souhaite développer et fidéliser la clientèle du point de vente. À partir du document 2 et de vos connaissances :

B) Proposez :

- **trois actions** qui vont permettre de développer la clientèle. Ces actions doivent permettre de toucher une clientèle hors zone et d'attirer le client vers le point de vente. Vous justifierez vos choix.
- **six actions** qui vont vous permettre de fidéliser la clientèle existante. Ces actions doivent permettre :
  - d'établir un lien régulier entre le client et le point de vente *(trois actions)* ;
  - de privilégier une relation personnalisée (ou individualisée) avec le client *(trois actions).*

Document 1 : Résultats de l'enquête de satisfaction Truffaut

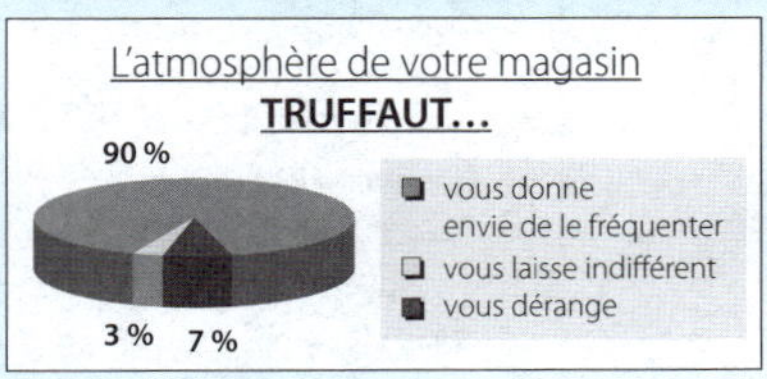

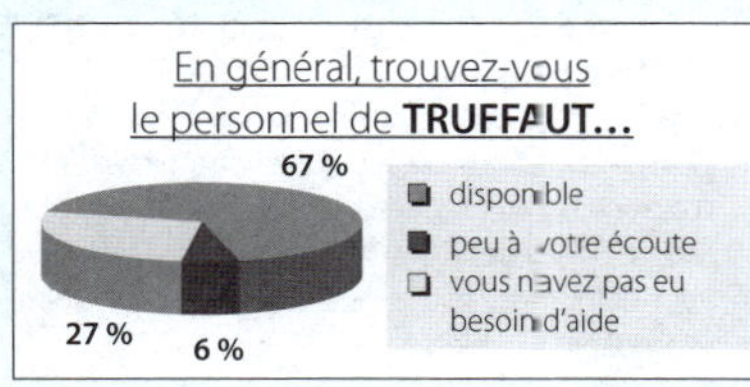

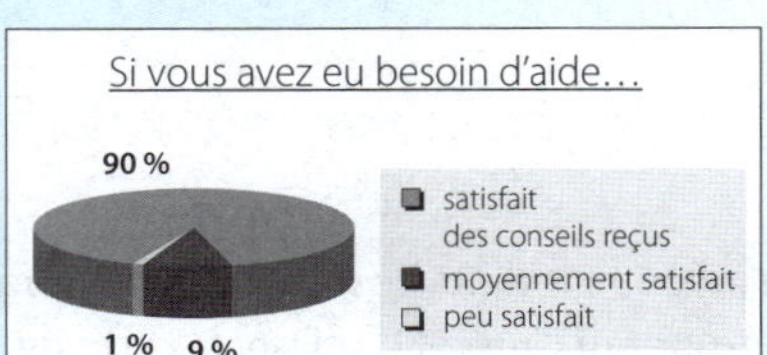

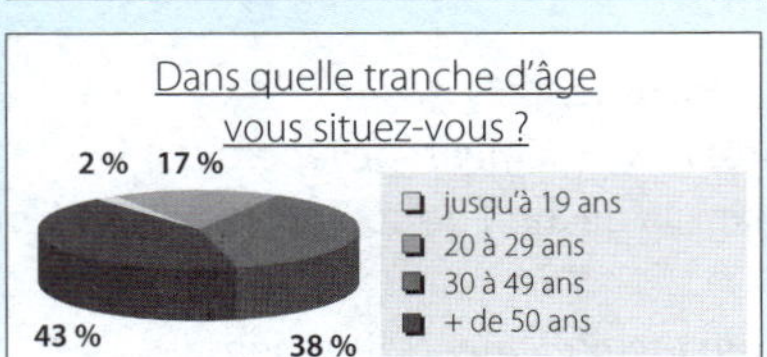

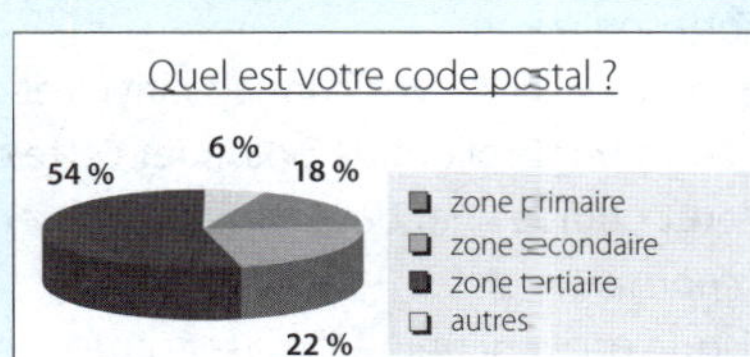

Document 2 : Fidélisation et développement de la clientèle

Entrez dans l'univers de www.truffaut.com

Votre magasin change de look, votre site aussi pour une nouvelle version encore plus riche et plus attractive ! Surfez dans nos trois univers : jardin, animaux, loisirs-décoration. Découvrez l'actualité, les promotions, les animations de votre magasin et toujours plus d'informations et de conseils. Retrouvez les grands dossiers extraits de TRUFFAUT Magazine et téléchargez les fiches conseils et projets, une multitude d'idées et astuces des experts TRUFFAUT pour réussir vos projets…
Commandez un bouquet de fleurs ou bien un article parmi la sélection produits du Magazine (repérés par @).
Et retrouvez aussi tous les horaires et les plans d'accès du magasin.

Retrouvez-nous sur www.truffaut.com
Vous trouverez des infos, des idées, des conseils, mais aussi une sélection de produits présentés dans le magasin que vous pourrez acheter directement en ligne. Découvrez tous les événements à ne pas manquer dans votre magasin ainsi que tous les plans d'accès.

N° AZUR 0 810 810 698
7 jours/7 de 9 h 30 à 19 h 30
y compris les jours fériés

En ligne et en avance !

Avec le printemps, le site web de TRUFFAUT s'enrichit de nouveaux services ! D'un clic, découvrez tous les nouveaux cadeaux de la vitrine et choisissez tranquillement ceux que vous échangerez contre les points fidélité de votre carte Bonus.
Encore plus interactif : TRUFFAUT a inauguré un tout nouveau rendez-vous mensuel en ligne, avec la création d'une lettre d'information « LA NEWSLETTER TRUFFAUT ».
Pour la recevoir inscrivez-vous dès maintenant sur www.truffaut.com ou indiquez votre e-mail à l'hôtesse d'accueil de votre jardinerie en prenant votre carte de fidélité Bonus de TRUFFAUT. Vous serez ainsi les premiers informés des événements, actualités, animations, promotions…

À votre service…

Pour vous garantir des prestations de qualité et vous simplifier la vie, TRUFFAUT s'engage et vous propose un large choix de service :
- La carte Bonus
- La garantie végétale
- Les chèques cadeaux
- Les diagnostics
- Les commandes spéciales
- Le rempotage
- Le service après-vente
- Les livraisons à domicile
- Le paiement facile

Sans oublier les fiches conseils et les fiches projets.

Pour connaître le détail et les modalités de ces services, le livret « À votre service » est disponible gratuitement dans votre magasin ou sur www.truffaut.com

Exercice 2 La fidélisation de la clientèle

Votre chef de rayon décide de réimplanter le rayon « Produits de rasage », il envisage de dynamiser les ventes de ces produits. Il s'interroge sur l'intérêt d'utiliser la carte de fidélité pour son rayon.

Indiquez, à partir de vos connaissances et du document :
- l'intérêt pour le client de posséder cette carte *(deux éléments de réponse)* ;
- l'intérêt pour le chef de rayon de l'utiliser dans la gestion de son rayon *(deux éléments de réponse)* ;
- le risque qu'il encourt à l'utiliser outre mesure *(deux éléments de réponse)*.

Document : Dépliant AUCHAN sur la carte de fidélité « WAAOH »

Avec ma carte, je me fais plaisir en faisant des économies.
C'est vraiment WAAOH :

Je cumule des euros

- Je repère et j'achète les produits signalés en magasin.
- Je présente ma carte à l'hôtesse de caisse.
- Je cumule des euros au fil de mes achats dans tous les magasins Auchan.
- Je dépense mes euros comme bon me semble lors d'une prochaine visite dans le magasin que je fréquente le plus.

Je reçois des bons de réduction

- Je bénéficie d'offres lors de mon passage en caisse, sur présentation de ma carte.
- Ces offres correspondent à mes goûts et à mes envies pour me faire plaisir en faisant des économies.

Source Auchan.

Exercice 3 La mesure fidélisation de la clientèle

Votre enseigne Mr Bricolage est située dans un environnement très concurrentiel.

Une campagne de fidélisation de la clientèle est donc mise en place depuis quelques années. Le support principal de fidélisation est la carte Mr Bricolage. Cette carte a fait l'objet en 2008 d'un challenge au sein du point de vente.

Très régulièrement, un bilan des « placements carte Mr bricolage » est effectué par votre directeur. La semaine prochaine, il doit présenter, à l'ensemble du personnel concerné, les résultats du « challenge fidélisation 2008 ».

Il vous demande de l'assister dans la synthèse des informations chiffrées à délivrer.

A) Calculez, sur l'annexe 1, les taux d'évolution, semestriels et annuels, entre 2007 et 2008, de placement des cartes Mr Bricolage. Détaillez vos calculs.

L'objectif de la fidélisation est l'augmentation du panier moyen et du chiffre d'affaires encarté. Vous devez maintenant vérifier si ces objectifs ont été atteints avec la mise en place du « Challenge fidélisation en 2008 ».

À partir du document et de vos connaissances :

B) Calculez les indicateurs de mesure de la fidélisation, sur l'annexe 2 :
- le panier moyen d'un client « non fidélisé » en 2008 ;
- le panier moyen d'un client « porteur actif » en 2008 ;

- le taux de chiffre d'affaires encarté ;
- l'évolution du chiffre d'affaires entre 2007 et 2008.

C) Commentez les résultats obtenus

Pour approfondir votre analyse, vous devez étudier le résultat des « placements carte Mr Bricolage » par vendeur.

D) Calculez sur l'annexe 3, le taux de réalisation de l'objectif fixé à quelques vendeurs. Détaillez vos calculs pour Jean-Marc.

E) Énumérez, à partir des résultats obtenus sur les annexes 2 et 3 et de vos connaissances, quatre points forts et deux points faibles de l'opération « Challenge fidélisation 2008 ». Vous présenterez votre réponse sous forme d'un tableau.

Document : Extrait du tableau de bord du point de vente

Données relatives aux encaissements de notre point de vente et moyenne nationale	
CA TTC point de vente en 2007	6 012 987,00 €
CA TTC point de vente en 2008	6 147 963,00 €
CA TTC point de vente réglé avec carte Mr Bricolage en 2007	248 360,00 €
CA TTC point de vente réglé avec carte Mr Bricolage en 2008	421 520,00 €
Nombre de passages en caisse sans utilisation de la carte Mr Bricolage en 2008	163 620
Nombre de passages en caisse avec utilisation de la carte Mr Bricolage en 2008	5 620
Évolution en % du CA encarté (entre 2007 et 2008) moyenne France	+ 9,84 %

D'après document interne à l'entreprise.

Annexe 1 : Nombre de cartes Mr Bricolage placées dans votre point de vente en 2007 et 2008

	Semestre 1	Semestre 2	Année	Résultats nationaux
2007	144	135		
2008	312	169		
Évolution en % entre 2007 et 2008[1]				– 18 %
Détail des calculs (des taux d'évolutions)				

1. Arrondir les résultats à l'unité la plus proche.

Annexe 2 : Indicateurs de fidélisation

Panier moyen de notre point de vente en 2008

Éléments	Détail des calculs	Résultats[1]
Panier moyen d'un client non fidélisé (en €)		
Panier moyen d'un client « porteur actif » (en €)		

1. Arrondir les résultats à l'unité la plus proche.

Taux de CA encarté de notre point de vente

Éléments	Détail des calculs	Résultats[1]
Taux de CA encarté en 2007 en %		
Taux de CA encarté en 2008 en %		
Évolution du CA encarté entre 2007 et 2008		

1. Arrondir les résultats à deux décimales.

Annexe 3 : Extrait des résultats du « Challenge Fidélisation 2008 — carte Mr Bricolage dans votre point de vente par vendeur »

Vendeurs	Objectif fixé en 2008	Réalisation en 2008	Taux de réalisation de l'objectif en 2008[1]
Kevin (rayon Visserie)	5	1	
Jean-Marc (rayon Jardinerie)	11	14	
Karina (rayon Luminaire)	50	54	

1. Arrondir les résultats à une décimale.

Détail des calculs pour Jean-Marc :

8.1 Vérifiez vos connaissances

Exercice

1) ☺

2) ☹ Un segment de clientèle est constitué de clients ayant des caractéristiques communes (même tranche d'âge…).

3) ☹ Le profil de clientèle ne prend que des critères objectifs (âge, sexe…).

4) ☹ C'est un client qui fréquente de façon irrégulière le point de vente.

5) ☹ Un client temporaire peut être un client fidèle pendant une période déterminée (ex. : un client qui possède une résidence secondaire qu'il occupe quelques semaines par an).

6) ☺

7) ☹ Le comportement d'achat correspond à l'étude des habitudes, des attitudes d'achat, mais aussi des motivations et des freins d'achat des clients.

8) ☹ Une attitude cognitive correspond à l'utilisation de l'expérience des clients, à celle de son entourage et à la communication de l'enseigne, autant de facteurs qui vont l'inciter à fréquenter l'unité commerciale.

9) ☹ L'attraction correspond à l'attirance exercée par un point de vente en raison de sa notoriété.

10) ☹ Il permet aussi à l'unité commerciale d'adapter ses prix, son cadre de vente et sa communication.

8.2 Passez le bac

Exercice 1 La satisfaction et la fidélisation de la clientèle

A) Points forts – Profil et conclusions

• Points forts du point de vente

Le magasin Truffaut est apprécié par ses clients pour l'atmosphère du magasin (90 %), pour l'assortiment (95 %) et pour le niveau des prix perçu comme identique à celui des concurrents par la majorité des clients (66 %). Le conseil et la disponibilité du personnel sont un point positif du magasin. Le service le plus utilisé est l'emballage (54 %).

• Profil

81 %[1] des clients ont entre 30 et 50 ans et plus.

Ils habitent pour 54 % d'entre eux en zone tertiaire et 22 % en zone secondaire.

1. 43 % des clients ont plus de 50 ans et 38 % des clients ont entre 30 et 49 ans.

• Conclusions

Le profil de la clientèle s'explique par la nature des produits commercialisés par le magasin. Ces derniers (végétaux et produits horticoles) s'adressent à une clientèle qui possède un jardin et donc résident dans des zones périphériques plus ou moins éloignées du magasin (zone secondaire et zone tertiaire). Les services offerts sont utilisés par la clientèle mais restent peu nombreux et mériteraient d'être développés. Il conviendrait de convaincre une cible nouvelle (plus jeune, plus citadine) en proposant des produits et des services adaptés.

B) Actions visant à développer et à fidéliser la clientèle

• Actions qui vont permettre de développer la clientèle

- www.truffaut.com : l'utilisation d'Internet permet de toucher une clientèle différente plus axée sur les nouvelles technologies, souvent plus jeune. Il est aussi possible de toucher ainsi une clientèle qui ne résidant pas dans la zone de chalandise ne reçoit pas les supports de communication habituels de l'enseigne.
- Newsletter : utilisée en parallèle du site Internet, elle va offrir aux consommateurs éloignés une vitrine du magasin.
- N° AZUR : contacts facilités avec l'enseigne et le magasin.
- Animations jeux dans le magasin.

• Actions qui vont permettre d'établir un lien régulier entre le client et le point de vente

- Newsletter : elle permet de contacter et d'informer régulièrement le client.
- Les cartes de fidélité et Bonus : par l'acquisition de points et l'offre de cadeaux incitent le client à faire ses achats et à revenir dans le magasin.
- Les services offerts : en diversifiant les services, le magasin se place au cœur des désirs des clients.

• Actions qui vont permettre de privilégier une relation personnalisée avec le client

- Publipostage personnalisé pour chaque événement particulier. Le client est informé directement.
- Publipostage personnalisé : pour l'anniversaire de ses clients par exemple, en exploitant les informations des fichiers clients.
- Newsletter : le client est informé individuellement des nouveautés et actions du magasin.
- Numéro AZUR.

Exercice 2 La fidélisation de la clientèle

Intérêt pour le client de posséder une carte WAAOH :

• obtenir des réductions adaptées et personnalisées,
• cumul d'euros qui constitueront des bons d'achat,
• réductions régulières en magasin.

Intérêt

Le chef de rayon va attirer les clients au moyen d'action de promotions diverses.
Il va ainsi :

• **augmenter sa fréquentation** (grâce aux réductions de prix),
• **tenter d'augmenter son panier moyen** (grâce aux ventes groupées),
• ces **objectifs** étant ceux du groupe,
• avoir une meilleure connaissance de sa clientèle.

Risques

Le chef de rayon en utilisant de façon trop systématique le système des bons de réductions liés à la carte WAAOH risque de :

• **faire baisser le taux de marge de son rayon,**
• **phénomène d'accoutumance**. Les clients attendront systématiquement que le produit soit en promotion pour effectuer leurs achats.

Exercice 3 La mesure de la fidélisation de la clientèle

A) Calculs des taux d'évolution semestriels et annuels

Annexe 1 : Nombre de cartes Mr Bricolage placées dans votre point de vente en 2007 et 2008

	Semestre 1	Semestre 2	Année	Résultats nationaux
2007	144	135	279	
2008	312	169	481	
Évolution en % entre 2007 et 2008[1]	+ 117 %	+ 25 %	+ 72 %	– 18 %
Détail des calculs (des taux d'évolutions)	(312 – 144) × 100	(169 – 135) × 100	(481 – 279) × 100/279	

1. Arrondir les résultats à l'unité la plus proche.

B) Calculs des indicateurs de mesure de la fidélisation

Annexe 2 : Indicateurs de fidélisation

Panier moyen de notre point de vente en 2008

Éléments	Détail des calculs	Résultats[1]
Panier moyen d'un client non fidélisé (en €)	(6 147 – 421)/163 620	35 €
Panier moyen d'un client « porteur actif » (en €)	421 520/5 620	75 €

1. Arrondir les résultats à l'unité la plus proche.

Taux de CA encarté de notre point de vente

Éléments	Détail des calculs	Résultats[1]
Taux de CA encarté en 2007 en %	(248 360/6 012 987) × 100	4,13 %
Taux de CA encarté en 2008 en %	(421 520/6 147 963) × 100	6,85 %
Évolution du CA encarté entre 2007 et 2008	(421 520 – 248 360) × 100/248 360	+ 69,72 %

1. Arrondir les résultats à deux décimales.

C) Commentaire des résultats

- Le panier moyen d'un porteur de la carte est deux fois plus élevé que celui d'un non porteur de la carte en 2008.
- Le taux de CA encarté progresse de 69,72 % de 2007 à 2008, ce qui est très positif pour l'enseigne.

D) Évaluations des performances des vendeurs

Annexe 3 : Extrait des résultats du « Challenge Fidélisation 2008 — carte Mr Bricolage dans votre point de vente par vendeur »

Vendeurs	Objectif fixé en 2008	Réalisation en 2008	Taux de réalisation de l'objectif en 2008[1]
Kevin (rayon Visserie)	5	1	20,0 %
Jean-Marc (rayon Jardinerie)	11	14	127,3 %
Karina (rayon Luminaire)	50	54	108,0 %

1. Arrondir les résultats à une décimale.

Détail des calculs pour Jean-Marc : (14 × 100)/11 = 127,3 %

E) Évaluation diagnostic de l'opération « Challenge fidélisation 2008 »

Points forts 1 × 4 = 4 points	Points à améliorer 1 × 2 = 2 points
2007 a vu une forte augmentation des placements cartes auprès de nos clients (surtout au semestre 1). Nos clients continuent donc d'avoir une activité de bricolage saisonnière et leurs achats sont effectués majoritairement de janvier à juin (sans doute pour leurs travaux estivaux). Notre point de vente a obtenu de bien meilleurs résultats que la moyenne nationale, nous étions visiblement en retard sur l'aspect fidélisation.	Le placement des cartes Mr Bricolage par le personnel de vente nécessite la préparation d'un argumentaire et de réponses aux objections pour valoriser cet outil et lever les freins des clients. Suppose la mise en place d'une formation pour le personnel.
En 2007, notre CA lié aux porteurs actifs a très fortement progressé.	Il est toujours difficile pour un vendeur en visserie par exemple de persuader un client de demander cette carte. Il faudrait dans ce cas revoir les objectifs en fonction du rayon considéré.
Comme prévu, la fidélisation a entraîné une augmentation du panier moyen des clients fidélisés (les avantages accordés par la carte sont donc réels et appréciés).	CRDP de MONTPELLIER
L'espérance d'un gain « financier » (réductions immédiates, « cagnottage »...) par le client est forcément porteuse dans les rayons où le prix de vente des articles est élevé.	RÉSERVÉ AU SERVICE

24

L'attractivité du point de vente

Une unité commerciale attractive est une unité qui permet aux clients de se repérer facilement dans l'offre de produits et d'évoluer confortablement dans le point de vente, notamment grâce à la combinaison des facteurs d'ambiance utilisés par le marketing sensoriel.

1 L'ambiance du point de vente

Les facteurs d'ambiance sont tous les éléments qui contribuent à véhiculer une image, à exposer l'offre et à la mettre en valeur. Ils concourent à créer une impression de bien-être dans le point de vente. Le marketing sensoriel est une nouvelle approche de l'ambiance spécifique de l'unité commerciale qui développe chez le client l'achat par impulsion et émotion. Il fait appel aux cinq sens du client : la vue, l'ouïe, l'odorat, le goût, le toucher.

A Les différents éléments du marketing sensoriel

Marketing sensoriel	Facteurs	Objectifs
Marketing **visuel**	L'enseigne	• Localiser facilement l'unité commerciale.
	La vitrine	• Valoriser l'offre de l'unité ; Inciter le client à entrer.
	La tenue vestimentaire et l'attitude de l'équipe de vente	• Identifier le personnel ; Mettre le client en situation d'invité.
	Les formes et la nature du mobilier	• Permettre l'accessibilité et la visibilité des produits ; Faciliter la mise en rayon ; Être en adéquation avec l'image de l'enseigne.
	La décoration et les couleurs	• Accueillir le client ; Mettre l'offre en valeur ; Communiquer l'image de l'enseigne.
	Le sol	• Délimiter les univers (couleurs, marquage), orienter le client ; Rythmer le parcours du client ; Favoriser l'hygiène, faciliter l'entretien.
	L'éclairage	• Attirer et valoriser l'offre ; Créer une ambiance spécifique.
	La signalétique	• Guider le client, l'informer ; Rappeler la communication de l'enseigne.

Marketing sensoriel	Facteurs	Objectifs
Marketing **sonore**	La musique ou les sons diffusés	• Créer un climat de détente ; Stimuler l'acte d'achat (le type de musique peut avoir une influence sur les achats imprévus).
Marketing **olfactif**	La diffusion de senteurs	• Attirer le client ; Renforcer l'effet des produits (*odeur du pain dans un rayon boulangerie*).
Marketing **gustatif**	Dégustation de produits, remise d'échantillon	• Susciter l'appropriation du produit ; Informer le client sur la qualité du produit.
Marketing **tactile**	L'exposition des produits, la démonstration	• Provoquer l'anticipation de possession, créer une familiarité entre le client et le produit.

(B) La mise en place des facteurs d'ambiance

Il existe plusieurs contraintes liées à l'organisation des facteurs d'ambiance :

- **les contraintes liées à la politique commerciale** : ils doivent être cohérents avec l'image du point de vente ou le concept de l'enseigne ;
- **les contraintes financières** : la création de certains supports engendre un coût ;
- **les contraintes liées au produit** : les facteurs d'ambiance doivent être adaptés à la nature du produit vendu ;
- **les contraintes physiques** : ils doivent être installés à des endroits stratégiques et respecter les règles d'hygiène et de sécurité, ne pas gêner la circulation des clients et l'activité du personnel.

2 La signalétique

La signalétique est composée de l'ensemble des différents supports informatifs à destination de la clientèle, ils doivent être facilement identifiables. Pour l'unité commerciale, elle constitue un outil essentiel qui permet de « pousser » l'offre et devient un véritable service clientèle.

Il y a deux catégories de supports :

- les supports PLV (publicité sur le lieu de vente) pour renforcer la publicité menée par le magasin ou les fabricants ;
- les supports ILV (information sur le lieu de vente) pour renseigner le client sur les produits vendus.

(A) Les éléments de la signalétique

Les supports		
Matériels	**Audio-visuels**	**Humains**
	Supports PLV	
L'affiche : se colle, se suspend ou se pose près du produit. **Le kakémono** : se suspend au-dessus ou à côté des produits ou rayons. **Le cache-palette** : s'appose sur la face avant de la palette. **Le stop-rayon** : se glisse ou se colle sur la réglette des étiquettes (prix). **Le présentoir** : se pose au sol ou sur une étagère du linéaire.	**La radio interne du point de vente** : émet des messages promotionnels et diffuse une musique. **L'écran TV + le lecteur de DVD** : diffuse en boucle une vidéo qui présente les produits donne des conseils d'utilisation.	**Les animateurs** : proposent des dégustations, distribuent des échantillons.
	Supports ILV	
Les fiches-conseils : à côté des produits. **Le balisage prix** : sur le linéaire. **Les joues de séparation** : délimitent les familles ou sous familles de produit. **Les bornes d'information** : une ou plusieurs implantées dans des endroits fréquentés du point de vente.	**La vidéo** : à proximité du produit, elle propose une démonstration et une utilisation complète du produit.	**Les vendeurs ou animateurs** : réalisent des démonstrations sur l'utilisation du produit.

(B) L'installation de la signalétique

Pour installer une signalétique, il faut prendre en compte les règles suivantes :

- installer des supports de signalétiques dès l'entrée du magasin (affiches, adhésifs vitrine) ;
- mettre en place des supports de PLV suspendus dans les allées principales ;
- rappeler l'opération en dirigeant le client vers le rayon par la présence d'autres supports dans les allées secondaires ;
- situer les supports « produit » qui signalent ou qui informent à proximité du produit ;
- respecter la réglementation en proposant des informations légales (nature du produit, durée de l'opération, prix…) ;
- éviter d'exposer à des risques le personnel lors de la mise en place et les clients lors de leur passage dans les rayons.

3 Le maintien de l'attractivité du point de vente

L'attractivité du point de vente doit être maintenue de façon permanente pour satisfaire la clientèle et développer les ventes. Il est nécessaire de diagnostiquer régulièrement les manques d'attractivité et de proposer des actions correctrices.

(A) *Le diagnostic de l'attractivité du point de vente*

Points à diagnostiquer	Actions correctrices
• La vitrine Collection présentée (nouveauté, présence de mannequins, de silhouettes…) ; Correspondance entre le thème de la vitrine et l'image de l'unité commerciale ou du thème commercial ; Propreté, éclairage ; Affichage, information promotion ; Fréquence de renouvellement.	• Vérifier l'état de la vitrine à l'aide d'éventuelles préconisations ; • Autocontrôle et contrôle par le responsable ; • Faire appel à un professionnel (visuel) ; • Réaliser des maquettes.
• L'espace de vente Propreté des sols, du mobilier, des cabines d'essayage et des caisses ; Signalétique claire, visible et implantée au bon endroit ; Facteurs d'ambiance cohérents et adaptés ; Circulation facile ; Promotions et mise en avant identifiables et relayées par des supports PLV suffisants et lisibles.	• Ranger et nettoyer (équipe d'entretien) avant l'ouverture ; • Remettre en place les supports de signalétiques tombés ou déplacés ; • Appliquer les consignes du responsable ou du siège social ; • Dégager les espaces de circulation.
• Les rayons Produits rangés et pliés par taille, famille ou marque ; Rayons pleins ; Étiquetage présent et correspondant au produit.	• Ramasser les produits à terre, retirer les produits abîmés, regrouper les produits déplacés ; • Veiller à l'approvisionnement du rayon, éviter les ruptures de stock ; • Contrôler l'étiquetage prix pour éviter les erreurs.

MOTS PROFESSIONNELS

Attractivité du point de vente. Facteurs d'ambiance. ILV. Marketing sensoriel. PLV. Signalétique

Voir Lexique dans les pages Mémos.

CE QUE JE SAIS FAIRE

- Identifier les facteurs d'ambiance d'un point de vente.
- Différencier les supports de signalétique PLV et ILV.
- Respecter les règles de mise en place des facteurs d'ambiance et des supports de signalétique.
- Maintenir l'attractivité du point de vente.

25

Le marchandisage de séduction

Le marchandisage de séduction est l'ensemble des méthodes et techniques d'implantation des rayons et des produits qui contribuent à clarifier l'offre et à la rendre plus attractive et accessible.

1 L'organisation de l'espace de vente

La surface de vente d'une unité commerciale est délimitée en zones d'exposition et de circulation. Les rayons et produits sont implantés en fonction de leur rentabilité, saisonnalité et complémentarité.

(A) L'agencement de la surface de vente

Techniques	Effets
✷ Création de sens de circulation incité par un balisage. ✷ Attribution d'un espace de circulation suffisant : des allées de 3 à 3,40 mètres. ✷ Implantation par univers de consommation (produits complémentaires à proximité).	☞ Diriger le client et le faire circuler devant tous les rayons. ☞ Permettre une meilleure visibilité des produits en proposant une marge de recul. ☞ Favoriser l'achat additionnel.

(B) La présentation de l'offre

Le mobilier doit être adapté :
- **aux produits** : les produits volumineux au niveau de sol, les produits nouveaux ou à forte marge facilement accessibles au niveau des yeux ;
- **aux clients** : les niveaux réservés à la présentation ne doivent pas excéder 1,80 mètre ;
- **à la méthode de vente** : en libre-service les hauts de gondoles peuvent servir de réserves.

Les techniques de présentation à privilégier doivent :
- être implantées par famille ;
- préférer l'implantation verticale par famille ;
- mettre en place un balisage par code couleur pour différencier les familles ou utiliser une signalétique pour mettre en évidence les MDD et les premiers prix.

2 La mise en avant de l'offre

Le point de vente doit stimuler les ventes, écouler les stocks, créer du trafic et attirer de nouveaux clients. Pour atteindre ces objectifs l'unité commerciale doit mener régulièrement des actions comme la mise en avant. Cette action consiste à déplacer le produit de son emplacement habituel et le rapprocher du client pour provoquer l'achat d'impulsion.

A L'achat d'impulsion

L'achat d'impulsion est un achat non prémédité. L'unité commerciale doit provoquer le désir d'achat du client par différentes actions :

- animer :
  - le rayon : affichage spécifique, vidéo… ;
  - le produit : un démonstrateur réalise un essai du produit, une dégustation.
- améliorer :
  - l'information : les catalogues, les supports PLV et ILV peuvent déclencher un achat d'impulsion ;
  - les facteurs d'ambiance : l'éclairage, l'animation sonore (messages promotionnels) et la diffusion de senteurs ont un effet sur l'achat non réfléchi.
- proposer des opérations promotionnelles : l'influence prix est déterminante sur l'achat d'impulsion (réductions temporaires de prix, bons d'achat…).

B Les étapes d'une mise en avant

Étapes	Informations/outils
Préparer l'action • Profiter d'un contexte commercial : - d'une période de l'année : (Noël, Saint-Valentin…) ; - d'une action commerciale (foire aux prix ronds…) ; - d'impératifs commerciaux (nouveauté, fin de série, surstock…). • Sélectionner les produits.	• Marché du produit, comportement client, planning publipromotionnel, offre concurrente, état des stocks, • Produits nouveaux, porteurs d'image, lot promotionnel, stock à écouler, catalogue promotionnel.
Mettre en place l'action • Choisir le meilleur emplacement : - déterminer la surface d'exposition ; - sélectionner le mobilier adapté ; - théâtraliser l'offre (présenter le produit dans son contexte d'utilisation) ; - organiser la présentation ; - informer la clientèle.	• Plan du magasin, sens de circulation de la clientèle, emplacements stratégiques (allée centrale, zone saisonnière, avant de la surface de vente, tête de gondole…) • Podiums, présentoirs, tables… • Accessoires de décoration, papier, tissus, éclairage… • Capacité de stockage du mobilier, techniques de présentation (horizontale, verticale, par famille, marque, prix), harmonie des formes et des couleurs • Supports PLV et/ou ILV (affiches, kakémonos…), supports spécifiques.

Outil épreuve E2 (montage de l'action) : la mise en avant d'un produit ou d'un service peut être une idée à retenir pour votre dossier d'action promotion/animation, pour la mise en place de cette action, suivez les différentes étapes décrites ci-dessus.

MOTS PROFESSIONNELS

Achat d'impulsion. Marchandisage de séduction. Mise en avant

Voir Lexique dans les pages Mémos.

CE QUE JE SAIS FAIRE

- Clarifier l'offre d'un point de vente.
- Présenter l'offre de façon attractive.
- Identifier les actions qui provoquent l'achat d'impulsion.
- Mettre en avant un produit.

9.1 *Vérifiez vos connaissances*

Exercice 1 Démêlez le vrai du faux

Entourez ou surlignez le symbole qui correspond à votre réponse et apportez, en cas de réponse négative, le correctif utile.

1) Le marketing sensoriel fait appel aux cinq sens du client. ☺ ☹

2) L'enseigne permet d'identifier et de repérer l'unité commerciale. ☺ ☹

3) La signalétique rayon valorise l'offre produit. ☺ ☹

4) Les facteurs d'ambiance contribuent au confort d'achat des clients. ☺ ☹

5) Le mobilier de vente n'est pas un élément du marchandisage de séduction. ☺ ☹

6) L'implantation par univers de consommation favorise l'achat additionnel. ☺ ☹

7) L'achat d'impulsion est un achat prémédité. ☺ ☹

8) La mise en avant consiste à mettre en valeur sur la surface de vente un nouveau produit. ☺ ☹

9) Le prix n'est pas un facteur déterminant dans l'achat d'impulsion. ☺ ☹

10) La mise en avant n'est pas une idée à retenir pour la mise en place d'une action dans le cadre de l'épreuve E2 du baccalauréat professionnel commerce. ☺ ☹

9.2 *Mettez en application*

Exercice 1 Le marketing sensoriel

Travail à faire

A) Relevez, à partir du document (texte + photo) les éléments et les facteurs du marketing sensoriel développés par l'enseigne, vous indiquerez pour chacun d'entre eux comment ils sont mis en œuvre chez Nature et Découvertes.

> Conseil
> Présentez votre réponse à cette question sous la forme d'un tableau structuré de la façon suivante : 3 colonnes (éléments, facteurs et mise en œuvre dans le point de vente).

B) Indiquez les objectifs de la mise en place d'un marketing sensoriel pour l'enseigne.

Cliquez et c'est trouvé : vous voulez en savoir plus :

- sur l'enseigne : www.natureetdécouvertes.com rubrique « pourquoi sommes-nous différents ? »
- sur le marketing sensoriel : saisissez « marketing sensoriel » sur un moteur de recherche.

Document 1 Le marketing sensoriel chez nature et découvertes

Nature et Découvertes est une **enseigne pionnière** en ce qui concerne le marketing sensoriel.

Dans les magasins, **l'ambiance est en effet primordiale** : les cinq sens sont tous sollicités lorsque l'on parcourt un de ces magasins. Tout est minutieusement étudié : les produits mis à disposition des clients, qui peuvent tout toucher, tester, des odeurs apaisantes d'huiles essentielles sont abondamment diffusées, une musique agréable invite les clients à flâner dans la boutique, et enfin le goût est sollicité grâce à une tisane offerte à tous ceux qui le désirent.

Si Nature et Découvertes a choisi de mettre en place une telle technique, qui soit dit en passant est coûteuse, ce n'est pas par hasard. En effet, cette pratique n'est pas anodine puisque **chaque sens est associé à une mémoire** et qu'il **engendre des réactions émotionnelles** plus ou moins conscientes. Cette manipulation inconsciente de nos décisions face à l'acte d'achat pourrait elle expliquer le faite que l'enseigne arrive à vendre des produits trois fois plus cher que ces concurrents ?

On peut toutefois émettre l'hypothèse que les consommateurs sont **prêts à payer plus cher pour vivre un moment agréable** dans des boutiques qui diffusent des bruits de cascades, des huiles relaxantes...

Source : ecoles-idac.com

Exercice 2 Les supports de signalétique

Travail à faire

A) Identifiez, dans l'annexe, la nature de chaque support en cochant la case correspondante.

B) Proposez, dans l'annexe, des implantations pour chacun des supports proposés, vous préciserez leur rôle.

Annexe : Identification des supports de signalétique

Supports de signalétique	Nature des supports		Implantations
	PLV	ILV	
Stop rayon			
Bandeau de gondole			
Séparateur de rayon			
Chevalet de comptoir			
Palette présentoir			

Supports de signalétique	Nature des supports		Implantations
	PLV	ILV	
Écran TV			
Kakémono			
Affiche			
Fiche recette			
Affichage prix			
Borne interactive			
Panneau plan de magasin			
Pancartage indication des rayons			

9.1 *Vérifiez vos connaissances*

Exercice 1

1) ☺

2) ☺

3) ☺

4) ☺

5) ☹ Le mobilier de vente est un élément important du marchandisage de séduction, il contribue à renforcer l'image des produits et de l'unité commerciale.

6) ☺

7) ☹ L'achat d'impulsion est un achat non prévu par le client, c'est le contexte (présentation, prix…) qui va être déterminant dans l'acte d'achat.

8) ☺

9) ☹ L'avantage prix est un élément qui favorise l'achat d'impulsion.

10) ☹ La mise en avant est une idée à retenir dans le cadre de l'épreuve E2, elle peut-être complétée par une animation et ou une promotion.

9.2 *Mettez en application*

Exercice 1 Le marketing sensoriel

A) Éléments et facteurs du marketing sensoriel

Marketing sensoriel	Facteurs	Mise en œuvre chez Nature et découverte
Marketing **visuel**	L'enseigne	Enseigne lumineuse en façade
	La vitrine	Entrée large qui laisse voir l'intérieur de la surface de vente et qui invite le client à rentrer, vitrines situées de part et d'autre de l'entrée, qui présentent l'offre saisonnière de l'unité commerciale.
	Le mobilier	Le mobilier est en bois clair, il renforce le côté nature de l'enseigne et des produits.
	La décoration et les couleurs	Couleurs claires qui donnent un aspect lumineux au point de vente.
	Le sol	Parquet en bois pour renforcer l'image nature et chaleureuse de l'enseigne.
	L'éclairage	Très lumineux par le biais de spots.
Marketing **sonore**	La musique ou les sons diffusés	Une musique agréable et des bruits de cascade invitent les clients à flâner dans la boutique.
Marketing **olfactif**	La diffusion de senteurs	Des odeurs apaisantes d'huiles essentielles sont abondamment diffusées.
Marketing **gustatif**	La dégustation de produits	Le goût est sollicité grâce à une tisane offerte à tous ceux qui le désirent.
Marketing **tactile**	L'exposition des produits, la démonstration	Les clients peuvent toucher, tester les produits.

B) Objectifs de la mise en place d'un marketing sensoriel pour l'enseigne :
- valoriser l'offre de l'unité par des vitrines attractives et saisonnières et par la lumière ;
- inciter le client à entrer en proposant une entrée large et une boutique très lumineuse ;
- communiquer l'image de l'enseigne par la couleur et le mobilier ;
- créer un climat de détente et stimuler l'acte d'achat par une musique appropriée ;
- renforcer l'effet des produits par la diffusion de senteurs ;
- susciter l'appropriation et informer sur la qualité du produit par une dégustation ;
- créer une familiarité entre le client et le produit en lui la possibilité de tester et de manipuler les produits ;
- vendre plus cher les produits en rendant l'acte d'achat agréable.

Exercice 2 Les supports de signalétique

A) et B) Identification de la nature de chaque support, propositions d'implantations et rôle des supports.

Supports de signalétique	Nature des supports		Implantations
	PLV	ILV	
Stop rayon	X		À proximité des produits qui font l'objet d'une promotion, pour indiquer des premiers prix.
Bandeau de gondole		X	Au-dessus de la gondole pour indiquer la famille de produits vendue.
Séparateur de rayon		X	Baliser les différentes familles pour clarifier l'offre.
Chevalet de comptoir	X		Sur les tables de présentation pour signaler une nouveauté ou une opération commerciale.
Palette présentoir	X		Dans le rayon concerné pour mettre en avant un produit.
Écran TV	X		À proximité du produit concerné pour proposer une démonstration.
Kakémono	X		Dans les allées principales en plusieurs exemplaires pour signaler une opération commerciale et pour attirer l'attention du client.
Affiche	X		Dans les vitrines, les allées secondaires pour rappeler une opération commerciale.
Fiche recette		X	Dans les rayons alimentaires à la disposition de la clientèle pour favoriser les achats d'impulsion.
Affichage prix		X	Sur les linéaires, en dessous de chaque produit.
Borne interactive		X	Dans les allées principales, pour informer les clients sur un produit et pour vérifier les prix.
Panneau plan de magasin		X	À l'entrée du magasin pour orienter le client.
Pancartage indication des rayons		X	En hauteur pour faciliter la localisation des différents rayons par le client.

26

La promotion des ventes

La promotion des ventes est une technique de communication hors média. Utilisée par une unité commerciale, elle consiste à proposer au client un avantage pendant une période déterminée.

1 Les actions promotionnelles

Les actions de promotion peuvent être à l'initiative du fabricant, de l'unité commerciale ou mixtes (fabricant et unité commerciale).

(A) Les objectifs des actions de promotion de ventes

Objectifs	Actions de promotion		
	Prix	Objet	Jeux
Augmenter la rotation des stocks et le chiffre d'affaires	✓		
Stimuler les ventes de produits anciens	✓		
Déclencher le 1er achat et favoriser les achats impulsifs	✓	✓	
Inciter les clients à fréquenter l'unité commerciale	✓	✓	✓
Dynamiser l'unité commerciale	✓		✓

Outil épreuve E2 (montage de l'action) : Identifiez le ou les objectifs commerciaux de l'unité commerciale avant de proposer ou de mettre en place une action de promotion.

(B) Les différentes actions et techniques promotionnelles

Actions de promotion	Techniques	Caractéristiques
Prix	• Offre spéciale	• Réduction du prix de vente temporaire du produit. • Offre d'une quantité supplémentaire de produit.
	• Offre sur carte	• Réduction de prix accordée au détenteur de la carte de l'enseigne.
	• Couponnage	• Bon de réduction remis au client actuel ou potentiel : - par le fabricant ou le distributeur ; - par différents moyens (sur le lieu de vente, le conditionnement, le ticket de caisse, la carte de fidélité…).
	• Vente à prix coûtant	• Vente au coût d'achat sans bénéfice.
	• Vente par lot ou jumelée	• Vente de deux ou plusieurs produits différents ou non, à un prix global inférieur à l'addition de leurs prix unitaires.
	• Soldes	• Vente de produits neufs, démodés, défraîchis ou fin de série proposés avec un rabais en fin de saison et ne constituant qu'une partie du stock.
Objet	• Prime directe	• Remise gratuite d'un produit supplémentaire au moment de l'achat.
	• Prime différée	• Offre gratuite d'un produit ou service contre la remise de preuves d'achat.
	• Offre d'essai	• Remise gratuite d'une petite quantité de produit pour permettre au client d'en apprécier la qualité.
Jeux	• Concours, loteries	• Technique faisant appel à une participation intellectuelle qui permet au client d'espérer un lot.

Outil épreuve E2 (montage de l'action) : Vous avez choisi de décrire une action promotionnelle que vous avez réalisée en unité commerciale. Indiquez dans votre dossier, l'action de promotion à laquelle elle correspond et la ou les techniques promotionnelles mises en œuvre ainsi que leurs caractéristiques.

2 La réglementation des promotions

Les promotions font l'objet d'une réglementation précise. Lors de leur mise en place, l'unité commerciale doit contrôler le respect de cette réglementation.

(A) La réglementation des promotions hors période de soldes

Actions de promotion	Techniques	Caractéristiques
Prix	• Offre spéciale • Vente à prix coûtant	• Ne pas vendre à perte. • Ne pas proposer une baisse de prix fictive par rapport à un prix de référence inexistant ; • Disposer d'un stock suffisant.
	• Vente par lot ou jumelée	• Laisser au client la possibilité de pouvoir acheter séparément chacun des produits proposés dans le lot.
Objet	• Prime directe • Prime différée • Offre d'essai	• Remettre un produit de faible valeur, différent du produit vendu : - si le prix de l'objet vendu est inférieur ou égal à 80 euros : le montant de l'objet donné en prime est égal à 7 % du prix net TTC ; - si le prix de l'objet vendu est supérieur à 80 euros : montant de l'objet donné en prime égal à 5 euros + 1 % du prix net TTC (un montant maximum limité à 60 euros).
Jeux	• Concours	• Ne pas soumettre une obligation d'achat, pour la participation à un concours ; • Ne pas faire intervenir le hasard ; • Préciser le règlement et la nature des prix proposés.
	• Loteries	• Ne pas lier la participation à l'obligation d'achat ; • Porter à la connaissance des clients la liste et la valeur des lots distribués.

(B) La réglementation des soldes

• Les périodes

Seuls les soldes périodiques ou saisonniers sont autorisés :

- deux périodes annuelles de soldes (soldes d'hiver et soldes d'été), d'une durée de cinq semaines maximum pour chaque période de solde. Les dates sont fixées au niveau national sauf dérogation pour les zones touristiques ou frontalières ;
- deux semaines complémentaires de soldes (soldes flottants) choisies librement par les commerçants, qui sont tenus simplement de déclarer auprès du Préfet la période de deux semaines ou les deux périodes d'une semaine choisies chaque année ; les soldes complémentaires ne pourront cependant pas avoir lieu pendant le mois précédant les périodes de soldes d'été et d'hiver.

• Les produits

Quelques doivent être respectées :

- le prix d'achat des produits soldés doit avoir été payé depuis au moins un mois, à la date de début de la période de soldes ;
- les marchandises soldées ne peuvent être renouvelées au cours de soldes ;
- les produits présentés à la vente depuis au moins un mois peuvent être soldés.

• *Les prix*

- les produits doivent présenter de réelles réductions de prix ;
- le prix de référence ne peut excéder le prix le plus bas pratiqué pour un produit similaire, au cours des trente derniers jours avant le début des soldes ;
- la revente à perte est autorisée.

Outil épreuve E2 (montage de l'action) : Indiquez dans votre dossier la réglementation qui s'applique à l'action promotionnelle que vous avez sélectionnée.

MOTS PROFESSIONNELS

Démarque. Promotion des ventes. Solde

Voir Lexique dans les pages Mémos.

CE QUE JE SAIS FAIRE

- Déterminer les objectifs des actions de promotions.
- Identifier les différentes techniques promotionnelles ainsi que leurs caractéristiques.
- Contrôler la réglementation en matière d'actions promotionnelles.

27

L'information clientèle

La réussite d'une action promotionnelle passe par l'information des clients avant le début de l'opération et pendant l'opération avec des supports de communication appropriés. L'objectif de cette information est d'inciter un maximum de clients à fréquenter l'unité commerciale pendant toute la durée de la promotion.

1 La communication média

Les unités commerciales, les enseignes et les fabricants utilisent les médias pour mettre en place des actions de communication externe, dont les rôles essentiels sont d'informer, de valoriser l'offre, de créer du trafic et de renforcer l'image de l'entreprise.

A Les objectifs des actions de communication média

La communication média est un élément de positionnement de l'unité commerciale :

- informer sur l'unité commerciale ;
- informer sur les produits ;
- augmenter la fréquentation de l'unité ;
- se positionner par rapport à la concurrence ;
- construire l'image de l'unité ;
- développer les ventes.

B Les médias et supports de communication média

L'unité commerciale doit sélectionner les médias et supports en fonction de ses objectifs commerciaux et de son budget.

Médias	Supports	Objectifs commerciaux		
		Renforcer la notoriété	Communiquer une image	Annoncer une action promotionnelle
Presse quotidienne périodique	• Presse Quotidienne **Nationale** (PQN) : *Libération, Le Parisien…* • Presse Quotidienne **Régionale** (PQR) : *Ouest France, Sud Ouest…* • Presse Quotidienne **Gratuite** (PQG) : *Métro, 20 minutes…* • **Magazines** : *Elle, Le Nouvel Observateur…* • **Revues spécialisées :** *onze mondial, moto, VTT magazine…* • Annonces quartier (gratuit)	✗ ✗ ✗ ✗ ✗	✗ ✗ ✗	 ✗ ✗ ✗
Affichage	Réseaux : - routiers - urbains - mobiles	✗ ✗ ✗	 ✗	✗ ✗ ✗
Radio	• Périphériques (*RTL, Europe 1…*) • Locales			✗ ✗
Cinéma	• Circuit A, Médiavision	✗	✗	
Internet	• Site marchand	✗	✗	✗
Télévision	•• TF1, France 3, Canal +…		✗	

• Outils de communication locale. •• Outils de communication nationale.

2 La communication hors média

La communication hors média est le plus souvent combinée à des actions publicitaires et a pour but de développer l'activité de l'unité, à l'occasion d'opérations promotionnelles. Elle est composée des supports de mercatique directe adressés et non adressés.

(A) Les supports de communication adressés

Il s'agit de messages écrits, le plus souvent personnalisés, adressés nominativement au client, par voie postale, par le réseau Internet ou téléphonique, à partir d'un fichier clients.

• **Le publipostage postal** est constitué des éléments suivants :

- **l'enveloppe porteuse :** accrocheuse pour inciter le client à l'ouvrir, pour découvrir le contenu du publipostage ;

- **la lettre :** attractive pour donner au client envie de la lire, elle doit valoriser le message, pour cela il faut utiliser du papier de bonne qualité, prévoir de la couleur et des illustrations ;
- **la documentation :** illustrative de la proposition contenue dans la lettre et apporter des compléments d'informations sur l'offre ;
- **le coupon-réponse :** incitatif pour provoquer le déplacement du client vers l'unité commerciale, permettre de mesurer les retombées de l'opération et réactualiser le fichier client.

• **Le publipostage électronique** (e-mailing), le message doit être composé des éléments suivants :
- **l'objet : accrocheur** pour inciter le client à ouvrir son courriel, pour découvrir le contenu du publipostage ;
- **le message : direct et concis** pour donner au client envie de le lire, il doit prévoir un lien html vers le site de l'unité.

• **Le mobile mercatique** (SMS-mailing), le message doit être composé des éléments suivants :
- **une problématique :** interrogative pour aiguiser la curiosité du client et l'inciter à poursuivre la lecture de son message ;
- **une solution** : accrocheuse en apportant une réponse rapide (– 15 % sur notre nouvelle collection hiver jusqu'au…) ;
- **une réaction :** incitative à une réaction immédiate du client.

• **Évaluation de l'opération**
- le coût du publipostage = coût de la conception des messages + Coût de l'envoi + coût des offres commerciales ;
- les retombées :

$$\text{taux de retour} = \frac{\text{nombre de retours}}{\text{Nombre d'envois}} \times 100,$$

$$\text{nombre de retour} = \frac{\text{nombre d'envois} \times \text{taux de retour}}{100}$$

• **La réglementation**

L'unité commerciale qui utilise des fichiers clients doit :
- en déclarer le contenu à la Commission nationale de l'informatique et des libertés (CNIL) ;
- informer le client de l'usage qui sera fait des informations collectées à son sujet ;
- avoir demandé et obtenu l'autorisation du destinataire du message.

B *Les supports de communication non adressés*

Il s'agit d'une publicité distribuée dans la rue ou dans les boîtes à lettres d'une zone géographique déterminée, sans adresse du destinataire.

• **Prospectus** (ISA : Imprimé Sans Adresse) doit comporté les éléments suivants :
- **une accroche** : l'enseigne doit être immédiatement identifiée, un prix bas pour un produit d'appel doit être proposé, les dates de l'opération indiquées ;

- **des visuels** : valorisation des produits ;
- **un texte** : lisible et clair.

• **Réglementation**

L'unité commerciale qui distribue des ISA doit mentionner obligatoirement :

- ses coordonnées ;
- les caractéristiques des produits qui font l'objet de la publicité ;
- la durée de validité de l'offre ;
- les mentions « ne pas jeter sur la voie publique » et « photo non contractuelle ».

Outil épreuve E2 (montage de l'action) : Informez-vous auprès du responsable de votre unité commerciale, pour connaître les supports de communication utilisés pour informer les clients de l'action promotionnelle que vous avez sélectionnée.

MOTS PROFESSIONNELS

Commission Nationale de l'Informatique et des Libertés (CNIL).
Média. Mercatique directe. Publipostage. SMS. Support publicitaire

Voir Lexique dans les pages Mémos.

CE QUE JE SAIS FAIRE

- Identifier les objectifs de communication média.
- Distinguer les supports de communication média et hors média.
- Utiliser les supports de communication hors média.
- Évaluer le coût et la rentabilité d'une opération de publipostage.
- Contrôler la réglementation en matière de communication hors média.

28

La mise en œuvre et l'évaluation d'une action promotionnelle

Une opération promotionnelle implique l'utilisation des techniques promotionnelles pour valoriser l'offre sur une période limitée dans le temps. Pendant l'opération, il faut être vigilant sur les différents points de contrôle (présentation, stock, prix et réglementation) pour être réactif. Après l'opération, il est nécessaire de faire un bilan quantitatif et qualitatif de l'action pour conditionner la réussite des actions futures.

1 La mise en œuvre d'une action promotionnelle

Elle doit respecter le plan publi-promotionnel de l'unité et suppose une organisation humaine.

(A) Les ressources matérielles

La mise en valeur des produits en promotion consiste à choisir un emplacement, un mobilier adapté et à mettre en scène l'offre promotionnelle.

Actions à réaliser	Conditions de réussite
❶ Implanter des produits promotionnels	– espace spécifique promotionnel dans la zone chaude ; – allée centrale ; – proximité et/ou extrémité du rayon.
❷ Choisir le mobilier adapté	– vitrine, silhouette ; – tête de gondole (TG), présentoir spécifique.
❸ Exposer les produits promotionnels	– mise en place d'un marchandisage de séduction ; – présentation des produits en frontale ; – création d'une dynamique de présentation (alternance des couleurs, utilisation des éléments de décoration) ; – recherche d'un effet de masse ; – sollicitation des sens du client (vision, toucher, audition, odorat et goût).
❹ Sélectionner les supports de communication promotionnelle : la PLV	– affiches, pancartes, panneaux ⟹ vitrines, avant du magasin, allées principales, accès escalators ; – affichettes, stop rayon, fléchages, kakémono et présentoirs ⟹ sur le rayon ou à proximité, tête de gondole ; – étiquettes, autocollants ⟹ sur le produit, sur l'avancée du linéaire ; – matériel audio-visuel ⟹ au-dessus du produit ; – sonorisation ⟹ message clair, audible et incitatif.

(B) Les ressources humaines

Catégories de personnel	Rôles
Personnel de l'unité	– implantation et installation des produits promotionnels ; – maintenance et suivi de l'action ; – contrôle de l'application de la réglementation spécifique à la promotion (étiquetage, hygiène, sécurité…) ; – bilan de l'action.
Démonstrateur ou animateur	– réalisation de dégustations ; – distribution de bons de réduction ; – démonstration sur l'utilisation du produit, animation sonore.

Outil épreuve E2 (montage de l'action) : pour sélectionner votre action promotionnelle à réaliser en unité commerciale, demandez à votre responsable de vous communiquer le plan publi-promotionnel (planning des actions promotionnelles).

2 L'évaluation d'une action promotionnelle

L'évaluation consiste à repérer les points forts et les points faibles de l'action réalisée et d'en faire un bilan quantitatif et qualitatif pour définir des axes de progrès.

(A) Le bilan quantitatif

Indicateurs	Outils	Informations
Chiffre d'affaires	• Indice de réalisation • Taux d'évolution • Chiffre encarté • Indice de fréquentation • Indice de passage en caisse • Panier moyen • Volume des ventes	• atteinte des objectifs mesure de l'évolution par rapport à une opération antérieure ; mesure de la fidélisation ; détermination du taux de transformation pour évaluer l'efficacité de l'opération ; mesure la dépense moyenne par client ; mesure le niveau et le rythme des quantités écoulées.
Rentabilité	• Cumul des coûts promotionnels • Taux de démarque • Taux de remontée • Taux de marge	• évaluation de la rentabilité globale de l'opération mesure l'importance du coût de l'opération sur la rentabilité ; mesure de la performance de la technique promotionnelle utilisée ; mesure la marge dégagée par l'opération.

(B) *Le bilan qualitatif*

Critères d'évaluation	Contrôles	Sources d'informations
• Pertinence	– la technique promotionnelle est adaptée, – le thème de la promotion est cohérent avec les objectifs de communication de l'unité.	• réflexions orales ou écrites des clients • réalisation d'un questionnaire de satisfaction • réunion bilan avec l'équipe
• Attractivité	L'offre : – est suffisamment originale de l'offre concurrente pour pouvoir se démarquer, – est théâtralisée de façon valorisante.	
• Clarté	– l'information interne (PLV) est compréhensible, – le client a pu trouver rapidement son produit.	
• Visibilité	– l'emplacement choisi est adapté, – l'effet de masse a été respecté.	
• Communication	La sélection des médias et supports est efficace.	
• Extérieur	Des événements extérieurs ont pu perturber le bon déroulement de l'opération (travaux, météo…).	

Outil épreuve E2 (montage de l'action) : Collectez l'ensemble des données chiffrées nécessaires à l'évaluation quantitative de votre action et observez les réactions des clients et du personnel par rapport à la qualité de la mise en place et à l'organisation de votre action pour pouvoir procéder à un bilan qualitatif.

MOTS PROFESSIONNELS

Animateur. Démonstrateur. Indice de réalisation. Plan publi-promotionnel. Taux de remontée. Théâtralisation

Voir Lexique dans les pages Mémos.

CE QUE JE SAIS FAIRE

- Utiliser les ressources matérielles et humaines pour mettre en place une action promotionnelle.
- Évaluer l'action promotionnelle en dégageant les points et les points faibles sur le plan :
  - quantitatif en utilisant les différents indicateurs et outils de gestion ;
  - qualitatif en évaluant chaque point de contrôle.

10.1 *Vérifiez vos connaissances*

Exercice Démêlez le vrai du faux

Entourez ou surlignez le symbole qui correspond à votre réponse et apportez, en cas de réponse négative, le correctif utile.

1) La promotion des ventes consiste à proposer au client un avantage pendant une période déterminée.	☺	☹
2) Une action promotionnelle par les jeux favorise le déclenchement du premier achat ainsi que les achats d'impulsion.	☺	☹
3) La prime directe est une technique qui fait partie des actions de promotion par les prix.	☺	☹
4) Dans le cas d'une opération « offre spéciale », il est possible de proposer une baisse de prix fictive.	☺	☹
5) Les produits soldés doivent avoir été présentés à la vente depuis au moins quinze jours.	☺	☹
6) La revente à perte est autorisée pendant les périodes de soldes.	☺	☹

10.2 *Mettez en application*

Exercice 1 Les actions promotionnelles

A) À l'aide des documents ci-dessous, identifiez, pour chaque action, le type d'action, la technique promotionnelle et l'avantage proposé au client, présentez votre réponse sous forme d'un tableau.

B) Citez les techniques promotionnelles qui ne sont pas présentes dans les documents.

Documents : Actions promotionnelles

1,15 € ~~1,65 €~~ PROMOTION

Action n° 1

Action n° 2

5,25 € le lot de trois bouteilles

Action n° 3

Action n° 4

Action n° 5

Action n° 6

Exercice 2 La réglementation des actions promotionnelles

A) Précisez pour chaque action les points juridiques non respectés.

B) Proposez les correctifs à apporter pour respecter la réglementation.

Document : Mise en place des promotions dans un magasin de vente pour enfants

Action 1 : Écharpe + bonnet sous film plastique 10 couleurs assorties ; **Prix du lot** : 10 euros **Écharpe** : 5 euros **Bonnet** : 7 euros **Affichage vitrine et sur chaque lot** : prix du lot 10 euros.	**Action 2 : Concours dessins** **Affiche publicitaire à mettre en vitrine et en magasin** : pas d'obligation d'achat liée à la participation, tirage au sort de cinq dessins gagnants, **Lots proposés** : jouets.
Action 3 : Réductions de – 15 % sur une sélection de tee-shirts. Affiche publicitaire à mettre en vitrine et en magasin : prévoir le terme promotion, le % de réduction, le prix réduit.	**Action 4 : Un sachet de confiserie** de Pâques pour tout achat d'un montant d'au moins 20 euros. **Coût d'un sachet de confiserie** : 2 euros
Action 5 : Toutes les chaussettes coton à rayures à 1,50 € la paire. **Prix d'achat HT** d'une paire 1,30 € **Frais de transport d'une paire** : 0,05 cts.	

Exercice 3 Les soldes

A) Relevez les règles à respecter à partir des points réglementaires. Complétez l'annexe à partir du document.

Document : Les soldes

Les soldes présentent des avantages pour les commerçants qui peuvent ainsi écouler rapidement leurs stocks et pour les consommateurs qui bénéficient de réductions de prix souvent intéressantes.

Les soldes sont réglementés : une définition précise et une durée encadrée. Une nouveauté importante à compter du 1er janvier 2009 : le calendrier annuel est modifié et assoupli.

La définition des soldes

Les soldes sont des ventes qui, d'une part, sont accompagnées ou précédées de publicité et sont annoncées comme tendant, par une réduction de prix, à l'écoulement accéléré de marchandises en stock et qui, d'autre part, ont lieu durant les périodes définies, pour l'année civile, comme suit :

- fixation de dates nationales pour les soldes d'hiver et d'été avec la possibilité de dérogation pour certaines zones touristiques ou frontalières, la durée maximale de chaque période de soldes étant ramenée à cinq semaines (les dates de soldes étaient fixées antérieurement au niveau de chaque département et la durée maximale de chaque période était de six semaines) ;
- création de deux semaines complémentaires de soldes choisies librement par les commerçants, qui sont tenus simplement de déclarer auprès du Préfet la période de deux semaines ou les deux périodes d'une semaine choisies chaque année ; les soldes complémentaires ne pourront cependant pas avoir lieu pendant le mois précédant les périodes de soldes d'été et d'hiver.

La modification de la définition des soldes a pour conséquence d'autoriser les commerçants à pratiquer des annonces de réduction de prix pour déstockage toute l'année. Ces opérations commerciales étaient auparavant qualifiables de soldes hors périodes et sanctionnables à ce titre.

En revanche, les produits annoncés comme soldés doivent toujours avoir été proposés à la vente et payés depuis au moins un mois à la date de début de la période de soldes considérée. Le prix d'origine et la réduction doivent être clairement affichés.

Quelques précisions importantes

Les limitations de garanties sur les soldes sont illégales. Un article soldé bénéficie des mêmes garanties en matière de défauts de fabrication non apparents ou de service après-vente que tout autre article. En cas de vice caché, le vendeur est tenu de remplacer l'article ou de le rembourser. S'il n'y a pas de vice caché, le commerçant n'est pas tenu juridiquement de le faire, mais il peut le faire à titre commercial.

En tout état de cause, le commerçant est tenu d'appliquer toute disposition relative à l'échange ou au remboursement dont il fait la publicité, soit sous forme d'affichage dans le magasin, soit mentionnée sur les tickets de caisse ou sur d'autres supports ; sinon, il est passible du délit de publicité trompeuse.

Enfin, dans un magasin, la distinction entre les articles soldés et non soldés doit clairement apparaître aux yeux des consommateurs.

Source : Fiche DGCCRF

Annexe : Analyse de la réglementation des soldes

Points abordés par la réglementation	Règles à respecter
Objectif des soldes	
Fixation du prix de vente soldé	
Fréquence des soldes : - durée - pour quelles zones géographiques ? - nouvelle réglementation.	
Conditions à respecter pour solder un produit	
Implantation des soldes	

Exercice 4 Le publipostage

A) Rédigez la lettre personnalisée contenue dans le publipostage mis en place par « Comptoir d'or » ; vous utiliserez l'annexe.

B) Évaluez le coût de l'opération de publipostage.

Conseil

Réalisez la lettre de publipostage avec un logiciel de traitement de texte et le chèque cadeau avec publisher.

Document : La réalisation d'un publipostage

« Comptoir d'or » : Bijouterie spécialisée dans les créations de bijoux en or (montres, colliers, boucles d'oreilles, broches...).

Opération : réalisation d'un publipostage personnalisé.

Caractéristiques de l'opération :

- événement commercial : les fêtes de noël le moment idéal pour offrir ou s'offrir des merveilleux cadeaux, remercier les clients fidèles ;

- la nature de l'opération :

Proposition d'un chèque cadeau d'une valeur de 10 € à valoir sur un montant d'achat égal ou supérieur à 65 € sur l'ensemble des produits du 5 décembre au 31 décembre.

① Tirage au sort le 24 décembre à 17 heures de deux bulletins de participation à déposer avant le 15 décembre dans le point de vente.

② Cadeau à gagner : deux montres d'une valeur de 350 €.

- coût de l'opération :

Nombre d'envois : 5 000

Coût de la lettre : 500 feuilles/4,55 €

Enveloppes : 0,06 cts

Affranchissement : 5 000 plis : 0,40 cts/enveloppe

Taux de retour : 3 %

Coût du cadeau : prix de vente TTC d'une montre : 175 €, coefficient marge : 2,5.

Annexe

« COMPTOIR D'OR »
Bijouterie spécialisée
dans les Créations en or

19 rue de la Liberté
91300 MASSY
☎ 01 56 78 90 67

Madame Louis
13 rue St Nicolas
91300 Massy

Massy, le 28 novembre 2010

(Attirer l'attention :)
(Éveiller l'intérêt :)
(Provoquer le désir :)
(Pousser à l'action :)

10.3 *Passez le bac*

Point de méthodologie : **Pour réussir votre action de promotion en unité commerciale, respectez la méthodologie suivante :**

① **Sollicitez un entretien** avec le responsable de l'unité pour définir les contraintes de l'épreuve. ② **Consultez le planning** des actions prévues pendant la période où vous êtes présent(e), n'attendez pas les derniers jours pour le faire, de façon à pouvoir sélectionner l'action la plus intéressante. Si l'unité commerciale n'a pas de plan promotionnel, estimez les possibilités de mise en place d'actions (nouveauté, produits à écouler...). ③ **Exploitez l'événement** commercial de la période. ④ **Déterminez le ou les objectifs** à atteindre.

⑤ **Préparez l'organisation :**
- établissez un calendrier prévisionnel des différentes étapes de l'action,
- sélectionnez : les produits, la technique à mettre en œuvre,
- prévoyiez la communication à mettre en place.

⑥ **Mettez en place l'action** :
- organisez les ressources matérielles et humaines,
- contrôlez la présentation, la réglementation, le respect des règles d'hygiène et de sécurité,
- collectez des documents visuels [plan d'implantation, affiches, photos (avant, pendant l'action)…].

⑦ **Évaluez l'action :**
- procédez à un **bilan quantitatif** :
  - récupérez et classer les documents édités par le point de vente relatifs aux résultats de votre action (chiffre d'affaires, marge, volume…) ;
  - traitez les informations chiffrées sous forme de tableaux et de graphiques ;
  - commentez les résultats obtenus.
- procédez à un **bilan qualitatif** :
  - diagnostiquez et justifiez les points forts et les points faibles de votre action ;
  - proposez des axes de progrès pour les points faibles relevés.

10.1 *Vérifiez vos connaissances*

Exercice 1 Démêlez le vrai du faux

1) ☺

2) ☹ Une action par les jeux incite le client à fréquenter l'unité commerciale et dynamise l'unité commerciale.

3) ☹ La prime directe est une technique promotionnelle par l'objet.

4) ☹ La réduction de prix doit être réelle.

5) ☹ Depuis au moins un mois.

6) ☺

Exercice 2 Démêlez le vrai du faux

1) ☹ La PQN ne fait pas partie des outils de communication locale ; en revanche Internet en fait partie.

2) ☺

3) ☹ L'e-publipostage permet d'individualiser le message mais pas de le personnaliser.

4) ☺

5) ☺

6) ☹ Le publipostage classique est plus attractif, mais plus cher que l'e-publipostage et le SMS-mailing.

7) ☹ Il manque le coupon-réponse.

8) ☺

9) ☺

10) ☹ Le taux de démarque mesure l'importance du coût de l'action promotionnelle sur la rentabilité dégagée.

10.2 *Mettez en application*

Exercice 1 Les actions promotionnelles

A) Identification du type d'action, de la technique promotionnelle et de l'avantage proposé au client.

Actions	Actions de promotion	Techniques promotionnelles	Avantages clients
Action n° 1	Par les prix	Offre spéciale	Réduction temporaire de prix.
Action n° 2	Par les prix	Offre sur carte	Réduction de prix accordée au détenteur de la carte de l'enseigne.
Action n° 3	Par les prix	Vente par lot	Prix du montant du lot inférieur à l'addition des prix unitaires.
Action n° 4	Par les prix	Offre spéciale	Offre d'une quantité supplémentaire de produit pour le même prix.
Action n° 5	Par l'objet	Prime directe	Offre d'un produit supplémentaire au moment de l'achat.
Action n° 6	Par les jeux	Loteries	Possibilité aux participants d'obtenir un gain par la voie du hasard.

B) Techniques promotionnelles qui ne sont pas présentes dans le document.

- actions par les prix : couponnage, ventes à prix coûtants, soldes ;
- actions par l'objet : prime différée, offre d'essai ;
- actions par les jeux : concours.

Exercice 2 La réglementation des actions promotionnelles

A) Relevé des points juridiques non respectés.

Action n° 1 : il faut faire figurer par voie d'affichage en magasin le prix unitaire des produits qui composent le lot.

Action n° 2 : intervention du hasard : tirage au sort. Pas de tirage au sort, tous les dessins sont examinés.

Action n° 3 : affichage en vitrine incomplet.

Action n° 4 : coût du sachet trop élevé. 20 euros x 0,07 % = 1,40 €, le coût du sachet dépasse la valeur réglementaire.

Action n° 5 : le produit est revendu à perte ce qui est interdit, 1,50 : 1,196 = 1,25 €, prix coûtant = 1,25 + 0,05 = 1,35 €.

B) Correctifs à apporter pour respecter la réglementation.

Action n° 1 : prévoir de faire figurer le prix de chaque produit, écharpe : 5 euros, bonnet : 7 euros.

Action n° 2 : préciser le règlement et la nature exacte des lots proposés.

Action n° 3 : préciser la gamme de tee-shirt et les dates de début et de fin de l'offre.

Action n° 4 : il faut renégocier le prix du sachet auprès du fournisseur ou augmenter le montant d'achat à 30 €.

Action n° 5 : prix de vente du produit = 1,35 × 1,196 = 1,60 €.

Exercice 3 Les soldes

A) Relevé des règles à respecter.

Annexe : Analyse de la réglementation des soldes

Points abordés par la réglementation	Règles à respecter
Objectif des soldes	Écoulement accéléré des marchandises en stock.
Fixation du prix de vente soldé	Le prix d'origine et le montant de la réduction doivent être clairement indiqués.
Fréquence des soldes : - durée - pour quelles zones géographiques ? - nouvelle réglementation.	5 semaines pour les soldes d'hiver et cinq semaines pour les soldes d'été. Au niveau national avec la possibilité de dérogation pour les zones touristiques et frontalières. Création de deux semaines supplémentaires de soldes choisis librement par le commerçant et en dehors des mois précédant les soldes été et hiver.
Conditions à respecter pour solder un produit	En revanche, les produits annoncés comme soldés doivent toujours avoir été proposés à la vente et payés depuis au moins un mois à la date de début de la période de soldes considérée.
Implantation des soldes	Les zones de produits soldés et non soldés doivent être clairement visibles.

Exercice 4 Le publipostage

A) Rédaction de la lettre personnalisée.

Annexe

« COMPTOIR D'OR »
Bijouterie spécialisée
dans les Créations en or

Madame Louis
13 rue St Nicolas
91300 Massy

19 rue de la Liberté
91300 MASSY
☎ 01 56 78 90 67

Massy, le 28 novembre 2010

Chère Madame Louis,

(Attirer l'attention :)

C'est un noël en or que je vous propose de partager pour les fêtes de fin d'année, moment idéal pour vous offrir ou offrir de merveilleux bijoux en or. Pour vous remercier de votre fidélité, j'ai le plaisir de vous offrir un cadeau.

(Éveiller l'intérêt :)

Vous aller bénéficier d'une offre exceptionnelle : j'ai la joie de vous offrir aujourd'hui un chèque cadeau d'une valeur de 10 euros*.

(Provoquer le désir :)

C'est pour vous l'occasion de vous faire plaisir ou de faire plaisir en bénéficiant d'une réduction de 10 euros sur votre bijou préféré à choisir parmi toutes nos créations exclusives en or.

(Pousser à l'action :)

Alors, Madame Louis, dépêchez-vous, venez rapidement profiter de cette offre valable du 5 au 31 décembre et déposer votre bulletin de participation avant le 15 décembre pour gagner encore des cadeaux en or : deux montres d'une valeur de 350 euros.

Dans l'attente d'avoir le plaisir de vous accueillir dans notre magasin « Comptoir d'or » je vous prie de croire en mes sentiments les meilleurs.

PS : Je vous rappelle que le chèque n'est valable que du 5 au 31 décembre et que le tirage au sort est prévu le 24 décembre à 17 heures.

*offre valable pour un montant d'achat égal ou supérieur à 65 €.

CHÈQUE CADEAU

Bon pour une valeur de dix euros à l'ordre de : Madame Louis **VALEUR 10 €**

Payable à Comptoir d'Or **À valoir sur tout achat égal ou supérieur à 65 €**

B) Coût de l'opération de publipostage.

Nombre d'envois : 5 000

Coût de la lettre : 10 × 4,55 = **45,50 €**

Enveloppes : 0,06 × 5 000 = **300 €**

Affranchissement : 0,40 × 5 000 = **2 000 €**

Taux de retour : 3 % 5 000 × 0,03 = **150 clients**

Chèques : 150 × 10 = **150 €**

Coût cadeaux : 175 € prix de vente TTC

- recherche du prix de vente HT 175/1,196 = 146,32 euros,
- recherche du prix d'achat : 146,32/2,5 = **58,53 € × 2 montres = 117,06 €**

Coût total de l'opération : 45,50 € + 300 € + 2 000 € + 150 € + 117,06 € = 2 612,56 €.

29

La réalisation d'une animation

L'animation commerciale avec la présence d'un animateur est une technique particulièrement adaptée pour la mise en avant d'un produit. Souvent jumelée avec une promotion, elle contribue à dynamiser les ventes de l'unité commerciale.

1 Les actions d'animation

Une animation peut être à l'initiative du fabricant, de l'unité commerciale ou mixtes dans le cadre d'un partenariat (fabricant et unité commerciale).

A Les objectifs des actions d'animation

Effets recherchés	Objectifs		
	Cognitif (faire connaître)	Affectifs (faire aimer)	Conatifs (faire agir)
Inciter les clients à fréquenter l'unité commerciale.	✓		
Faire connaître un nouveau produit.	✓		
Créer du lien relationnel entre les clients, l'unité et le produit.		✓	
Fidéliser le client à un produit, une marque, une enseigne		✓	
Augmenter la rotation des stocks et le chiffre d'affaires			✓
Stimuler les ventes de produits anciens			✓
Déclencher le 1er achat et favoriser les achats impulsifs			✓
Dynamiser l'unité commerciale			✓

Outil épreuve E2 (montage de l'action) : Identifiez le ou les objectifs commerciaux de l'unité commerciale avant de proposer ou de mettre en place une action d'animation.

(B) Les différentes techniques d'animation

Techniques	Caractéristiques
Dégustation	Faire découvrir un nouveau produit alimentaire en le faisant goûter aux clients et proposant une information personnalisée (thé, yaourt, produits régionaux…).
Démonstration	Faire connaître un nouveau produit technique en le mettant en situation d'utilisation et en proposant une argumentation personnalisée (machine à café, perceuse, ramasse feuilles mortes…).
Distribution d'échantillons et de coupons de réduction	Remettre des quantités réduites de produit et des bons de réduction personnellement aux clients par un animateur à l'entrée du magasin ou à proximité du rayon dans lequel est implanté le produit (échantillons de produits alimentaires, produits de beauté, entretien de la maison, du jardin…).
Vente flash	Proposer aux clients une réduction de prix limité dans le temps, l'information est communiquée par une annonce micro (- 10 % au rayon layette pendant une heure…).
Soirées privées pour les détenteurs de la carte de fidélité	Offrir un moment festif aux clients fidèles, en organisant des animations (jeux, concerts…), des dégustations, des démonstrations et en proposant des réductions, pour faire en sorte que le client se sente un invité privilégié du magasin, l'objectif est de favoriser les achats d'impulsion.
Défilé de mode	Organiser un défilé de mode à l'occasion d'une nouvelle collection de prêt-à-porter.
Intervention d'une personnalité	Faire intervenir un chanteur, un sportif, un auteur (séance de dédicace pour un nouveau livre…).
Manifestation commerciale	Profité d'une opportunité commerciale en participant à une animation commerciale de quartier ou à un salon professionnel.
Jeux et concours	Organiser un jeu ou un concours avec la présence d'un animateur (concours dessins pour les enfants, meilleure réalisation culinaire…).

Outil épreuve E2 (montage de l'action) : Vous avez choisi de décrire une action d'animation que vous avez réalisée en unité commerciale. Indiquez précisément dans votre dossier, l'action d'animation à laquelle elle correspond et éventuellement la ou les techniques promotionnelles qui l'accompagnent.

2 La mise en œuvre d'une animation

Pour réussir une animation en unité commerciale, il faut prévoir toutes les étapes nécessaires à sa mise en œuvre.

(A) La préparation de l'action

Étape 1. Le cadre de l'action

- **Déterminer la période** : profiter d'un événement, calendaire (rentrée des classes, fête des mères, Saint Valentin…), commercial (catalogue fête des prix…), d'une campagne de publicité fabricant (sortie d'un nouveau produit…).

- **Prévoir la périodicité** : taux de renouvellement de l'action. **Exemple** : tous les samedis pendant un mois…
- **Choisir un thème** pour l'animation : attractif et cohérent avec les produits et l'unité. **Exemple** : Halloween pour faire découvrir une nouvelle gamme de produits de confiserie pour enfants.
- **Choisir un emplacement** : en fonction de l'objectif de l'action l'animation pourra se situer dans la zone avant de l'unité, à proximité d'un rayon ou sur toute la surface de vente, dans tous les cas sélectionner un emplacement stratégique. **Exemple** : anniversaire de l'unité, toute la surface de vente est concernée, des stands seront disposés le long de l'allée centrale.

Étape 2. La logistique de l'animation

- **Sélectionner le ou les produits** : prévoir les approvisionnements nécessaires pour éviter les ruptures de stock.
- **Prévoir les moyens matériels** :
  - le stand (il peut-être prêté par le fabricant) ;
  - le petit matériel nécessaire à l'animation ; **exemple** : dans le cas d'une démonstration « expresso » (machine à café, dosettes, tasses, petites cuillères, sucre, matériel de lavage, emballage cadeau…) ;
  - la tenue vestimentaire de l'animateur, à costumer en fonction du thème sélectionné ; **exemple :** thème Halloween l'animatrice sera costumée en sorcière ;
  - la PLV : affiches, chevalets de comptoirs, balisage sol… (elle peut-être fournie par le fabricant) ;
  - le matériel promotionnel : bons de réduction, échantillons, cadeaux…
  - la sonorisation : musique, annonce sonore…
- **Prévoir les moyens humains :** il peut s'agir du personnel interne à l'unité ou externe (professionnels de l'animation ou animateurs du fabricant).

> Conseil
> Voir Cours 28 : La mise en œuvre et l'évaluation d'une action promotionnelle

Étape 3. La communication liée à l'animation

- **Communiquer** en utilisant les médias et supports adaptés en fonction des décisions prises : la clientèle est avertie avant l'animation, en entrant dans le magasin… En informant l'équipe de l'unité pour que celle-ci puisse relayer l'information auprès des clients de façon à provoquer un maximum de trafic. Rédiger le texte des annonces sonores qui seront diffusées le jour de l'animation.

> Conseil
> Voir Cours 27 : L'information clientèle

- **Élaborer un argumentaire** : l'argumentaire peut être fourni par le fabricant ou construit par l'animateur. Il doit lui permettre de maîtriser toutes les caractéristiques techniques du produit ainsi que les avantages correspondants et adaptés aux différents mobiles d'achat des clients.

Conseil
Voir Cours 18 : Les outils d'aide à la vente

Étape 4. L'aspect financier

- **Définir un budget** : il s'agit d'établir, en fonction de la technique d'animation sélectionnée, un état estimatif des frais à engager pour la réalisation de l'animation (communication, matériel, personnel, produit…), il est possible de réduire ce budget dans le cadre d'un accord de partenariat passé avec un fabricant ou une association de commerçants.

(B) *Le déroulement de l'animation*

Étape 1. Mettre en place l'espace animation : créer une ambiance festive

- Théâtraliser l'animation par la création de mise en scène : couleur, odeur, décor, présentation originale des produits (veiller à la complémentarité), propreté du stand, des produits et du matériel utilisé.
- Contrôler l'impact visuel.
- Vérifier la tenue du personnel d'animation qui doit être impeccable et en adéquation avec la thématique de l'animation pour la renforce.
- Veiller à la sécurité des clients, des produits, du personne.
- Contrôler la réglementation en vigueur et l'hygiène.

Conseil
Voir Cours 12 : L'hygiène et la sécurité et 26 : La promotion des ventes

Étape 2. Informer, démontrer, vendre : être communicant et convaincant

- Aller au devant du client par une attitude ouverte et chaleureuse et un discours accrocheur, l'objectif étant que le client s'arrête devant le stand, lui donner envie de toucher de goûter le produit.
- Maîtriser son animation ou sa démonstration par des gestes sûrs et précis.
- Synchroniser argumentation et démonstration pour donner plus de force à l'argument.
- Répondre aux questions et objections des clients.
- Faire en sorte que le client achète le produit.

Outil épreuve E2 (montage de l'action) : Indiquez dans votre dossier le planning des différentes étapes nécessaires à la préparation et à la mise en place de l'animation.

3 L'évaluation de l'animation

L'évaluation d'une animation doit permettre de mesurer les retombées positives et négatives sur un produit, une marque, l'enseigne et le client.

A Le bilan quantitatif

L'animation engendre un coût financier, il s'agit donc de mesurer le retour sur investissement.

Indicateurs	Outils	Informations
Chiffre d'affaires	Chiffre d'affaires réalisé par l'animation Évolution des ventes du produit avant/pendant/après l'animation Chiffre d'affaires réalisé par l'unité le jour de l'animation. Volume de ventes	Atteinte des objectifs : - mesure de l'évolution par rapport à une opération antérieure ; - mesure de la fidélisation ; - détermination du taux de transformation pour évaluer l'efficacité de l'opération ; - mesure le niveau et le rythme des quantités écoulées.
Rentabilité	Cumul des coûts (personnel/produit/communication) Taux de démarque (démarque promotionnelle, démarque produit en cas de dégustation) Taux de remontée Taux de marge	Évaluation de la rentabilité globale de l'opération ; - mesure l'importance du coût de l'opération sur la rentabilité ; - mesure de la participation à l'animation ; - mesure la marge dégagée par l'opération.

B Le bilan qualitatif

Il doit permettre de mesurer l'impact sur le client en termes de satisfaction.

Critères d'évaluation	Contrôles	Sources d'informations
Pertinence	Le thème de l'animation est cohérent avec les objectifs et l'image de l'unité.	Réflexions orales ou écrites des clients.
Attractivité	L'offre : - est suffisamment originale ; - est théâtralisée de façon valorisante (emplacement stratégique, décor attractif, techniques qui font appel aux cinq sens du client).	Réalisation d'un questionnaire de satisfaction.
Communication	La sélection des médias et supports est efficace. L'information interne PLV est compréhensible. Les animateurs relaient l'information et impulsent les ventes.	Grille d'évaluation de la qualité de l'animation.
Sécurité	Respect de la réglementation et des règles d'hygiène et de sécurité.	Réunion bilan avec l'équipe.

MOTS PROFESSIONNELS

Animation. Animateur. Argumentaire. Argumentation. Démonstrateur. Événement calendaire. Objection. Partenariat. Théâtralisation

Voir Lexique dans les pages Mémos.

CE QUE JE SAIS FAIRE

- Déterminer les objectifs des actions d'animation.
- Identifier les différentes techniques d'animation ainsi que leurs caractéristiques.
- Maîtriser les différentes étapes de préparation, de mise en place et d'évaluation des actions d'animation.

11.1 *Vérifiez vos connaissances*

Exercice Démêlez le vrai du faux

1) La mise en œuvre par l'unité commerciale d'un objectif d'ordre affectif est destinée à faire agir le client. ☺ ☹

2) Déclencher le premier achat correspond à un objectif cognitif. ☺ ☹

3) La démonstration est destinée à faire connaître un nouveau produit alimentaire. ☺ ☹

4) L'intervention d'une personnalité peut être utilisée dans le cadre de l'organisation d'une soirée privée réservée à la clientèle fidèle de l'unité. ☺ ☹

5) L'anniversaire d'un magasin correspond à un événement calendaire. ☺ ☹

6) Une action d'animation peut être menée en partenariat avec un fabricant. ☺ ☹

7) L'animateur doit être costumé en fonction du thème de l'animation. ☺ ☹

8) Synchroniser argumentation et démonstration permet à l'argument d'être plus convaincant. ☺ ☹

9) Le chiffre d'affaires net de l'animation correspond au montant du chiffre d'affaires réalisé pendant l'animation. ☺ ☹

10) La réalisation d'une enquête de satisfaction client est un outil utilisable pour évaluer la qualité d'une animation. ☺ ☹

11.2 *Mettez en application*

Exercice 1 La rentabilité d'une animation

A) Situez l'animation dans la chaîne d'actions commerciales et précisez les types d'opérations auxquels elle est généralement associée ; justifiez votre réponse.

B) Relevez l'indicateur principal permettant d'évaluer le succès d'une animation.

C) Précisez le choix fait par les industriels ; justifiez votre réponse.

D) Indiquez le pourcentage des actions d'animation et de communication par rapport au chiffre d'affaires.

E) Précisez le choix fait par les franchisés ; justifiez votre réponse.

Document : Rentables, les animations ?

Organiser des animations semble bien le passage obligé pour bon nombre de marques et d'annonceurs. Mais comment savoir si celles-ci sont rentables ? Et qu'entend-on ici par rentabilité ? L'augmentation des ventes est-elle le seul outil pour mesurer le ROI (*return on investment* : retour sur investissement en français) ?

Les critères d'évaluation

En règle générale, les animations arrivent au bout d'une chaîne d'action, après la combinaison de différents outils marketing comme la distribution de prospectus, la diffusion de spots à la télévision, sur les radios locales ou nationales, des annonces dans la presse régionale. Dans un premier temps, calculer le nombre de ventes supplémentaires par rapport à un samedi classique sans animation s'avère le principal indicateur pour justifier un succès ou non de l'opération. Mais il peut être complété par d'autres outils.

« *Avant toute chose,* précise Fabrice Pierga, directeur général de CPM et membre du Sorap, *les annonceurs doivent être clairs sur les objectifs de l'animation, lesquels sont en général organisés par les services marketing et commerciaux.* » Et souvent, les critères d'évaluation des performances ne sont pas les mêmes pour les uns et les autres. Le calcul du ROI en dépend. En effet, selon qu'elle est organisée pour faire connaître une marque, un nouveau produit, une gamme, ou soutenir une offre promotionnelle importante, les résultats d'une animation n'auront pas la même signification. Les agences remarquent également que certains industriels ont fait le choix de diminuer leur budget publicité et promotion, pour allouer ces sommes disponibles à l'animation. C'est également l'occasion pour les leaders d'affirmer leur position en renforçant leur présence en animation dans les linéaires.

Des soirées privées pour les clients

Du côté des franchises, Guy Saint Solieux, conseiller au sein de la société AC Franchise, livre son expérience en la matière : « *En règle générale, le budget consacré aux animations et à la communication correspond à un pourcentage compris entre 1 et 2 % du chiffre d'affaires, rarement davantage. La franchise tente donc de reprendre les recettes de la grande distribution. Toutefois, faire appel à des animatrices peut s'avérer très coûteux.* Pour lui, la solution la plus efficace est d'organiser ce type d'événements tous les deux ou trois mois en moyenne : après les horaires d'ouverture classiques, les clients les plus fidèles peuvent bénéficier de réductions supplémentaires le temps d'une soirée. « *Plus une animation sera personnalisée, plus elle sera rentable,* insiste-t-il. *Les consommateurs ont besoin de sentir qu'ils sont particuliers et, pour qu'une animation soit efficace, elle doit se répéter et devenir un rendez-vous attendu.* »

Source : Point de Vente 1/06/2009

11.3 *Passez le bac*

Exercice L'action de promotion/animation

Travail à faire

A) Identifiez, à partir du document 1, le type d'action et les techniques de promotion et d'animation mises en œuvre pour l'action Mardi-gras.

B) Calculez, sur l'annexe 1, le prix de vente des produits promotionnels.

C) Sélectionnez (annexe 2), le cadeau approprié à cette action et justifiez.

D) Situez sur le plan du magasin, document 2, deux espaces possibles à réserver à cette animation et justifier vos choix, présenter votre réponse sous forme d'un tableau.

E) Recensez les moyens à mettre en œuvre pour l'animation.

F) Listez les informations qui devront figurer sur les affiches mises en place en magasin pour signaler cette action auprès des clients.

Conseil Pour traiter les questions A, B et C, vous pouvez consulter le **Cours 27** : L'information clientèle.

Document 1 : Plan publipromotionnel d'un supermarché

Janvier				Février				Mars			
S1	S2	S3	S4	S5	S6	S7	S8	S9	S10	S11	S12
BLANC – 10 %, – 20 %, – 30 % Sur une sélection d'articles de linge de maison et de toilette				**TG CAFE D'OR** 5 preuves d'achat = 1 boîte à sucre offerte		**MARDI GRAS** 2 briques de pâtes à crêpe Fluidor + 1 crêpière = 1 masque offert + animation/dégustation crêpes + TG.		**4 JOURS** Tirage au sort 10 bons d'achat de 20 à 100 euros par jour à gagner.		**PRINTEMPS** TG produits minceurs Vivatel 5 week-end thalassothérapie à gagner	

Document 2 : Plan d'un supermarché

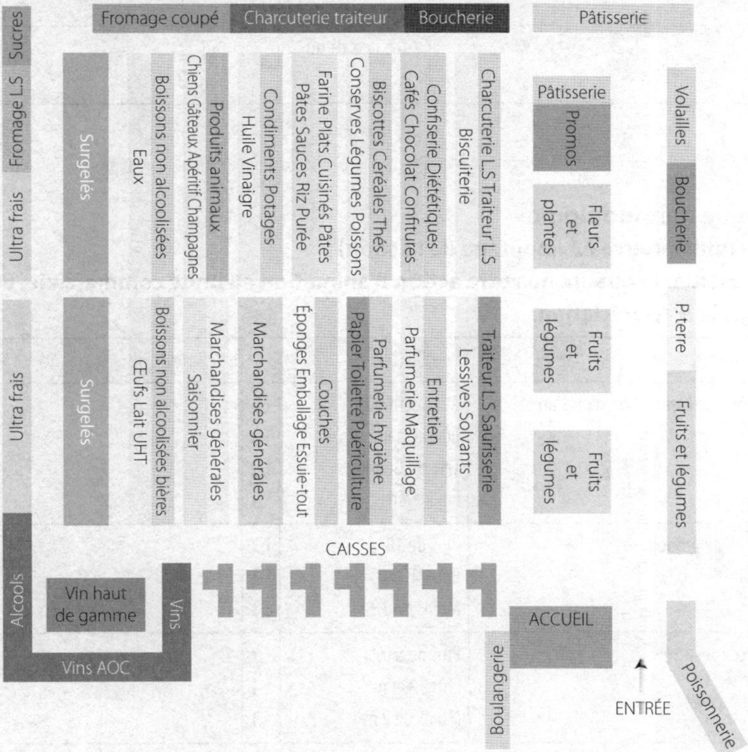

Annexe 1 : Calcul des prix de vente promotionnels

Composition de la promotion	Prix de vente de référence unitaire TTC	Quantité	Taux de remise	Prix de vente promotionnel
Brique 1 litre pâte à crêpes	2,74 €	2	– 20 %	
Crêpière/30 cm	6,10 €	1	– 20 %	
Total promo				

Annexe 2 : Sélection du cadeau

Modèles de masques	Prix	Sélection	Justifications
	0,69 cts d'euro	Oui ❑ Non ❑	
	0,53 cts d'euro	Oui ❑ Non ❑	

Point de méthodologie

Outil épreuve E2 (montage de l'action) :

Pour évaluer la qualité de votre action d'animation en unité commerciale, utilisez une grille d'appréciation.

Critères à évaluer	Évaluation		Commentaires
Situation de l'animation dans l'unité	Allée centrale Ilôt ou stand Tête de Gondole En linéaire	❑ ❑ ❑ ❑	
Nombre de produits	Plus de 10 Entre 10 et 3 Moins de 3	❑ ❑ ❑	
Surface consacrée	Plus de 5 m^2 Entre 2 et m^2 Moins de 2 m^2	❑ ❑ ❑	

Critères à évaluer	Évaluation	Commentaires
Mise en scène autour d'un produit	Oui très bien ❑ Oui moyen ❑ Non ❑	
Originalité de la décoration en adéquation avec le(s) produit(s) mis en avant	Oui très bien ❑ Oui moyen ❑ Non ❑	
Présence d'un animateur	Oui tout le temps ❑ Oui par intermittence ❑ Non ❑	
Prestance/Communication de l'animateur	Oui parfaite ❑ Oui partielle ❑	
Dégustation/Démonstration produit	Oui tout le temps ❑ Oui par intermittence ❑ Non ❑	
Signalisation du stand par de la PLV visuelle ou sonore	Oui très visible/audible ❑ Oui peu visible/audible ❑ Non ❑	
Pré communication sur l'animation	Médias ❑ Supports ❑ Site internet ❑	
Communication sur l'animation	Annonce sonore ❑ Site internet ❑	

11.1 *Vérifiez vos connaissances*

☹ Il s'agit d'un objectif d'ordre conatif, l'objectif d'ordre affectif est destiné à faire aimer. **2)** ☹ Déclencher le premier achat correspond à un objectif conatif. **3)** ☹ Il s'agit de la dégustation. **4)** ☺ **5)** ☹ L'anniversaire d'un magasin correspond à un événement commercial. **6)** ☺ **7)** ☺ **8)** ☺ **9)** ☹ Il s'agit du chiffre d'affaires brut. Pour obtenir le CA net, il faut retrancher le montant de la démarque liée à la consommation de produits pendant l'animation, aux différents frais liés à l'animation et éventuellement la démarque promotionnelle (montant des offres promotionnelles proposées). **10)** ☺

11.2 *Mettez en application*

Exercice La rentabilité d'une animation

A) Situation de l'animation dans la chaîne d'actions commerciales

Les animations arrivent au bout d'une chaîne d'actions, comme la distribution de prospectus, la diffusion de spots à la télévision, sur les radios locales ou nationales, des annonces dans la presse régionale, ces actions sont destinées à informer le client sur l'existence du produit en amont de l'animation.

Types d'opérations associées : faire connaître une marque, un nouveau produit, une gamme, ou soutenir une offre promotionnelle importante.

B) Indicateur principal permettant d'évaluer le succès d'une animation

Le calcul du nombre de ventes supplémentaires par rapport à un samedi classique s'avère le principal indicateur pour justifier le succès ou non de l'animation.

C) Choix fait par les industriels

Certains industriels ont fait le choix de diminuer leur budget publicité et promotion, pour allouer ces sommes disponibles à l'animation. C'est pour eux l'occasion d'affirmer leur position en renforçant leur présence en animation dans les linéaires.

D) Pourcentage des actions d'animation et de communication par rapport au chiffre d'affaires

En règle générale, le budget consacré aux animations et à la communication correspond à un pourcentage compris entre 1 et 2 % du chiffre d'affaires, rarement davantage.

E) Choix fait par les franchisés

Les franchisés ont de plus en plus recours à un autre type d'animations : les soirées privées pour les détenteurs de la carte de fidélité. Car faire appel à des animatrices peut s'avérer très coûteux, c'est donc pour limiter les coûts que cette solution est envisagée. La solution qui semble la plus efficace est d'organiser ce type d'événements tous les deux ou trois mois en moyenne après les horaires d'ouverture classiques, les clients les plus fidèles peuvent bénéficier de réductions supplémentaires le temps d'une soirée. Plus l'animation est personnalisée, plus elle est rentable. Les clients ont besoin de sentir qu'ils sont particuliers et, pour qu'une animation soit efficace, elle doit se répéter et devenir un rendez-vous attendu.

11.3 *Passez le bac*

Exercice L'action de promotion/animation

A) Type d'action et technique promotionnelle

Action par les prix : offre spéciale (2 briques de pâtes à crêpe Fluidor + 1 crêpière)

Action par l'objet : prime directe (= 1 masque offert)

Technique d'animation : dégustation

B) Calcul du prix de vente des produits promotionnels

Annexe 1 : Calcul des prix de vente promotionnels

Composition de la promotion	Prix de vente de référence unitaire TTC	Quantité	Taux de remise	Prix de vente promotionnel
Brique 1 litre pâte à crêpes	2,74 €	2	– 20 %	4,38 €
Crêpière/30 cm	6,10 €	1	– 20 %	4,88 €
Total promo				9 €

C) Sélection du cadeau approprié à cette action

Annexe 2 : Sélection du cadeau

Modèles de masques	Prix	Sélection	Justifications
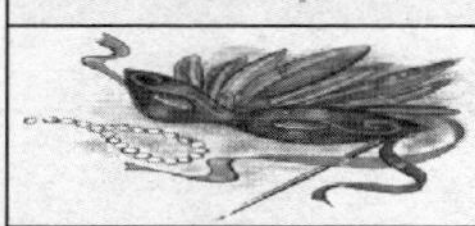	0,69 cts d'euro	Oui ☐ Non ☒	produit de faible valeur, différent du produit vendu (7 % du prix net TTC si < 80 euros).
	0,53 cts d'euro	Oui ☒ Non ☐	La valeur du produit ne doit pas excéder : 9 € × 7 % = 0,63 %.

D) Sélection de deux emplacements possibles à réserver à cette animation

Implantation	Justifications
①	Implantation à proximité du rayon farines, pâtes : • à proximité du rayon concerné ; • allée centrale, action visible, circulation clientèle ; • permet au client de repérer l'implantation habituelle du produit.
②	Implantation dans l'espace spécifique promotion : - zone chaude ; - allée principale, forte circulation clientèle.

E) Moyens à mettre en œuvre pour l'animation

Moyens matériels :

- une TG (tête de gondole) qui présente les produits en complémentarité ;
- un stand équipé d'un matériel de cuisson ;
- une théâtralisation (décor, carnaval, présence de masques, serpentins, etc.).

Moyens humains :

• un démonstrateur déguisé qui réalise les crêpes.

Moyens de communication :

- plv : affiches dans le magasin, fléchage au sol de l'entrée du magasin jusqu'au lieu de l'animation.
- affiches à proximité du rayon.
- annonces sonores.

F) Liste d'informations qui devront figurer sur les affiches mises en place en magasin pour signaler cette action auprès des clients

- nom et logo de l'enseigne,
- thème de la promotion,
- durée de la promotion,
- désignation et illustration des produits en promotion,
- accroche,
- mention « dans la limite des stocks disponibles ».

Conception graphique : Nathalie Florczak
Mise en page : stdi

Éditions Foucher 58, rue Jean-Bleuzen, 92178 Vanves Cedex
Octobre 2010 – 02 – MV-AMS/SM

Imprimé en France par EMD s.a.s. – 53110 Lassay-les-Châteaux – N° d'imprimeur : 23911

1 mémo

Règlement d'examen

Baccalauréat professionnel COMMERCE			Candidat de la voie scolaire dans un établissement public ou privé sous contrat, CFA ou section d'apprentissage habilité, formation professionnel continue dans un établissement public		Candidat de la voie scolaire dans un établissement privé hors contrat, CFA ou section d'apprentissage non habilité, formation professionnelle continue dans un établissement privé, CNED, candidats justifiants de 3 années d'activité professionnelle		Candidat de la formation professionnelle continue dans un établissement public habilité	
Épreuves	**Unités**	**Coef**	**Forme**	**Durée**	**Forme**	**Durée**	**Forme**	**Durée**
E1 Épreuve scientifique et technique		**6**						
Sous-épreuve E11 : Préparation et suivi de l'activité de l'unité commerciale	U11	4	écrite	3 h	écrite	3 h	CCF	
Sous-épreuve E12 : Économie et droit	U12	1	écrite	1 h 30	écrite	1 h 30	CCF	
Sous-épreuve E13	U13	1	écrite	1 h	écrite	1 h	CCF	
E2 Action de promotion-animation en unité commercial	U2	4	CCF		orale	30 min	CCF	
E3 Épreuve pratique prenant en compte la formation en milieu professionnel : vente en unité commerciale	U3	4	CCF		orale	30 min	CCF	
E4 Langue vivante	U4	2	écrite	2 h	écrite	2 h	CCF	
E5 Culture générale : français, histoire géographie		**5**					CCF	
Sous-épreuve E51 : Français	U51	3	écrite	2 h 30	écrite	2 h 30		
Sous-épreuve E52 : Histoire géographie	U52	2	écrite	2 h	écrite	2 h		
E6 Éducation artistique-arts appliqués	U6	1	CCF		écrite	3 h	CCF	
E7 Éducation physique et sportive	U7	1	CCF		pratique		CCF	
Épreuve facultative : langue vivante	UF1		orale	20 min	orale	20 min	orale	20 min

2

mémo

La présentation du dossier action de promotion-animation

Il s'agit de la première partie de l'épreuve orale, au cours de laquelle vous allez devoir présenter, au cours d'un monologue de dix minutes le dossier qui aura matérialisé votre participation à une action de promotion ou d'animation en unité commerciale.

1. La préparation de l'exposé

A. Concevoir le plan de l'exposé

C'est structurer l'exposé : déterminer le titrage des différentes parties :
- introduire l'exposé (contexte du projet) ;
- développer l'exposé (démarche : préparation de l'action, déroulement (étapes) et résultats obtenus) ;
- conclure l'exposé (bilan et perspectives).

B. Animer l'exposé

C'est prévoir des supports visuels :
- tableau : utiliser le logiciel Excel ;
- graphiques ;
- images, photos : utiliser le logiciel Publisher et un appareil photo-numérique, ou Internet

C'est concevoir des supports d'animation :
- diaporama : utiliser le logiciel PowerPoint
- transparent ;
- maquette ;
- échantillon.

C'est organiser l'ordonnancement des informations et des supports.

C. S'entraîner

- présenter l'exposé ;
- utiliser les supports d'animation dans le temps imparti : utiliser la vidéo.

2. Le déroulement de l'exposé

Communiquer, mettre en œuvre

- Des compétences relationnelles

Communication non verbale	Communication verbale
Tenue physique et vestimentaire : soignée Attitude : détendue Posture : droite et dynamique Regard : franc et expressif	Ton : enthousiaste et convaincant Débit : modulé Élocution : claire et rythmée Niveau de langage : courant et professionnel

- Le plan de l'exposé en respectant le temps (10 minutes).
- L'animation prévue.

Terminer l'exposé et manifester sa disponibilité pour répondre aux questions.

L'entretien autour du dossier action de promotion de l'animation

Il s'agit de la deuxième partie de l'épreuve orale, au cours de laquelle vous allez devoir défendre (dialogue d'une vingtaine de minutes) les choix commerciaux que vous aurez présentés dans la première partie de votre exposé et dans votre dossier.

1. La préparation de l'entretien

Comme pour l'exposé, l'entretien avec le jury ne s'improvise pas. Il suppose, en amont, une préparation qui passe par les étapes suivantes :

- réviser les techniques d'argumentation et de réponses aux objections ;
- justifier toutes les décisions prises lors de votre action ;
- repérer les points faibles de votre action ;
- recenser les questions possibles ;
- apporter des réponses réalistes, structurées et argumentées ;
- analyser les résultats obtenus ;
- proposer des mesures correctrices.

2. Le déroulement de l'entretien

Les vingt dernières minutes pendant lesquelles vous allez devoir répondre aux questions du jury en apportant des éclairages sur des éléments de votre exposé et l'action que vous avez menée.

A. Pratiquer l'écoute active

Écouter attentivement les questions qui vous sont posées par le jury et reformule si nécessaire (si j'ai bien compris, vous me demandez de préciser comment j'ai conçu mon animation…).

B. Traiter les objections

- Identifier le thème de l'objection : comprendre l'origine de l'objection :
  - diagnostic de la situation qui a provoqué l'action ;
  - choix commerciaux effectués en cohérence avec la politique de l unité ;
  - connaissance des produits ;
  - respect des règles de marchandisage liées à la présentation et à la mise en place des produits ;
  - connaissance de la réglementation en matière d'hygiène et de sécurité liée aux produits ;
  - respect de la réglementation spécifique à la promotion-animation ;
  - évaluation qualitative de l'action : bilan quantitatif et qualitatif.
- **Prendre en compte l'objection.**
- **Répondre à l'objection** en utilisant la technique appropriée.

C. Prendre congé

À la fin de l'entretien, prendre en congés en remerciant et en saluant le jury.

4 mémo

3. Prendre connaissance de la grille d'évaluation de l'épreuve orale : « Soutenance du dossier de promotion-animation ».

BACCALAURÉAT PROFESSIONNEL COMMERCE Épreuve E2-Contrôle en cours de formation Action de promotion-animation en unité commerciale	Académie de : Centre d'examen : Session :
Nom du candidat :	N°
Titre de l'action :	
Situation n° 2[1] SOUTENANCE DU DOSSIER DE PROMOTION-ANIMATION	TI[2] I S… TS… Évaluation chiffrée
Analyse de l'offre commerciale : diagnostic, adéquation des choix avec les préconisations.	
Respect des règles de marchandisage liées au(x) produit(s) ou au secteur : connaissance des produits, présentation, mise en place des produits.	
Respect de la réglementation en vigueur : hygiène et sécurité liée au(x) produits, réglementation spécifique à la promotion-animation	
Cohérence du raisonnement et justesse des résultats : Évaluation de l'action, résultats obtenus, retombées sur les ventes	
Qualité de communication	

1. Le candidat soutient son dossier devant le professeur des enseignements de spécialité et un professionnel qui vérifient la capacité du candidat à exploiter les informations et à mener une réflexion professionnelle sur son action (exposé : 10 minutes – entretien : 20 minutes).
2. TI = très insuffisant ; I = insuffisant ; S = satisfaisant ; TS = très satisfaisant.

Soutenance du dossier de promotion-animation : épreuve orale qui se déroule en deux temps :
- une première partie monologue, ou exposé, au cours de laquelle le candidat s'exprime sans être interrompu (10 minutes) ;
- une partie échange, au cours de laquelle il est interrogé sur son action par le jury (20 minutes).

Lexique des mots professionnels

Accessibilité : possibilité d'accéder à une unité commerciale, les moyens de transport, les voies d'accès et la signalétique contribuent à facilité l'access bilité.

Achat d'impulsion : acte d'achat non prévu et non raisonné, réalisé sous l'effet d'une pulsion positive provoquée par la présentation attractive du produit et sa mise en valeur.

Action ponctuelle : action commerciale qui n'est pas régulière et qui ne concerne qu'un seul élément de l'assortiment.

Adresse électronique (e-mail) : adresse personnelle ou collective qui permet d'échanger des messages électroniques écrits. Elle est composée de deux parties séparées par le symbole arobase (@). La première partie identifie l'utilisateur, la seconde le fournisseur d'accès (slamnard@wanadoo.fr).

Animateur : personne spécialisée dans l'animation, disposant de divers moyens pour dynamiser une marque ou un produit au sein de l'unité commerciale, rémunérée soit par le commerçant soit par l'unité commerciale.

Approvisionnement : action qui vise à faire entrer en stock une certaine quantité de produits pour les proposer à la vente.

Argument : raisonnement qui permet au vendeur de convaincre le client de l'avantage réel apporté par une caractéristique.

Argumentaire : liste structurée d'arguments susceptibles de convaincre.

Argumentaire comparatif : liste des arguments correspondant aux caractéristiques spécifiques et distinctives d'un produit ou d'un service qui permet de le différencier de ses concurrents.

Argumentation : étape au cours de laquelle le vendeur doit convaincre son client que le produit qu'il lui présente répond à ses attentes, et cela avec des arguments adaptés à ses réactions.

Assortiment : offre de produits proposée par un point de vente ou un rayon.

Attractivité du point de vente : attirance exercée par une unité commerciale sur ses clients.

Auto-évaluation : analyse personnelle qui consiste à porter un jugement critique sur sa pratique professionnelle, en prenant conscience de ses points forts et de ses points faibles, en ayant la volonté de les améliorer.

Base de données : système informatique qui permet de collecter et de traiter des informations (sociodémographiques et comportement d'achat) qui caractérisent individuellement les clients actuels et potentiels d'une unité commerciale.

Cadencier (état de réassortiment) : document qui répertorie tous les produits vendus par une unité commerciale. C'est l'inventaire permanent de l'assortiment (enregistrement périodique des entrées de marchandises et des stocks pour connaître les cadences de vente) en prévision des commandes à passer.

Cahier des charges : recueil des caractéristiques que doivent présenter un produit ou un service en cours de fabrication ou de certification.

Centre de gestion agréé : organisme privé reconnu par l'État en qualité d'expert pour la gestion comptable et financière d'entreprises commerciales.

Certification : attestation de conformité d'un produit ou d'un service à des caractéristiques ou à des normes préétablies.

Chiffre d'affaires encarté : chiffre d'affaires réalisé avec la carte fidélité.

CHST *(comité d'hygiène, de sécurité et des conditions de travail)* : instance représentative du personnel constituée dans les entreprises d'au moins cinquante salariés, qui a pour mission de contribuer à la protection de la santé et de la sécurité des salariés, ainsi qu'à l'amélioration des conditions de travail.

Coefficient multiplicateur : coefficient par lequel il faut multiplier le prix unitaire d'achat HT d'un produit pour obtenir son prix de vente, compte tenu de la marge prévue et du taux de TVA.

Commande : accord oral ou écrit donné à un fournisseur par un client pour l'achat d'un produit.

Commission nationale de l'informatique et des libertés (CNIL) : organisme public qui veille au respect de la réglementation des fichiers informatisés. Elle garantit le droit d'accès pour un particulier aux informations le concernant.

Communication commerciale : ensemble des informations émises par une enseigne à l'intention de ses différentes clientèles pour se faire connaître, créer du trafic, inciter à l'achat et générer du chiffre d'affaires.

Communication de l'unité commerciale : communication de proximité qui permet aux commerçants de gérer leur relation client.

Communication non verbale : utilisation des paralangages (regard, mimique, posture, geste et apparence) constituent des signaux physiques qui permettent à un individu de renforcer ou d'atténuer le sens de sa communication.

Communication téléphonique : échange oral entre un émetteur et un récepteur par l'intermédiaire d'un outil télématique, le téléphone (filaire, sans fil, mobile).

Communication verbale : les différents niveaux de langage et le paraverbal (prononciation, débit, intonation) utilisés par un individu pour communiquer.

Concurrence directe : unités commerciales qui exercent la même activité et qui se situent dans une même zone de chalandise.

Concurrence indirecte : une partie de l'activité de l'unité commerciale est identique de façon permanente ou saisonnière.

Conditionnement : contenant qui protège et qui met en valeur le produit.

Conditions de ventes : ensemble des conditions proposées par un fournisseur à un client, lors de la vente d'un produit, qui précisent les modes de paiement, les remises éventuelles et les délais de livraison.

Contrefaçon : imitation d'une marque protégée par son dépôt à l'INPI ; les produits de contrefaçon sont interdits, à l'importation, à l'exportation et à la détention.

COS (Coefficient d'Occupation des Sols) : mesure la densité de l'offre, il permet d'apprécier la surface disponible réservée à la circulation de la clientèle.

Courriel interne (mail) **:** courrier électronique individuel ou collectif, émis à partir d'un poste informatique, à destination d'interlocuteurs reliés au réseau intranet de l'enseigne.

Culture d'entreprise : ensemble de valeurs, de croyances et de pratiques communes qu'une enseigne adopte pour résoudre ses difficultés internes et son adaptation à l'environnement.

Cycle de vie : représentation graphique de la vie d'un produit à travers l'évolution de son chiffre d'affaires. Quatre phases essentielles : le lancement, la croissance, la maturité et le déclin.

Démarche mercatique : méthode qui consiste à analyser la demande locale ainsi que les forces et les faiblesses de l'unité commerciale, pour ensuite déterminer les moyens d'action à mettre en œuvre, concernant l'assortiment, les prix, le marchandisage et la communication.

Démarque : réduction du prix de vente initialement marqué, en vue de favoriser l'écoulement rapide d'un produit.

Démonstrateur : personne chargée de se déplacer dans les unités commerciales pour les démonstrations de produits, qui est rémunéré par le fabricant.

Démonstration : action qui consiste à proposer des arguments en utilisant le produit comme support ; elle permet d'impliquer le client et de provoquer l'anticipation de possession.

Développement personnel : attitude qui consiste à développer l'estime de soi en argumentant ses succès professionnels grâce à la reconnaissance individuelle au sein de l'entreprise.

Diaporama : ensemble de diapositives conçues à l'aide d'un logiciel de Pré-AO (PowerPoint) et présentées à l'aide d'un vidéoprojecteur.

DLC (date limite de consommation) : date à partir de laquelle la vente d'un produit est interdite car elle peut constituer un risque pour la santé du consommateur. Les unités commerciales doivent donc avoir retiré les produits de la vente au maximum la veille à minuit de la date de péremption.

DLUO (date limite d'utilisation optimale) : elle s'applique aux produits qui ne conservent leurs propriétés que dans des conditions particulières. Au-delà de cette date, il

8

mémo

n'y a pas de sanctions si le produit est en vente ; il risque juste de ne pas avoir la même saveur.

Écart : différence entre deux résultats chiffrés (résultat/objectif) qui exprime une variation.

Échantillon de population : groupe de population retenu pour une enquête. Ce groupe peut-être plus ou moins représentatif de l'ensemble de la clientèle selon le procédé d'échantillonnage choisi.

E-commerce (commerce électronique) : ensemble des techniques d'achat et de vente à distance qui utilisent le réseau Internet.

Écoute active : comportement qui consiste à être en « état d'écoute » pour pouvoir capter toutes les informations verbales et non verbales exprimées par un interlocuteur.

Emballage : contenant qui regroupe les unités de vente.

Engagement (charte) : ensemble des promesses, intégré dans la politique de l'enseigne, qu'une unité commerciale s'engage à tenir en ayant pour objectif la mise en place d'une démarche qualité qui est proposée au client.

Enquête baromètre : enquête réalisée par une unité commerciale et répétée régulièrement dans le temps pour suivre les évolutions à moyen ou plus long terme des indicateurs retenus (baromètre de satisfaction des clients d'une unité commerciale : mesure des niveaux de qualité des produits, de l'accueil de l'espace de vente, de prix…).

Enquête par questionnaire : moyen qui permet de collecter des informations quantitatives et de dégager des tendances chiffrées sur les comportements, les attitudes et les attentes des clients.

Entretien d'évaluation : entretien individuel dirigé par un supérieur hiérarchique, pour évaluer le comportement et la qualité du travail réalisé par un collaborateur.

Équipe : ensemble d'individus complémentaires unis autour d'une mission commune dans la perspective d'obtenir les mêmes résultats.

Événement calendaire : fait marquant du calendrier (Noël, fête des mères, halloween, mardi gras…) exploité par une unité commerciale pour réaliser une action commerciale (promotion, animation).

Extranet : ouverture de l'intranet sur l'extérieur, en accès autorisé, aux partenaires de l'entreprise (clients, fournisseurs…).

Facteur d'ambiance : éléments du marchandisage de séduction, ils contribuent à créer une ambiance favorable à l'achat.

Fiche produit (fiche technique, fiche analytique) **:** document structuré autour d'un plan, qui récapitule les caractéristiques d'un produit ou d'u service.

Fichier attaché (fichier ou pièce jointe) : fichier transmis en même temps qu'un courriel.

Fidélisation : ensemble des actions entreprises par une unité commerciale pour conserver un client en cherchant à renforcer ses attitudes favorable vis-à-vis d'elle.

Fidélité : degré d'attitude positive du client vis-à-vis d'une unité commerciale, son attachement envers elle et l'intention de continuer à la fréquenter.

Flux tendus (zéro stock) : l'unité commerciale ne détient que les quantités de produits en stock qui correspondent à ses cadences de ventes, le réapprovisionnement est déclenché automatiquement en fonction des ventes.

Fournisseur d'accès : opérateur qui offre la possibilité d'accéder à internet en contrepartie d'un forfait ou d'une facturation en temps réel…

Frein d'achat : facteur psychologique ou matériel qui empêche le client de fréquenter un point de vente ou d'acheter un produit.

Frontale (facing) : nombre de conditionnements d'une même référence vue de face, sur chaque niveau.

Garantie : obligation légale ou contractuelle, imposée au vendeur, qui assure le client de la qualité et du bon fonctionnement du produit pendant une durée déterminée.

IDC (Indice de Disparité de Consommation) : il permet de mesurer les dépenses des ménages d'une région afin d'apprécier les différences de consommation locales.

ILV (information sur le lieu de vente) : support informatif qui renseigne le client sur l'utilisation du produit pour en favoriser l'achat.

Image d'enseigne : représentation d'ordre intellectuel et affectif, qui se crée spontanément dans l'esprit des clients à l'évocation du nom de l'enseigne.

Image de l'unité : ensemble de caractères objectifs (prix, compétence des vendeurs…) ou subjectifs (luxe, ambiance…) attribué par les clients à une unité commerciale. Elle peut être positive ou négative.

Image de marque : représentation que le client a d'une entreprise ou d'un produit, elle peut être globalement positive ou négative.

Implantation : attribution d'une place au produit dans le linéaire, cette attribution doit être réalisée en fonction du résultat recherché et des capacités du linéaire.

Indicateur : repère (quantitatif ou qualitatif) qui permet d'observer l'exécution d'une politique commerciale ou la réalisation de ses objectifs.

Indice : rapport généralement multiplié par 100 de deux valeurs.

Indice d'attractivité : il mesure l'organisation et le pouvoir vendeur du rayon.

Indice de réalisation : niveau de participation de l'opération à la réalisation du chiffre d'affaires.

10

mémo

Indice de sensibilité : il permet d'évaluer la correspondance entre la place occupée en rayon et le chiffre d'affaires et la marge dégagée.

Internaute : utilisateur d'Internet.

Internet : réseau mondial de communication accessible à tous, qui permet de faire circuler, à partir d'un ordinateur, des données numériques en temps réel.

Intranet : réseau Internet privé d'une entreprise réservé aux salariés.

IRV *(Indice de Richesse vive)* : indicateur économique qui permet à partir du revenu national d'évaluer le potentiel de consommation par zone géographique et par famille de produits. La richesse vive traduit la dépense des ménages localement pour un ou plusieurs postes de dépenses.

Kakémono : bannière de forme rectangulaire, réalisée dans une matière souple et mouvante, utilisée sur la surface de vente pour le marquage d'un secteur promotionnel.

Linéaire : longueur d'exposition attribuée à une référence, une famille, un rayon, qui peut se calculer, en nombre de frontales, en mètre linéaire, en pourcentage de place occupée.

Liste de diffusion : liste d'adresses électroniques qui regroupe des interlocuteurs dont l'intérêt, sur un sujet, est commun (clients d'une unité commerciale âgés de 18 à 25 ans). Elle permet d'adresser, simultanément, un même courriel à plusieurs personnes.

Logiciel : programme qui permet un traitement automatisé des informations.

Marchandisage de séduction : ensemble des techniques commerciales utilisées par les unités commerciales pour rendre attrayante la présentation des produits.

Marché porteur : marché, qui pour un produit ou un service donné, connaît une demande en expansion et, de ce fait, incite les producteurs et les distributeurs à accroître leur effort commercial sur ce produit ou service.

Marge : différence entre le prix de vente et le coût d'achat, qui permet de faire face aux frais de fonctionnement d'une unité commerciale (personnel, électricité, impôts…) et de dégager un bénéfice.

Marketing sensoriel : ensemble des techniques marketing qui vise à utiliser un ou plusieurs des 5 sens pour favoriser l'achat d'un produit. La sollicitation des sens chez le client se fait essentiellement au niveau du produit ou du point de vente.

Marque : signe (nom, logo…) qui permet de distinguer les produits et les services d'une entreprise.

Média : ensemble de supports de communication de même nature, de masse ou de proximité, utilisés pour diffuser un message publicitaire (presse, affichage, radio, cinéma, Internet, télévision…).

Mercatique : ensemble des actions qui ont pour objectifs de prévoir les attentes des clients et de réaliser l'adaptation du point de vente.

Mercatique directe : ensemble des supports utilisés pour toucher directement et individuellement les clients ; ils permettent de construire une relation personnalisée et de longue durée.

Métier : ensemble de compétences et d'activités. Il précise les savoirs, savoir-faire et savoir-être indispensable à son exercice.

Méthode de vente : approche commerciale utilisée par une unité commerciale pour vendre ses produits à ses clients. On distingue trois méthodes de vente : vente de contact, vente visuelle et vente à distance.

Mètre linéaire : mesure du linéaire. Le linéaire au sol correspond à la longueur de présentation au sol, le linéaire développé correspond au linéaire au sol x nombre de niveaux d'exposition du produit.

Mise en avant : action qui consiste à déplacer le produit de son emplacement habituel pour le rapprocher du client à l'aide de moyens adaptés.

Mission : ensemble de tâches et d'activités qui correspondent à une fonction dans l'organisation humaine d'une entreprise.

Mobiles d'achat : raisons qui déclenchent chez le client l'acte d'achat, la liste guide **SONCAS** est le plus souvent utilisée. **Mobiles émotifs : SON** (Sympathie, Orgueil, Nouveauté), **mobiles rationnels : CAS** (Confort, Argent, Sécurité).

Mode d'approvisionnement : choix d'une procédure d'achat en fonction de la forme de commerce de l'unité, elle peut être directe lorsque l'unité s'adresse directement au fabricant ou indirecte lorsque l'unité dépend d'une centrale d'achat.

Motivation : raison positive qui incite le client à fréquenter un point de vente.

Motivation d'achat : raison qui incite à l'achat. On distingue trois catégories de motivations : **hédoniste**, se faire plaisir en achetant un vêtement à la mode ; **oblative**, faire plaisir aux autres en offrant un cadeau ; l'**auto-expression** pour s'affirmer par rapport à un groupe social en achetant le dernier modèle de baladeur.

Négociation commerciale : situation de communication qui, par la confrontation d'intérêts opposés, doit permettre d'arriver à une solution aussi favorable et acceptable pour les deux parties (client/fournisseur).

Niveau de langage : **niveau élevé** (vocabulaire riche, syntaxe soignée), **niveau courant** (mots usuels, expression correcte), **niveau familier** (expression imagée, syntaxe relâchée).

Niveau de présentation : hauteur d'exposition des produits sur le linéaire, on distingue trois principaux niveaux : le niveau des yeux le plus vendeur, le niveau des mains moyennement vendeur, le niveau du sol le moins vendeur.

Notoriété : degré de connaissance d'une unité commerciale par ses clients.

Objectif : but à atteindre vers lequel est dirigée une opération stratégique.

Objection : réaction opposée du client par rapport à une caractéristique du produit, à une proposition ou à un argument émis par le vendeur. Elle peut aussi correspondre à l'expression d'un frein.

Panel : groupe représentatif de personnes (échantillon) dont les comportements sont analysés à intervalles réguliers et de façon répétitive. Il existe des panels de consommateurs et des panels de détaillants.

Part de marché : place occupée par une entreprise, en pourcentage, en volume ou en valeur du marché global.

Partenariat : collaboration interentreprises. Les partenaires s'engagent sur la base d'un cahier des charges défini en commun par l'ensemble des partenaires (unité commerciale/fournisseur, dans le cadre d'une opération commerciale)

Performances commerciales : résultat chiffré obtenu par une unité commerciale.

Plan mercatique d'une unité commerciale (plan de marchéage) : combinaison optimale des stratégies de prix, d'assortiment, de marchandisage et de communication mises en œuvre par une unité commerciale.

Plan publi-promotionnel : planification des actions de communication publicitaires et promotionnelles prévues par une enseigne généralement sur une année. Ce plan répertorie pour chaque action : les médias et supports publicitaires prévus, les unités commerciales et le ou les rayons concernés, le thème et la durée de l'opération.

PLV (Publicité sur le lieu de vente) : support de communication publicitaire interne à l'unité commerciale qui met en valeur la présentation du produit et qui a pour but d'inciter le client à l'achat sur le lieu de vente.

Politique : détermination cohérente d'objectifs commerciaux.

Positionnement : stratégie développée par une enseigne ou une unité commerciale en termes d'image pour se situer par rapport à la concurrence et par rapport aux attentes de la clientèle potentielle.

Pré-AO : présentation assistée par ordinateur.

Présentation du produit : opération qui a pour but de montrer le produit de façon avantageuse au client, dans ou hors son contexte.

Prévention des risques : ensemble des moyens mis en œuvre pour empêcher ou réduire les risques liés à l'activité commerciale.

Prévision : étude relative à une période future, chiffrée ou non.

Prime : supplément de rémunération accordé en contrepartie de l'atteinte ou du dépassement d'objectifs.

Prise de stock : comptage des quantités en stock de chaque référence (magasin + réserve).

Prix d'acceptabilité : le prix d'acceptabilité est le prix pour lequel le pourcentage de clients potentiels, prêt à acheter le produit à ce niveau de prix, est le plus élevé.

Prix de vente : pris affiché dans le magasin, ce prix comprend toujours la TVA.

Promotion des ventes : outil qui permet de transformer le client potentiel en acheteur par le biais d'une incitation matérielle directe. Son objectif est de pousser le client vers le produit par l'utilisation des techniques appropriées.

Promotion interne : accession à une augmentation de salaire, un grade ou un emploi supérieur.

Proxémique : étude des distances interpersonnelles dans la communication. ON distingue trois catégories de distance : la zone intime (< à 50 cm), la zone sociale entre 50 cm et 1,50 m et la zone publique (1,50 m).

Publipostage : message publicitaire acheminé par voie postale, le réseau Internet ou téléphonique, adressé nominativement à un client.

Qualité : ensemble des caractéristiques d'un produit ou d'un service qui permet de satisfaire un niveau d'exigence exprimé par les clients.

Réassortiment : ensemble des opérations qui permettent de renouveler le stock d'un produit lorsque celui-ci ne permet plus de faire face à la demande prévisionnelle des clients.

Réclamation : manifestation écrite ou orale du mécontentement d'un client par rapport au produit, au personnel ou au cadre de vente.

Reformulation : technique dont l'objectif est de résumer les propos de son interlocuteur pour clarifier sa demande ou sa proposition et vérifier que l'on est d'accord.

Relation interpersonnelle : relation de communication entre deux ou plusieurs personnes dans un contexte donné.

Réseau de distribution : ensemble d'unités commerciales qui distribuent des produits et des services sous un même nom d'enseigne.

Réserves : mention manuscrite indiquée par le client sur le document de livraison. Les réserves doivent exprimer très précisément les anomalies relevées et être confirmées par lettre recommandée, adressée au fournisseur ou au transporteur dans les trois jours qui suivent la livraison (non compris les jours fériés).

14

mémo

Revente à perte : la vente est considérée à perte lorsque le prix de vente du produit est inférieur au prix d'achat TTC augmenté des frais de transport. Elle est interdite par la loi Galland de 1996 sauf dans le cas des opérations de soldes.

Risque : exposition à un danger ou à un accident lié à l'activité de l'unité commerciale.

Segmentation : méthode d'analyse de la clientèle qui permet de constituer des groupes homogènes de clients en fonction de critères communs.

Segment de marché ou de produits : ensemble de produits qui répondent à une catégorie de besoins plus ou moins fines (ex. : sur le marché des téléviseurs, le segment des téléviseurs plasma).

Service : activité qui représente une valeur économique sans correspondre à la production d'un bien matériel.

Service après vente (SAV) : organisation mise en place par un distributeur pour assurer au client une satisfaction maximale lors de l'utilisation du produit vendu.

Services périphériques : ensemble des services qui vont encadrer le service de base, ils comprennent les services facilitateurs et les services différenciateurs.

Services rendus : services offerts au client, par le point de vente.

Services vendus : services payants proposés au client, par l'unité commerciale.

Signal d'achat : feu vert exprimé par un signe verbal qui montre au vendeur que le client est prêt à conclure.

Signalétique : ensemble des moyens matériels (affiche, affichette, étiquette…) qui, dans une unité commerciale, vont donner des informations aux clients et les guider dans leurs déplacements sur la surface de vente et dans leurs achats.

Site marchand : unité commerciale virtuelle, qui utilise le réseau Internet pour vendre ses produits ou services.

SMS (*Short message service*) : norme qui permet l'échange de messages de 130 caractères maximum par le biais d'un téléphone portable.

Solde : sont considérées comme soldes « les ventes accompagnées ou précédées de publicité et annoncées comme tendant, par une réduction de prix, à l'écoulement accéléré de marchandises en stock ».

Stock théorique : ensemble des produits qui devraient être présents en stock. Il s'obtient par l'enregistrement successif des achats et des ventes.

Stratégie commerciale : ensemble de décisions (prix, produit, service, communication) qui permettent à l'unité commerciale de s'adapter à son environnement local, pour maintenir sa position concurrentielle et se développer.

Structure de l'assortiment : équilibre et cohérence de l'assortiment en termes de produit, de complémentarité, de marques et de prix.

Style de vie : façon de vivre, de se comporter, de consommer, de se vêtir, de se distraire, d'un individu ou d'un groupe d'individus.

Stylique : ensemble des éléments qui permettent d'adapter la forme et les couleurs (le décor) à l'image qu'une entreprise souhaite donner à un produit.

Support publicitaire : moyen matériel de diffusion du message publicitaire.

Surface utile : elle correspond à la surface réservée à la circulation de la clientèle et la surface de présentation des produits. Pour déterminer la surface utile, il faut déduire de la superficie totale de l'unité les zones suivantes : réserve et zone de services : accueil, caisse…

Système de représentation sensorielle (SRS) : sens privilégié par un individu pour percevoir, analyser et comprendre les informations extérieures. La programmation neurolinguistique (PNL) a permis de mettre en évidence trois canaux sensoriels principaux (visuel, auditif, kinesthésique).

Tableau de bord : document de gestion qui regroupe les indicateurs qui vont permettre d'analyser les résultats d'une famille, d'un rayon ou d'une unité et les comparer aux objectifs fixés.

Taux d'attraction : pourcentage de résidents de la zone de chalandise qui achètent dans l'unité.

Taux de démarque : proportion exprimée en pourcentage d'une réduction de prix appliquée sur un prix de vente.

Taux de marge : marge exprimée en pourcentage du **prix d'achat**, il permet de calculer le coefficient multiplicateur.

Taux de marque : marge exprimée en pourcentage du **prix de vente**, il permet de calculer le coefficient multiplicateur.

Taux de pénétration : pourcentage qui indique le niveau d'occupation de l'unité commerciale sur son marché local. Il correspond au pourcentage des clients de la zone de chalandise qui fréquentent l'unité par rapport à l'ensemble des clients potentiels de la zone.

Taux de remontée : nombre de demandes de remboursement émanant des clients par rapport au nombre d'offre de remboursement.

Taux de retour : nombre de retours exprimé en pourcentage par rapport au nombre d'envois total lors d'une opération de publipostage par exemple.

Technique de vente : mise en œuvre de l'approche commerciale sélectionnée, destinée à produire des ventes ; exemple : pour la vente de contact, l'une des techniques de vente correspondante est la vente assistée.

Terminal de paiement électronique (TPE) : appareil relié à la caisse, qui permet d'enregistrer les transactions bancaires et d'interroger l'organisme financier sur l'opportunité d'accepter le paiement du client par carte.

Tête de gondole : meuble placé à chaque extrémité de la gondole. Ce mobilier est utilisé pour réaliser des présentations de masse à l'occasion de promotions.

Théâtralisation : mise en scène spécifique de l'offre par rapport à un thème (Saint Valentin, Fête des mères…) qui vise à valoriser l'offre promotionnelle.

Traçabilité : système qui permet de récapituler toutes les informations relatives au suivi du produit, du fabricant au distributeur (origine, alimentation de l'animal, abattage…).

Typologie : technique de segmentation qui permet de regrouper des individus en fonction de critères communs.

TVA (taxe sur la valeur ajoutée) : impôt indirect qui frappe les ventes de biens et de services. La TVA est reversée à l'état par les intermédiaires de la distribution mais est supportée par le consommateur final.

Unité commerciale : lieu physique ou virtuel qui permet à un client potentiel d'accéder à une offre de produits ou de services (boutique, site marchand…).

Veille commerciale : étude permanente de l'environnement du point de vente (concurrence, clientèle, pratiques commerciales, innovation technologique…) pour anticiper les évolutions du marché.

Vice caché : défaut d'un produit constaté au moment de l'utilisation, qui n'était pas décelable au moment de l'achat.

Zone chaude : zone de circulation naturelle, elle correspond à la zone avant de la surface de vente située après l'entrée, vers laquelle les clients se dirigent spontanément.

Zone de chalandise : espace géographique entourant le point de vente, à l'intérieur duquel se situe la clientèle actuelle et potentielle de l'unité commerciale.

Zone de circulation : partie de la surface utile réservée à la circulation de la clientèle, occupée par les différentes allées.

Zone froide : zone de circulation incitée, elle correspond à la zone arrière située au fond du magasin, qui est naturellement moins fréquentée par les clients.